추천의 글

현재 자동차 산업은 초연결, 초지능의 디지털 전환과 탄소 중립 및 지속 가능성의 그린 전환 등 기술적인 변혁에 트럼프 행정부의 관세정책 등 정치외교적 불확실성이 더해져 앞날을 예측하기 어려운 상황이다. 한편 판매량 세계 3위의 자동차 기업을 보유한 우리나라는 놀라운 성장과 발전으로 인해 선발주자인 유럽과 미국 기업들로부터는 견제의 대상이, 후발 주자인 중국 기업들로부터는 도전의 대상이 되어 있다.

이 책은 저자의 풍부한 현장 경험을 바탕으로 폭넓은 시장 분석은 물론 전기 자동차가 넘어야 할 기술적, 비기술적 장애물을 점검하고 이를 극복하기 위한 해결 방안을 특정 기술 영역과 일반 영역으로 나누어 구체적으로 제시하고 있다. 자동차 관련 기술자는 물론 자동차 관련 사업가에게 훌륭한 제안서가 될 것임을 확신한다.

— 한규환, 전 현대모비스·현대로템 부회장

국내 기업뿐 아니라 글로벌 기업에서 오랫동안 몸담아온 저자는 급변하는 자동차 산업을 현장에서 체험한 산증인이다. 그 역동적이고도 귀한 경험을 바탕으로 쓴 이 책은 자동차 산업 분야에서 일하는 모든 경영자와 연구 개발자는 물론이고, 자신의 미래를 설계하고 있는 학생들에게 매우 유익한 정보가 될 것이라고 확신한다. 독자들은 미래 모빌리티를 관통하는 혜안과 동시에 읽을 수 있을 것이다. 관련된 모든 분들의 필독서로 추천한다.

— 선우명호, 한양대학교 미래자동차공학과 명예교수, 전 고려대학교 석좌교수

전기차 캐즘(Chasm)으로 혼란스러운 현시점에서 안병기 박사의 책은 미래를 예측하고 대비할 수 있는 인사이트를 제공한다. 격변하는 글로벌 정세 속에서 자동차 산업의 생존 전략을 모색하는 리더들에게 이 책은 귀중한 해답을 줄

것이다. 특히 다양한 자동차 산업 분야에서의 경험을 통해 저자가 제시한 질문과 해답은 이 책의 매력이다. 현대자동차와 스텔란티스에서 보고 느낀 완성차 기업의 현황, 현대모비스에서 경험한 서플라이어의 역할을 많은 참고자료와 함께 녹여내어 흥미롭다.

— 박정국, 전 현대모비스 대표이사 사장, 전 현대자동차 연구개발본부장 사장

자동차 산업의 전환기에 무엇을 믿고 어디에 자원을 배치할지, 정답은 한 권의 책에서 쉽게 나오지 않는다. 그러나 안병기 박사의 책은 복잡한 이슈를 과장 없이 정리하여, 경영자와 실무자가 바로 쓸 수 있게 만든 드문 책이다. 기술, 시장, 정책을 한 번에 꿰어 '속도'가 아니라 '타이밍과 포트폴리오'의 중요성을 설득력 있게 보여준다. 또한 현장의 언어로, 필요한 만큼 정확하게 말한다.

무엇보다 나는 저자의 '사람됨'을 함께 추천하고 싶다. 나이가 들수록 중요한 가치 중 하나가 자기관리다. 대부분은 건강과 인간관계에 에너지를 쓰지만, 안 박사는 경력과 지식에 대한 자기관리가 남다르다. 해마다 자신의 경력을 점검하고, 끊임없는 공부로 지식을 쌓아 가는 모범적 지식인이다. 이번 여섯 번째 책은 과거 저서들과 달리, 그가 실제로 경험한 과제를 산업의 맥락과 연결하여 전문가의 결과물로 완성했다. 그래서 책장을 넘길수록 문장에 체온이 느껴진다. 현장에서 검증된 통찰이 담겨 있다.

안 박사를 오래 지켜본 사람으로서, 그의 성실함은 조용하고, 배움 앞에서는 겸손하며, 사람과의 교류에서는 따뜻하다. 이런 태도는 책의 구석구석에 배어 있어 독자를 압박하지 않으면서도 자연스럽게 행동의 우선순위를 바꾸게 만든다. "지금 당장 무엇을 준비하고, 무엇을 미룰 것인가"라는 실전적 질문에 답을 주기 때문이다.

이 책은 전환기의 전략을 다시 짜야 하는 경영자, 스택 간 최적화를 고민하는 기술·품질·구매·마케팅 실무자, 산업의 맥을 잡아야 하는 정책·투자 담당자, 그리고 내일의 자동차가 궁금한 모든 독자에게 좋은 길잡이가 될 것이

다. 과장을 덜고 본질을 가까이 당긴 이 한 권이, 우리의 다음 10년을 더 단단하게 만들어 줄 것이라 확신한다.

— 서보신, 전 현대자동차 사장

이 책은 저자가 친환경 자동차 개발 엔지니어에서 기술 경영자에 이르기까지, 국내외 완성차 업체와 글로벌 부품사에서 20여 년간 쌓아온 현장 경험과 통찰을 토대로 집필됐다. 자동차 산업의 미래 방향과 발전 전략을 명확하게 제시하며, 전문가뿐 아니라 자동차를 사랑하는 일반 독자들에게도 흥미로운 역사와 기술 이야기를 쉽고 재미있게 풀어냈다. 나아가 자동차 산업을 둘러싼 정치, 경제, 사회적 맥락까지 균형 있게 다루고 있어 읽는 즐거움과 함께 미래 자동차 산업에 대한 깊은 통찰을 선사한다. 자신 있게 추천한다.

— 민경덕, 서울대학교 미래모빌리티학과 학과장

저자가 책에서 언급한 국내외 굴지의 자동차 기업들이 전기차에 적극적으로 투자하던 초창기, 그들과 마찬가지로 전기차 부품 분야에 과감히 투자했던 부품업체의 경영자로서 책을 읽는 동안 저자와의 오랜 교류 속에서 나누었던 대화들이 주마등처럼 스쳐갔다.

만약 내가 국내외 유수 기업에서 전동화 차량의 역사를 써 내려간 저자의 '전기차 캐즘'에 대한 예견에 좀 더 귀 기울였다면, 우리 회사의 대응은 어땠을까? 이러한 호기심과 더불어, 나를 포함한 우리 자동차 산업 종사자들이 이 책을 통해 한층 복잡해지고 있는 글로벌 자동차 산업 환경 속에서 자동차의 미래에 대한 통찰과 지혜를 얻길 기대한다.

— 이태희, 동희오토 총괄 사장

저자는 현대자동차그룹과 스텔란티스에서 친환경차 개발을 이끌어온 '진짜' 엔지니어다. 하지만 그가 전기차 캐즘을 예측한 근거는 기술보다는 정치, 외교, 소비자 심리였다. 모빌리티 기술은 날로 발전하는데 현실에 적용되는 속도는 더디기만 하다. 활화산 같았던 전기차를 둘러싼 열광과 회의, 언제 그랬냐는 듯 찾아온 하이브리드의 재부상, 그리고 트럼프 2기라는 거대한 변수까지, 자동차 산업을 움직이는 힘이 무엇인지 차분히 짚어낸다. 자동차 산업에 종사하는 전문가뿐만 아니라 미래 기술과 경제의 흐름을 이해하고 싶은 모든 독자에게 훌륭한 나침반이 될 것이다.

— 권순우, 삼프로TV 취재팀장

수많은 미래 전망 속에서 진정한 전문가를 만나는 것은 큰 행운이다. 안병기 박사님은 지난 20여 년간 현대자동차그룹과 스텔란티스의 전동화 최전선에서 기술 개발과 사업을 이끌어 온, 우리 산업의 살아있는 역사와 같은 분이다. 그래서 책에는 격변하는 산업 현장에서 얻은 깊은 통찰이 가득하다. 특히 전기차의 장밋빛 전망이 가득할 때부터 이미 '캐즘'의 가능성을 경고했던 혜안은 혼돈의 시기를 지나는 우리에게 선명한 시야를 제공한다.

이 책이 특별히 빛나는 이유는 저자가 미국 자동차 산업의 본거지인 디트로이트 현지에서 '빅3'의 현실을 생생하게 목도하며 내놓은 객관적인 분석 덕분이다. 한때 세계를 호령하던 거인들이 어째서 변화의 흐름 앞에서 주춤하고 있는지, 그들의 경직된 조직문화와 기술 내재화에 대한 착각이 어떤 위기를 불렀는지를 날카롭게 파헤친다. 이는 외부에서는 결코 볼 수 없었던 귀중한 증언이다.

이 책은 기술 예측을 넘어, 경제, 국제 정치, 기업 전략이 얽힌 복잡한 미래의 방정식을 풀어내는 미래 전략서 그 자체다. 저자가 제시하는 과거에 대한 성찰, 현재에 대한 냉철한 진단, 그리고 미래를 위한 제언들은 불확실성의 시대에 흔들리지 않는 의사결정의 기준을 세워줄 것이다.

— 천서형, LG경영연구원 연구위원

엔진 너머의 미래

엔진 너머의 미래

초판 1쇄 인쇄 2025년 11월 27일
초판 1쇄 발행 2025년 12월 8일

지은이 안병기
펴낸이 유정연

이사 김귀분
책임편집 신성식 **기획편집** 조현주 이지은 유리슬아 황서연 유자영 정유진 **디자인** 안수진 기경란
마케팅 반지영 박중혁 하유정 **제작** 임정호 **경영지원** 박소영

펴낸곳 흐름출판(주) **출판등록** 제313-2003-199호(2003년 5월 28일)
주소 서울시 마포구 월드컵북로5길 48-9(서교동)
전화 (02)325-4944 **팩스** (02)325-4945 **이메일** book@hbooks.co.kr
홈페이지 http://www.hbooks.co.kr **블로그** blog.naver.com/nextwave7
출력·인쇄·제본 (주)삼광프린팅 **용지** 월드페이퍼(주) **후가공** (주)이지앤비(특허 제10-1081185호)

ISBN 978-89-6596-781-1 03550

- 이 책은 저작권법에 따라 보호를 받는 저작물이므로 무단 전재와 복제를 금지하며, 이 책 내용의 전부 또는 일부를 사용하려면 반드시 저작권자와 흐름출판의 서면 동의를 받아야 합니다.
- 흐름출판은 독자 여러분의 투고를 기다리고 있습니다. 원고가 있으신 분은 book@hbooks.co.kr로 간단한 개요와 취지, 연락처 등을 보내주세요.
- 파손된 책은 구입하신 서점에서 교환해 드리며 책값은 뒤표지에 있습니다.

BEYOND THE ENGINE

누가 자동차 산업의 패권을
차지할 것인가

엔진 너머의 미래

안병기 지음

흐름출판

대한민국 자동차 산업의 이름 없는 영웅들에게
이 책을 바칩니다.

—

To the unsung heroes in the Korean automotive industry

일러두기

1. 단행본은 《 》로, 신문이나 잡지, 영화, 방송 프로그램 등은 〈 〉로 표기했다.
2. 국립국어원 표준어 규정 및 외래어 표기법을 따르되, 일부는 관례와 원어 발음을 존중해 그에 따랐다.
3. 본 도서의 의견은 저자의 것으로 책에 등장하는 회사의 입장과 무관함을 밝혀둔다.

머리말

골짜기를 넘어
확장의 시대를 준비할 때

> 한 사람이 새로운 노래를 듣거나 새로운 디자이너의 옷을 입거나 새로운 형식의 기술을 사용하기 시작하면 곧 커뮤니티 전체가 이를 따르게 된다. 그러나 대부분 트렌드는 여기서 멈춘다. 캐즘(Chasm)에 부딪히기 때문이다. 이는 문화 혁신가와 대중 사이에 놓인 해자(垓子, 성 주위에 둘러 판 못)와 같다. 문화 혁신가들은 먼저 나아가는 것을 선호하지만, 대중은 현상 유지를 선호한다.
> ―《세스 고딘의 전략 수업》중에서

2024년 초까지만 해도 장밋빛 일색이던 전기차 시장에 갑자기 어두운 그림자가 드리우기 시작한 지 1년 반이 넘게 지났다. 조만간 모든 도로가 전기차로 뒤덮일 것만 같던 분위기가 언제 그랬느냐는 듯이 조용하다. 전혀 예상 밖의 악재가 한꺼번에 터진 것처럼 보이지만, 주의 깊게 지난 10여 년의 상황을 살펴보면 그 조짐은 이미 우리 주변에 가까이 다가와 있었다. 다만 지난 몇 년간 전 세계의 이목이 전기차에 쏠리고 있었고 모든 기업과 각국 정부마저도 본격적인 전기차 시대의 도래를 예측하는 상황에서 마이너리티 리포트(Minority Report)를 외치기에는 대단한 용기와 합리적이고 설득력 있는 근거가 필요했다.

관련 업계와 언론이 바라보는 전기차의 미래는 몇가지 기술적인 문제만 해결하면 장애물이 없는 탄탄대로였다. 대표적인 난제로 꼽히는 배터리 가격과 인프라 부족이 해결되는 시점으로 생각했던 2025년 전후에 전기차 시장은 급속도로 팽창할 것이라는 예상이 지배적이었다. 이런 흐름에 발맞춰 미국 자동차 빅3(Big Three) 기업이자 내가 한동안 몸담고 있던 스텔란티스(Stellantis)는 2030년이 되면 유럽 시장의 100%, 미국은 50%의 생산 차량을 전기차화하는 비전까지 선포하던 참이었다. 2030년 한 해에만 420GW의 배터리가 필요한 계획이었다. 비전을 발표하던 2022년 한 해에 전 세계 전기차 배터리의 사용량은 518GWh였다.

이런 중에도 나는 전기차에 대해 다분히 보수적이었다. 이는 현대자동차그룹에서 근무하던 10여 년 전부터 견지하던 입장이기도 했다. 직장생활의 전부가 전동화와 관련되었던 만큼 누구보다도 전기차의 부흥이 반길만한 호재였음에도 대다수 전문가와 다른 의견을 가지고 있었던 데는 이유가 있었다. '기술 외적인 요인'들 때문이었다. 정치 외교적인 요인, 소비자의 마인드셋, 시장 진입을 위한 가격이나 최적의 시기 등 여러 요소들의 중요성을 간과할 수 없었다. 산업계 내부에서 해결책을 찾을 수 있는 기술적 이슈는 큰 변화를 이끄는 작은 부분에 불과하다.

기계공학을 공부하고 박사 학위까지 받은, 어찌 보면 골수 엔지니어인 내가 기술 외적인 요인들에 주목하게 된 것은 오랜 기간 환경차와 전동화 사업의 최전선에서 일하면서 얻게 된 경험 때문이었다. 환경차 개발과 충전소 건설을 위해 정부 관계자나 지자체장들을 만나면서, 정책이 뒷받침되지 않으면 아무리 우수한 기술이라도 활용하기 어렵다는 사실을 깨달았다. 신기술에 민감한 '얼리어답터'들 이후의 일반 소비자들이 전기차에 마음을 열기 위해서 해결해야 하는 문제점들이 많다는 사실도 배웠다. 그렇게 내린 결론은 '전기차의 대중화는 아직 때가 이르다'는 것이었다. 향후 10년은 전기차보다 하이브리드 자동차가 더 쉬운 선택이라고 나는 믿는다.

최근 들어 주목받고 있는 자율주행이나 SDV(Software Defined Vehicle, 핵심 기능들이 소프트웨어로 제어, 업데이트되는 자동차)를 구현하기 위해서 전기차가 더 적합하다는 데는 동의한다. 이 분야에서 선두를 달리고 있는 기업들의 수준이 상당하다는 사실 또한 잘 알고 있다. 그러나 일반 소비자의 입장에서 한번 바라보자. 여전히 부족한 충전 인프라, 정부 보조금이 없이는 구입하기 망설여지는 높은 차량 가격, 심심치 않게 들려오는 배터리의 화재 소식 등을 감수하며 굳이 전기차를 사야만 하는 이유가 있는 것일까? 세스 고딘(Seth Godin)이 지적한 것처럼, '대중은 현상 유지를 선호한다.'

회사의 모든 자동차를 전기차로 만들겠다고 선언했던 글로벌 기업들이 불과 5년도 되지 않아 내연기관으로 회귀하겠다고 발표하는 기사들이 심심치 않게 눈에 띈다. 독일의 폭스바겐(Volkswagen)은 무려 600억 유로(약 90조원)를 내연기관 개발에 투자하겠다고 했다. 중간 해결책을 피하고 양 극단을 달리는 느낌이다. 지금이야 말로 관련 기업들이 전략을 제대로 수립해야 한다. 소비자들이 원하는 자동차가 무엇인지 조사하고 고민해서, 내가 만들고 싶은 차가 아니라 그들이 갖고 싶어하는 차를 만들어야 한다. 그렇게 해야 치열해지는 미래 자동차 시장에서 생존할 수 있다.

1890년대에 디트로이트 인근에는 자동차 기업이 200여 개나 있었다. 앨런 널드렛(Alan Naldrett)이 쓴 《디트로이트의 사라진 자동차 회사들(Lost Car Companies of Detroit)》에서 볼 수 있듯이, 자동차 도시(Motor City)로 알려진 디트로이트에서 과거에는 수많은 자동차 업체들이 경쟁했다. 그러나 이들 대다수는 지금 그 흔적조차 찾기 힘들다. 이런 역사를 대변하려는 의도였는지, 이 책의 서문은 흥미로운 문장으로 시작한다.

> 이 책을 빅3의 일부가 아니었던 알려지지 않은 자동차 산업 선구자들에게 바칩니다(This book is dedicated to those unsung auto pioneers who weren't part of the Big Three automakers).

19세기 후반 증기기관과 내연기관, 배터리 전기동력이 미국의 자동차 시장을 삼분하던 시기에 난립했던 자동차 회사들은 1세기란 긴 시간 동안 발전하고 파산하고 합병하면서 오늘날의 자동차 제조업을 일으켰다. 수많은 자동차 기업들이 정리되는 과정은 지금도 진행형이다. 새로운 패러다임인 전기차에 도전장을 내밀었던 여러 기업들 역시 사업을 접었거나, 도산 위기에 직면해 있다. 100년 전에 있었던 자동차 패러다임 체인지와 마찬가지로 전기차로 전환되는 최근의 변화에도 상당한 진통은 예상된다. 결국에는 소수만이 살아남을 것이다.

여러 가지 정황을 고려할 때 전기차로의 전환은 언젠가는 이루어질 것이다. 다만 그 속도나 시점이 일반인들이 생각하는 것보다는 훨씬 늦게 올 것이라는 생각에는 지난 수년 동안 큰 변화가 없다. 이런 판단의 근거가 무엇이며, 그렇다면 향후 5년, 10년의 자동차 산업 동향은 어떻게 흘러갈 것인지를 추론해 내고자 하는 것이 이 책을 쓰게 된 계기다. 내 예상의 어떤 부분은 동의할 수 있을 것이고, 내가 가지고 있는 정보가 시대에 뒤쳐졌다고 판단하는 독자들도 있을 것이다. 하지만 분명한 사실은 있다. 언젠가는 화석연료를 사용하는 엔진이 필요 없는 시대가 도래한다는 것이다.

2003년에 미국 유학생활을 정리하는 첫 번째 책 《가자! 미국 유학》을 펴낸 이후 다섯 권의 책을 썼다. 그 책들의 주제는 유학생활, 직장생활과 리더십 및 조직문화였다. 지금까지 내 본업이었던 자동차에 대해 생각을 정리해 볼 기회가 없었던 것은 나 스스로가 그럴 준비가 안 되었다고 생각했기 때문이다. 그러나 내 인생의 3막 중 마지막 3막을 계획하던 2024년 초, 아직 과거 경험에 대한 기억이 생생할 때 '자동차 이야기'를 써야겠다는 생각이 들었다. 그런 중에 전기차 캐즘(Chasm, 첨단 기술 및 혁신 제품이 시장에 성공적으로 안착하는 과정에서 겪는 일시적인 침체 또는 수요 정체 현상)이 터졌다. '내 의견을 몇 년 전에 더 넓게 알릴 기회가 있었더라면 누군가는 도움을 받았을 텐데'라는 생각이 든 것도 이 무렵이었다.

현대자동차그룹에서 환경차의 미래방향성을 심각하게 고민

하던 당시 내 보직은 현대모비스의 전동화 비즈니스유닛(Business Unit) 책임자였다. 현대자동차그룹의 환경차는 전기차, 하이브리드, 수소전기차를 막론하고 시스템이나 모듈이 이 조직을 거치게 된다. 한참 전기차 바람이 거셀 때, 잘 아는 협력사 사장님과 만난 자리에서 이런 이야기를 건넨 적이 있었다.

"다들 전기차 한다고 기존 내연기관 부품사들이 어려워할 텐데, 이럴 때 견실한 중소기업 있으면 인수하시지요. 하이브리드가 오래 갈 겁니다."

최근에 다시 만난 자리에서 그 이야기를 꺼내면서 함께 웃다가 이번에는 이렇게 말씀드렸다.

"이제 자율주행 관련 기업을 한번 살펴보시지요."

2022년, 스텔란티스로 직장을 옮겨 거대 조직의 배터리 프로그램을 총괄하는 보직을 맡았을 때도 내 관심사는 전기차에만 있지 않았다. 몇 년 후 유럽에서 생산하는 자동차의 100%를 선기차로 만들겠다는 조직의 분위기에서, 그것도 배터리를 책임지는 임원이 이런 목소리를 내는 것이 쉽지 않았으나, 십 수년간의 경험에 의한 판단을 외면할 수 없었다. 뜻을 같이 하는 몇 사람들과 '북미 내연기관 전동화'를 주제로 회의를 진행하며 하이브리드 기술의 중요성을 조직에 알리고자 노력했다. 전기차 경쟁력이 부족한 조직에서 한 방향만 보고 무리하게 돌진한다는 느낌이어서 불안했다.

예측이 어려울 때는 대응이 중요하다. 한 발 빠르게 움직이면 선택의 기회가 많아진다. 그렇게 하기 위해서는 조직이 유연하고 리더들이 부지런해야 한다. 끊임없이 새로운 기술이나 뉴스를 살펴봐야 하고, 최고경영층의 재가를 받은 결정사항이라 할지라도 변경이 필요하다면 감행할 수 있는 조직문화가 필요하다. 물론 이 책에서 조직문화를 논하고자 하는 의도는 없다. 다만 리더들이 올바른 결정을 하기 위해서 과거의 역사를 들추어보고 견문을 넓히는 것이 중요하다는 말은 남기고 싶다. 아놀드 토인비(Arnold Toynbee)의 말처럼 "역사는 도전과 응전의 반복"이다. 과거는 집착할 대상은 아니지만 되짚어는 보아야 한다.

하이브리드, 전기차, 수소차만 해도 버거운데 자율주행에 SDV도 개발해야 한다는 압박감이 거세지고 있다. 한꺼번에 다 진행할 수 없다면 우선순위와 비중을 정해야 한다. 이를 위해서는 과거와 현재를 기반으로 한 명확한 근거가 있어야 한다. 이 책은 그런 근거를 세우는 데 작은 힘이나마 도움을 주기 바라는 마음으로 정리했다. 자동차 업계에서 경험한 교훈에 더해 많은 서적과 논문, 보도 자료들을 검토하고 분석했다. 주변의 전문가들로부터 받은 정보들 또한 큰 도움이 되었다. 그런 토대 위에서 전동화의 흐름을 타는 자동차 산업이 어떻게 변모해갈지 예측해보았다.

《엔진 너머의 미래》가 많은 자동차 산업 종사자들에게 과거와 현재를 들여다보고 미래의 동향을 예측하는 데 지침서의 역할을 해주기 바라는 마음이 크다. 다수가 기대하는 미래의 자동차인 '자율주행 전기차'가 어떤 시점에, 누구에 의해서 우리 앞에 모습을 드러낼 지 이 책을 통해 함께 고민해 볼 수 있다면, 지난 1년 동안의 작지 않은 노력은 충분히 보상받는다고 믿는다. 마지막으로 이 책은 우리나라 자동차 산업의 발전을 위해 이름 없이 헌신한 모든 분들, 특히 현대자동차그룹과 협력기업의 선후배와 동료분들께 많은 빚을 지고 있음을 밝힌다.

2025년
미시간주 로체스터 힐스에서
안병기

차례 CONTENTS

머리말 골짜기를 넘어 확장의 시대를 준비할 때 • 7

| 1장 | 전기차의 과거와 현재

19세기, 그 시작은 창대하였으나	23
이단아, 테슬라의 등장과 전기차 열풍	28
도요타는 전기차 개발을 '안 한' 것이다	31
미국 빅3의 침몰	37

| 2장 | 트럼프를 읽어야 앞으로 10년이 보인다

트럼프라는 현상	51
미국을 이해하는 키워드, 자국우선주의	55
패권전쟁	61
미국 제조업 위기의 역사	67
왜 자동차 산업이 주요 전쟁터인가	73

3장 | 전기차, 최후의 승자가 되기 위한 전략들

1인자 테슬라 86
미국, 망하더라도 빨리 시작하자 94
중국, 망하더라도 많이 시작하자 102

4장 | 왜 골짜기에 빠졌는가 1. 기술적 요인

배터리 가격을 둘러싼 압력들 121
화재 안전성, 누구의 잘못인가 124
충전 불안증 129
전기는 충분한가 134
디젤 엔진의 재부상 138

5장 | 왜 골짜기에 빠졌는가 2. 비기술적 요인

정부 보조금 착시 효과 149
고용 불안 155
과연 친환경인가 156
테슬라와 중국 전기차 기업의 함정 161
중국발 리스크 167
트럼프는 전기차를 싫어해 172

| 6장 | 왜 하이브리드인가

하이브리드의 일석이조 181
하이브리드의 강자들 185
앞으로 5년, 하이브리드가 패권을 결정한다 190

| 7장 | 배터리 세계대전

배터리의 선구자, 파나소닉 그러나 203
추적자에서 선두주자로, 한국의 배터리 3사 206
중국 배터리 기업의 침공 210
왜 유럽은 실패했는가 212
앞으로 5년, 배터리 기업의 미래 216

| 8장 | 미래는 자율주행에 있다

종합예술, 자율주행 225
웨이모 vs 테슬라 233
현대자동차그룹 239
BYD 241
바이두 243
유럽과 일본 기업들 244
미래는 센싱이다 248

| 9장 | **골짜기를 넘어 확장의 시대로 1.** 기술 영역

한국 배터리 3사의 선택과 집중   **255**
수소전기차의 미래   **260**
하늘을 나는 자동차   **263**
전기모터와 제어기   **266**
전기차 전압과 무선 충전   **270**
AI 플랫폼과 반도체   **273**

| 10장 | **골짜기를 넘어 확장의 시대로 2.** 일반 영역

자동차 기업의 배터리 내재화   **279**
삼성, LG의 자동차 산업 진출   **281**
표준화/공용화/통합화   **284**
개발 프로세스 단순화   **290**
미국에 진출한 외국 기업을 노려라   **294**
전략적 제휴   **296**

맺음말 기계와의 경쟁 • 301
감사의 글 • 308
자주 사용되는 용어 • 312
참고 자료 • 320

1장

전기차의 과거와 현재

BEYOND
THE
ENGINE

19세기, 그 시작은 창대하였으나

일반적으로 알려진 것과는 달리 전기차의 역사는 상당히 길다. 실제로 동작하는 최초의 충전식 전기 자동차는 1881년에 귀스타브 트루베(Gustave Trouvé)가 만든 것으로 알려져 있다. 세계 최초의 실용적 내연기관차인 벤츠 파텐트 모터바겐(Benz Patent-Motorwagen)이 1885년에 등장했으니 4년이나 앞선 시점이다. 이후 개발된 전기 자동차들은 시동을 걸 때 손으로 크랭크를 돌려서 시동을 거는 핸드 크랭킹(Hand Cranking) 과정이 없고 소음이나 냄새가 나지 않아 특히 여성들에게 인기가 많았다.

미국에서의 전기차 개발은 19세기가 끝나갈 무렵 본격화되었다. 아이오와주의 윌리엄 모리슨(William Morrison)이 전기 마차 형태로도 유명하다.

　1920년대 전기차의 몰락은 이처럼 대량생산이 가능한 가솔린 차량이 등장한 것과 더불어 주유소 인프라가 확산된 데 크게 기인한다. 또한 전기차의 속도와 주행거리가 소비자의 기대에 미치지 못하였으며, 배터리의 무게와 긴 충전시간도 큰 걸림돌이었다. 이후 대부분의 전기차 회사가 문을 닫거나 내연기관차 기업으로 전환한다. 1930년대부터 시작된 긴 침체기는 1960년대까지 지속되다가, 1970년대에 오일쇼크가 오면서 전기차가 다시 주목받게 된다. 미국의 AMC(American Motors Corporation)가 1977년에 AMC 엘렉트론(AMC Electron)을 내놓았고, 일본에서도 실험적으로 소형 전기차 개발이 이루어졌다. 그러나 일본 메이커들이 출시하는 소형 내연기관 차들이 기존의 내연기관이 가지고 있던 장점에 더해 높은 연비까지 제공하면서, 자동차 시장은 전기차로의 회귀보다 일본 기업의 성장을 예고하는 전환점을 맞게 된다.

　최근의 전기차 부흥이 이루어지기 전에 가장 양산에 근접했던 모델은 1996년부터 1999년까지 생산되었던 GM의 EV1이다. 1990년대 캘리포니아주가 주도한 환경규제에 힘입어 주목받던 이 차종은 현대적인 디자인과 뛰어난 성능을 갖춘 것으로 알려졌으나, 상업적 성공은 거두지 못하고 시장에서 사라졌다. 캘리포니아와 애리조나에서 판매가 아닌 리스로만 공급되었던 EV1은 3년 동안 총 1,117대가 생산됐다. 2세대 모델은 니켈-금속 수소화물(Ni-MH) 배터리를 장착해 최대 125마일(200km)의 주행거리를 달성한 바 있다. 여기에 공기저항계수(Coefficient of Drag, Cd)를 0.19까지 낮추는 유선형 디자인을 채택하고 알루미늄 섀시, 플라스틱 보디 패널을 채택하는 등 경량화에도 상당히 진보된 수준을 과시했다. 그러나 수익성 악화를 염려한 GM의 판단으로 1999년에 생산을 중단하고, 2002년부터는 리스 차량을 회수하여 대부분을 폐기했다.

AMC의 전기차나 GM의 EV1이 비록 상용화에는 실패했으나, 그 가치는 인정받을 만하다. 특히 EV1은 최초의 실용적 대량생산 전기차로 전기차 부활의 초석이 됐다. 그러나 20세기 중반에서 후반에 이르는 기간 중에 이루어진 전기차 부활의 노력이 한계에 부딪힌 원인들은 지금도 주의 깊게 살펴봐야 한다. (1) 높은 생산 단가, (2) 무겁고 충전 시간이 긴 배터리, (3) 충전 인프라 부족, (4) 소비자 관심 부족, (5) 정부 지원 미비 등이 그것이다.

이 중 몇 가지는 현재 어느 정도 해소되었다고 볼 수 있다. 테슬라의 등장 이후 소비자의 관심은 어느 때보다도 높고, 각국 정부는 앞 다투어 보조금을 지급하며 전기차 보급에 적극적이다. 그렇다면 문제는 배터리와 충전 인프라로 국한되는데, 사실 이 '몇 가지 문제점'은 전기차에 대한 기대가 컸던 1910년대에도 존재했다. 즉, 100년이 지나도록 개선은 되었으나 완전히 해결되지 않은 이슈들인 셈이다.

20세기 전기차 개발 역사를 다시 요약하면 크게 4단계로 구분된다. 1900년대 초반이 초기 전성기라고 한다면, 1920년대부터 1960년대까지의 40여 년간은 내연기관차에 밀려 점차 쇠퇴하는 기간이다. 1970년~1980년대에는 석유파동에 따른 유가 상승으로 잠시 재기의 가능성을 노렸으나, 일본 기업들의 소형차 공세에 밀려 크게 성장하지 못했다. 1990년대에 들어서 EV1이 100년 만에 다시 전기차 시대로 가는 길을 열어줄 것으로 기대했으나, 수많은 소문을 낳은 채 생산을 중단하면서 다시 한번 침묵기에 접어든다. 이후 여러 차례에 걸쳐 조용한 엔진과 청정 동력원에 대한 요구로 인해 전기차가 반짝 주목받기도 했지만 실효성이 없다가, 21세기에 들어 다시 한번 전기차가 주목받는 전기가 마련된다. 그 결정적인 이유는 2003년에 설립된 테슬라의 등장이다.

이단아, 테슬라의 등장과 전기차 열풍

불운한 천재 발명가이자 토머스 에디슨의 경쟁자로 유명한 니콜라 테슬라(Nikola Tesla)의 이름을 딴 이 회사는 지난 20여 년간 다양한 뉴스거리를 제공하며 이제 우리에게도 친숙한 이름이 되었다. 2008년 테슬라 로드스터(Tesla Roadster)를 출시할 때만 해도 이 기업의 성공을 점치기는 어려웠다. 로드스터는 예정된 출시 기일을 몇 차례 연기했고, 개발 비용이 예상을 초과하면서 CEO인 일론 머스크(Elon Musk)의 개인 자금이 투입되기도 했다. 그러던 중 2009년 미국 에너지부(Department of Energy, DOE)에서 4억 6,000만 달러의 대출 프로그램을 승인 받은 후 벤처 투자자들로부터 추가 자금을 확보하면서 숨통이 트였다. 2010년에는 나스닥에 상장하면서 또다시 대규모의 자본을 조달할 수 있게 되었다. 이렇게 재정 문제를 극복하면서 개발된 차가 바로 모델 S(Model S)다. 이 차종이 큰 히트를 치면서 대중적인 전기차 성공의 발판을 마련하게 된다.

그러나 새로운 모델을 개발하고 생산하는 데 필요한 비용 조달 문제 등으로 인해 적자를 면치는 못했다. 2010년부터 2019년까지 10년간 단 한 해도 흑자를 본 시기가 없었고 순손실 규모가 많게는 19억 달러(2017년)에 달했다. 2016년 현대자동차 근무 당시 임원 교육 프로그램의 일환으로 테슬라 본사를 방문할 기회가 있었다. 기술적 관점에서 그들의 파격적인 아이디어에 놀라기도 했지만, 회사의 재정상태를 조사해 본 후에는 이런 기업이 어떻게 유지될 수 있는가에 더 놀랐던 기억이 난다. 테슬라는 2010년대의 10년 동안 총 65억 3,600만 달러의 누적 순적자를 기록했다. 운명은 2019년 하반기에 극적으로 바뀌게 된다. 모델3의 대량생산이 안정화되면서 판매가 증가하여 비로소 재기할 수 있는 계기를 마련한 것이다. 이를 바탕으로 2020년에 드디어 7억 2,100만 달러의 연간 순이익을 기록하며 흑자 전환에 성공한다.

테슬라의 특징은 자동차 업계의 상식을 깨는 파격적인 실내외 디자인과 배터리에 대한 발상의 전환이다. 태블릿 하나로 차량을 제어하는 체계나 엔진룸을 트렁크 공간으로 대체한 것도 놀랍지만, 노트북 컴퓨터에 사용되는 저가 원통형 배터리 7,000개 이상을 장착해 에너지를 공급하는 발상은 기존의 자동차 설계 개념을 철저히 무시한다. 이런 이단아의 등장이 던진 충격은 지금도 진행형이다. 한편 테슬라를 모방하여 설립된 기업들이 자동차 산업에 뛰어들었다가 고전하는 사례들을 목격하게 되는데, 이 중에는 앞에서도 언급한 애플, 다이슨 외에도 코다(Coda Automotive), 어라이벌(Arrival),

볼린저(Bollinger Motors) 등 상당수가 있다. 여기에 더해 최근에 두각을 나타내는 중국의 수많은 전기차 기업들에 이르기까지 테슬라가 21세기 초 전기차 산업에 끼친 영향력은 막강하다.

이처럼 수많은 전기차 기업이 명멸하는 지난 20~30년을 돌아보면, 100여년 전과는 사뭇 다른 모습을 볼 수 있다. 과거에는 이슈화되지 않았던 지구 온난화, 온실가스 증가와 같은 환경 문제가 친환경 자동차의 수요를 자극했고, 이런 추세에 동조한 각국 정부가 다양한 혜택을 제공하며 개발과 생산을 독려했다. 여기에 4차 산업혁명이라는 기치에 걸맞는 미래 자동차의 모델이 바로 자율주행이 가능한 전기차라는 인식이 산업계에 퍼지면서 미래 시장을 선점하려는 노력이 각처에서 일어나게 되었다. 이런 기대에 힘입어 2020년을 전후로 전 세계 자동차 기업은 앞다투어 전기차 전략을 내놓았다. 하루라도 빨리 전기차에 투자하지 않으면 위기에 처할 것이라고 생각한 경영자들이 많이 인용한 사례가 휴대폰과 카메라였다. 스마트폰으로의 전환에 늦었던 기업들이나 디지털 카메라 개발에 소홀했던 기업들이 자취를 감추었다는 위기감 때문이었다.

이런 불안감이 미래 기술에 적극적으로 투자하게 만들었다는 현상 자체는 사실 반길만하다. 그러나 조금 더 심도 있게 과거를 돌아보고 세심하게 현황을 관찰했더라면, 적어도 전기차로의 전환이 시간이 걸릴 수도 있다는 사실에 대비하는 '플랜 B'를 마련할 기회는 있었을 것이다.

전 세계 자동차 기업 중 전기차로의 전환에 가장 적극적인 회사는 스텔란티스였다. 2030년까지 500억 유로(약 70조 원)의 투자를 감행하여 유럽 시장에서 판매되는 자동차의 100%, 미국은 50%를 전기차로 대체한다는 '데어 포워드 2030(Dare Forward 2030)'을 선포한 것이다. GM 역시 2020년에 발표한 로드맵을 통해 향후 5년간 전기차와 자율주행차 개발에 350억 달러를 투자하고 30종의 새로운 전기차를 선보일 것이라고 발표했다. 폭스바겐은 2028년까지 70종의 전기차, 10년 이내에 2,200만 대의 전기차를 생산하겠다고 밝혔다. 현대자동차그룹도 기존의 하이브리드 기술은 생산만 유지하고 개발을 중단한다는 결정을 내렸다.

도요타는 전기차 개발을 '안 한' 것이다

전 세계가 전기차 열풍으로 들썩이고 있던 당시에도 유독 전기차에 무관심해 보이는 기업이 있었다. 전 세계 판매량 1위를 자랑하는 일본의 도요타(Toyota)였다. 많은 전문가들이 도요타의 전략에 의구심을 품었다. 일부에서는 도요타의 미래가 노키아(Nokia)나 코닥(Kodak)과 같아질 것이라 우려하면서 몰락을 예견했다. 사실 도요타는 하이브리드(HEV)라는 친환경 기술을 가지고 있어, 각국 정부가 추진하는 환경규제에 대처할만한 여건이 충분했다. 여기에 미라이(Mirai)로 대표되는 수소차 기술도 탁월하여, 그들이 기대하는 미래차 시장인 하이브리드와 수소차에 매진할 이유와 여유가 있었다. 그러나 꼭 짚고 넘어갈 것이 있다. 도요타는 전기차를 개발하지 '못한 것'이 아니고 '안 한 것'이다. 자체적인 분석 결과에 따라 전기차 시장의 확대는 2030년 이후가 될 것이라 믿고, 그 시기에 맞추어 전략을 수립해 움직이고 있을 뿐이었다.

도요타의 이런 확신은 1997년에 시작된 하이브리드의 신화와도 관련이 있다. 내부에서조차 성공을 의심하던 하이브리드 기술이 지난 30년간 회사를 성장시켜 세계 1위 기업으로 올려놓았다는 자신감이다. 10년 이상 손해를 보면서도 하이브리드를 포기하지 않고 결국 손익분기점을 돌파한 이후 4년 만에 누적 손실을 모두 극복한 2000년대 당시의 경험이 있기에, 도요타는 구체적인 로드맵과 포트폴리오를 구성하여 외부의 동향에 개의치 않고 움직인다. 배터리와 관련해서도 기술이 없는 것이 아니다. 미래 배터리로 회자되는 전고체 배터리의 경우, 세계에서 가장 많은 특허를 보유한 기업은 다름 아닌 도요타다(전고체 배터리 특허 수는 2022년 7월 7일 니케이 아시아 기사의 통계를 참고하였다). 2, 3위를 달리고 있는 배터리 전문기업 파나소닉(Panasonic)과 종합에너지 기업 이데미츠 코산(出光興産株式会社)을 합해도 도요타의 절반 수준이다. 이뿐 아니라 도요타는 이미 2000년대에 배터리와 수소연료전지 개발인력을 수백명 확보해 시장 변화에 대처해왔다.

현대자동차에서 수소연료전지 업무를 담당하던 무렵, 도요타는 벤치마킹 대상이자 극복해야 할 경쟁 상대였다. 하지만 2013년에 투싼 연료전지차로 우리가 먼저 양산화에 성공했을 때, 가장 충격을 받은 곳은 다름 아닌 도요타였다. 그 해 여름, 상호간의 연료전지분야 협업을 제안한 곳도 그들이었다. 이를 계기로 여러 차례 도요타의 리더들과 만날 기회가 있었는데, 이때 느낀 점은 그들의 전략이 오랜 시간을 거쳐 수립되었고 상당히 단단하다는 것이었다. 기본 전략은 품질과 가격에 초점이 맞추어져 있었으며, 자신들이 강한 분야에서 독보적으로 우위를 점하겠다는 계산이 깔려 있었다. 당시 세간에는 이미 전기차의 미래에 대한 긍정적인 분석들이 있었고, 도요타는 전기차를 개발할 내부 역량도 충분했다. 더구나 미국 정부의 친환경 크레딧을 받기에 전기차가 유리했음에도 그들의 입장은 단호했다. 당분간은 하이브리드면 충분하다는 것이었다.

도요타의 판단이 옳았다는 이야기가 나오기 시작한 시점은 2024년 1사분기가 끝날 무렵이었다. 전기차의 수요가 급증할 것을 예상하고 막대한 배터리 수요를 위해 완성차 기업과 배터리 기업이 수많은 조인트 벤처(Joint Venture, JV)를 만들어 세계 도처에 생산 시설을 건설하고 있던 시기였다. 국내 배터리 3사 또한 핑크빛 전망 속에서 기업 가치를 극대화하는 것처럼 보이던 때에 예상하지 못했던 폭풍이 닥쳤다. 전기차 프로그램이 연기되고 취소되는 상황이 연이어 발생하면서 배터리 업계뿐 아니라 모든 방향을 전기차에 맞추던 부품 공급사들도 타격을 피해가지 못했다. 반면 도요타는 하이브리드 차량 판매가 순조롭게 진행되며 큰 위기에 직면하지 않았고, 수직계열화한 협력 기업들도 혜택을 받았다. 1966년 출시한 이후 총 5,000만 대 이상이 판매된 코롤라(Corolla)를 위시한 중소형 차량 판매도 견조하게 유지되면서 판매 1위의 위치를 굳히게 되었다.

전기차에 집중 투자를 한 기업들은 모두 크고 작은 손실을 입게 되었지만, 가장 큰 피해는 아무래도 배터리 생산 업체나 배터리

JV에 투자한 기업들에게 돌아갈 수밖에 없었다. 공장과 설비에 투자하는 금액이 타 업종과는 비교할 수 없을 만큼 컸기 때문이다. 배터리 공장 한 곳을 지을 때는 보통 연산 30~40GWh를 고려한다. 전기차 한 대에 60~80kWh의 배터리를 장착한다면 매년 약 50만 대에 필요한 물량이다. 이런 공장을 지을 때 소요되는 비용은 대략 30~40억 달러, 우리 돈으로 4조 3,000억 원에서 5조 7,000억 원에 달한다. 만약에 배터리 수요량이 수십 퍼센트 감소해 설비를 가동하지 않게 되면 엄청난 규모의 손실이 발생할 수 있다는 계산치가 어렵지 않게 나온다. 국내 배터리 3사는 모두 미국과 유럽에 공장을 보유하고 있는데, 최근 완성차 업체에서 프로젝트를 취소하거나 축소하려는 요청이 들어오면서 위기를 타개하는 데 온 노력을 집중할 수밖에 없게 됐다.

이런 일은 내가 근무했던 스텔란티스에서도 발생했다. 앞서 언급한 회사의 비전을 달성하기 위해 필요한 배터리 예상 물량은 2030년에 420GWh로 북미와 유럽에서 각각 절반씩 생산한다는 계획이었다. 각 대륙에 6~7개의 배터리 셀 공장이 필요하고 투자되는 비용이 50~60조 원에 달한다. 여기에 차량 플랫폼, 구동 모터와 감속기, 제어기 등을 개발하고 생산하는 비용을 모두 합하면 100조 원이 넘어가는 비용을 감수해야 한다. 전기차 부흥에 대한 예상이 들어맞는다면 더할 나위 없이 잘 준비된 청사진이었지만 그렇지 않을 경우 막대한 손실을 감내해야 하는 과감한 전략이었다. '도 아니면 모' 식의 전략을 수립한 곳이 스텔란티스만은 아니었다. 많은 기업이 테슬라를 벤치마킹하고 추월할 계획을 짜는데 몰두했다. 그러나 안타깝게도, 기초부터 다른 기업에 대한 상세한 분석 없이 결과물만 보고 모방하려 했던 대가를 치르는 데는 그리 오랜 시간이 걸리지 않았다.

전기차 캐즘이 오면서, 일단 신차 개발에 필요한 추가 비용 지출이 줄어든 것은 다행이다. 기존 자동차 기업이 강점을 가지고 있는 내연기관 자동차의 수명이 길어진 것도 반가운 소식이다. 문제는 이미 기존에 투자한 비용이 만만치 않다는 것이다. 배터리는 그 특성상 다른 부품에 비해 일찍 계획을 수립하고 추진한다. 전기화학적 특성을 가진 제품이라 최적화하는 데 시간이 걸리고, 설비를 튜닝하는 데도 상당한 시일이 소요된다. 대개 자동차 생산 시점 기준으로 4년에서 3년 반 전부터 논의와 협상이 시작되어 3년 전이면 계약이 완료되고 설비 업체 선정에 들어간다. 즉, 현시점에서 프로젝트 수를 줄이고 지연시킨다고 해도 이미 1~2년 후 생산을 계획한 배터리 셀 공장은 완공되었거나 상당히 진척이 된 상태다. 게다가 작업의 효율화를 위해 인력을 사전에 고용하고 훈련시키는 경우가 많아, 초과 공급된 인력을 조정하는 일도 해결해야 하는 난제다.

배터리만큼은 아니더라도, 전기차에 필요한 대형 구동모터와 감속기, 제어기를 개발하고 생산하는 데 투자하는 비용도 부담이다. 일례로, 모터의 효율을 높이기 위해 몇 년 전부터 도입된 '헤어핀(Hairpin) 디자인 고정자' 모터는 생산 수율을 높이는 일이 쉽지 않아 비용 효과가 떨어지는 단점을 가지고 있는데, 설비는 상당히 고가이다. 최근의 트렌드인 모터와 감속기, 인버터의 '일체화'도 놓치기 쉬운 문제점이 있다. 3가지 부품을 하나의 하우징(케이스) 안에 넣는 '3-in-1' 디자인이 전체 부피와 생산 단가를 줄이는 효과는 있으나, 생산량이 많지 않으면 원가절감 효과를 보기 어렵다. 자동차마다 요구 성능이나 패키징 공간의 형상이 다르면 그 때마다 그 차에 최적화된 3-in-1 구동 시스템을 개발해야 하기 때문이다. 일체화한 시스템이 적용되는 차종의 생산량이 많거나 여러 차종에 공용화할 수 없다면, 일체화는 오히려 가격 상승의 요인이 된다.

　이처럼 전기차 시대로 가는 길목에는 곳곳에 함정이 도사리고 있다. 진입장벽이 낮다는 사실이 모든 도전자들의 성공을 보장하지는 않는다. 철저한 분석과 치밀한 계획을 통해 준비한 자들에게는 함정을 피해갈 방법이 보이지만, 트렌드에 영합하여 무리한 계획을 세운 기업들에게는 극복해야 하는 과제가 산 넘어 산이다. 전기차 시대가 늦게 오리라는 믿음으로 하이브리드 전략을 지속적으로 추진하는 도요타나, 모든 환경차 분야를 동시 다발적으로 개발한 현대자동차그룹, 또 전기차에 모든 승부수를 던진 테슬라 중 누가 미래 시장에서 유리한 고지를 선점할지는 아직 미지수다. 그러나 이들 기업이 서로 다른 전략에도 불구하고 승승장구하는 데는 이유가 있다. 나름대로의 확실한 비전과 계획이 있고, 오랜 기간에 걸쳐 실패와 성공을 맛보며 성숙해진 기업들이라는 사실이다. 로마가 하루아침에 이루어지지 않았다는 격언은 자동차 분야에도 예외 없이 적용된다.

　전기차 캐즘이 가져온 긍정적인 면이 없지는 않다. 준비되지 않은 기존 완성차 기업들에게 시간을 벌어주었기 때문이다. 하지만 이미 전기차의 강점에 맛을 들인 일부 소비자는 하이브리드라는 대안에 관심을 갖기 시작했다. 하이브리드 자동차는 전기차 시대가 도래하기 전까지 단기간 동안 '징검다리' 역할을 하리라고 예상되었으나, 최근 이 기술의 장점들이 다시 주목받고 있다. 2kWh 미만의 크지 않은 배터리를 장착했음에도 연비가 기존 동일 차종 대비 50%가량 증가한다는 사실은 전기차에 아직 우호적이지 않은 소비자의 시선을 돌리기에 충분하다. 또한 별도의 충전이 필요 없다는 것도 장점이다. 여기에 내연기관과 전기차의 특성을 함께 지닌 플러그인 하이브리드(PHEV) 자동차가 소개되면서, 전기차 이전에 하이브리드 시대가 얼마나 지속될 것인지에 대한 관심이 증가하고 있다.

미국 빅3의 침몰

전기차의 미래를 전망하기 위해서는 많은 분석과 연구가 필요하지만, 캐즘이 가시화되기 전후 몇 년간의 전기차 생산을 들여다보는 것도 의미가 있다. 권위 있는 전기차 통계 사이트 EV-Volumes.com이나 SNE Research의 자료에 의하면 2022년 전 세계 자동차 브랜드 중 전기차 판매량 1위는 테슬라가 차지했다. 131만 4,000대의 실적을 달성하여 유일하게 100만 대 이상의 전기차를 판매했다. 2위는 몇 년 전부터 급부상한 중국 기업들을 대표하는 BYD로 91만 3,000대를 기록했다. 이어서 폭스바겐이 57만 2,000대를 판매했고 중국의 상해기차(SAIC Motors), 현대자동차그룹이 그 뒤를 잇는다. 이때 이미 탑10 중에 중국 기업이 4곳이나 있었다는 사실은 주목할 만하다. 2022년에 전 세계에서 생산된 자동차의 전체 대수는 8,500만 대로 집계되었다. 이중 순수 전기차(BEV)의 판매량은 750만 대, 비중은 8.8%였다. 최근 들어 전기차 집계에 포함되는 PHEV를 포함한다고 해도 그 비중은 1,054만 대로 12.4% 수준이었다.

2023년에 들어서면서 테슬라는 180만 9,000대의 순수 전기차를 판매하며 그 위상을 확고히 하지만, BYD도 만만치 않다. 157만 5,000대의 실적으로 선두를 바짝 추격한다. 3위는 지난 해에 이어 77만 대를 생산한 폭스바겐이 차지했고, 현대자동차그룹은 45만 6,000대로 이전 해와 같은 6위에 위치했다. 자동차 생산량 9,350만 대 중 전기차가 966만 대를 차지하면서 10.3%로 두 자릿수의 비중을 기록한 첫 해가 되었다. 수치에서 보듯이 전반적으로 전기차의 성장세는 지속되었지만, 이 무렵에 이미 위기의 조짐이 보이기 시작했다는 견해도 있다. 그 근거는 전년 대비 성장세를 비교해 보면 알 수 있다. 2021년에서 2022년으로 넘어가면서는 성장세가 56%까지 상승하였으나 2023년에는 28%대로 하락 추세를 보였다. 그리고 1,000만 대에 가까운 전기차 중 중국 내에서 판매된 수량이 64%를 차지해, 실제 전기차의 보급이 전 세계로 확대되었다고 보기에는 섣부르다는 견해도 설득력이 있었다.

2024년 중반이 되면서 전기차 수요 침체 현상은 분명하게 보이기 시작했다. 연말에 집계된 수치를 보면 성장세가 이전 해보다 한층 더 위축된 결과를 나타낸다. 전체 차량 판매 9,250만 대 중

BEV는 1,080만 대로 11.2%를 유지했지만, 이전 해에 비해 114만 대(11.8%)의 성장에 그쳤다. PHEV를 포함한 판매량은 1,763만 대를 기록했다. 이때도 테슬라와 BYD의 경쟁은 치열했다. 테슬라는 178만 9,000대, BYD가 176만 5,000대를 판매하여 더 이상 우열을 가리기 힘든 상황이 된 것이다. 이어서 중국의 지리(Geely Automobile)가 55만 대의 전기차를 판매하며 위상을 다졌고, 현대자동차그룹의 순위는 한단계 오른 5위가 되었으나, 판매량은 전년과 유사한 51만 대로 자사 차량 판매량 723만 대 대비 7%를 차지했다. 2024년에도 전체 전기차 판매 1,080만 대 중 중국이 소화한 물량이 무려 60%가 넘는다. 중국을 제외한 기타 지역에서 판매된 수량은 약 400만 대였다.

2022년부터 3년간의 자동차 판매 통계를 보면, 전체 판매량에서 1위를 놓치지 않은 기업은 도요타였다. 유일하게 3년 내내 연간 판매량 1,000만 대 이상을 기록한 곳이기도 하다. 그러나 전기차 판매량으로는 순위에도 포함되지 않는다. 꾸준히 전기차를 생산하며 탑10에 자리 잡은 경쟁사 폭스바겐과는 달리 도요타는 전기차에 대해 호의적이지 않았다. 한편 중국 기업들의 활약상은 눈에 띄었고, 그 덕에 전 세계 전기차 판매량이 상승세를 유지할 수 있었다. 하지만 중국이 전기차 산업을 독자적으로 주도했다는 사실은 전기차의 미래를 판단할 때 염두에 두어야 하는 사항이다. 침체되고 있는 중국의 내수 경제와 더불어 미국과의 패권 경쟁에 따라 중국의 수많은 전기차 기업이 부흥할 수도, 몰락할 수도 있기 때문이다. 자동차 산업에서도 기술 외적인 요인들, 특히 국제 정치 상황은 적지 않은 영향력을 미친다.

　전기차 시장에서 중국 기업의 돌풍을 예상하는 것은 이제 상식이 되었다. 중국 기업들의 수준을 고려하면, 앞으로도 그 영향력이 만만치 않을 것이다. 그러나 중국의 약진이 지속적인 진행형이 될 것으로 보기에는 현상황이 단순하지 않다. 미중간 무역 전쟁의 핵심이 미국의 '중국 압박'이고, 자동차 제조업이 미국 입장에서 양보할 수 없는 분야인 만큼, 전기차 산업은 단지 미래 자동차의 한 축만이 아니라 제조업의 주도권을 누가 쥐느냐의 문제이다. 자율주행이 가능한 전기차 분야는 테슬라와 중국 기업 간 경쟁의 각축장이 되었다. 내연기관 자동차 시장에서 강자였던 기존의 완성차 기업들이 이제는 중국 기업들을 추격해야 하는 위치에 서 있다. 이처럼 미래 자동차 분야의 경쟁은 그 어느 때보다도 치열하다. 또한 이 경쟁은 서방 진영과 중국 사이뿐 아니라 자동차 업계의 기존 강자와 신흥 강자 사이에서도 존재한다.

　테슬라를 제외한 미국 자동차 기업의 성적표는 그다지 좋지 않다. 한 때 전 세계 자동차의 중심지였던 디트로이트 3사는 더 이상 '빅3'라고 불리기에는 그 위상이 초라하다. GM은 2000년대 초만 해도 각종 환경차에 막대한 자본과 인력을 투자했으나, 지금은 어떤 분야에서도 큰 두각을 나타내지 못하고 있다. 2010년에 839만 대로 압도적인 판매량 1위였던 GM의 2024년 성적표는 599만 8,000대로 5위를 간신히 유지했다. 포드는 2006년 경부터 집중한 환경차 기술이 있어 다소의 기대감은 있으나, 판매량이 말해 주듯이 베스트셀러 트럭인 F-150을 제외하면 내놓을만한 차종이 없다.

2024년에는 387만 대를 판매하는 데 그쳐 글로벌 판매 순위에서 8위에 머무는 시련을 맛보았다(2024년 통계는 조사기관마다 조금씩 차이가 있다. 여러 수치를 분석해 볼 때, GM은 르노-닛산-미쓰비시 연합에 이어 5위, 포드는 중국의 상해기차와 BYD에 이은 8위가 신빙성이 있다). 이는 코로나 위기가 시작되던 2019년의 539만 대 대비 152만 대가 줄어든 실적인데, 경쟁사인 현대자동차그룹이 719만 대에서 723만 대로 소폭이나마 증가한 것과 대비하면 열세가 명확하게 드러난다.

 미국 빅3가 위기를 겪은 것은 이번이 처음은 아니다. 20세기 초반부터 전 세계 자동차 시장을 주름잡던 3사에 경종을 울렸던 상대는 유럽과 일본 기업들이다. 특히 1970년대 오일 쇼크로 자동차 시장이 충격을 받을 때 소형차로 승부를 걸며 시장을 재편한 일본 기업의 약진은 그들에게 큰 위협이었다. 이 중 도요타는 소형차와 하이브리드 기술을 이용한 차량 판매로 상승세를 이어갔으며, 그 영향으로 이제는 전체 판매 실적에서 부동의 1위를 고수하고 있다. 독일의 거대 기업 폭스바겐의 추격도 만만치 않았다. 그들은 다양한 브랜드를 이용하여 미국 시장을 공략해왔다. 독일의 BMW나 메르세데스-벤츠는 판매량이 많지는 않지만 고급차 브랜드의 이미지로 부유층에 어필한다. 전통적으로 미국이 강점을 가지고 있는 트럭을 제외하면, 서부지역이나 대도시에서 미국 메이커의 차량보다 아시아와 유럽의 자동차가 더 많이 눈에 띈 지는 오래 되었다.

 이 책의 원고를 처음 집필하던 무렵, 내가 생각하던 책의 제목은 '빅3의 침몰'이었다. 다소 자극적인 이 제목은 오래 전에 읽었던 《소니 침몰》에서 영감을 받았다. 소니에서 근무했던 직원이 내부에서 보았던 문제점을 지적한 이 책은 한 시대를 풍미하던 소니의 몰락에 대한 많은 궁금증을 풀어주었다. 같은 맥락에서 한때 자동차 업계를 주도하던 디트로이트의 3사가 어쩌다가 이런 상황까지 왔는지를 연구하던 중 우연히 발견한 책이 있다. 미셸린 메이너드(Micheline Maynard)가 저술한 《The End of Detroit: How the Big Three lost Their Grip on the American Car Market》이다.

저자가 바라본 빅3의 쇠퇴 원인은 크게 몇 가지로 압축된다. 경직된 조직문화, 고비용 구조, 그리고 소비자를 고려하지 않은 전략이다. 반면에 일본 브랜드는 연비와 품질이 우수한 중소형차 중심의 전략을 폈고, 독일 브랜드는 프리미엄 브랜드로 시장을 확대한 것이 주효했다고 이 책은 밝힌다. 미시간주 앤아버에 거주하는 메이너드는 수많은 자동차 업계 인물들을 만나 의견을 듣고 자신의 생각을 정리하며 나름대로의 결론을 내린다. 흥미롭게도, 20여 년 전인 2003년에 출간된 책의 내용은 많은 부분이 현재에도 진행형이다. 소비자 중심의 유연한 변화에 실패하면서 시장에서 해외 업체에게 주도권을 넘겼다는 것은 이제 누구나 아는 사실이다. 책에서는 또한 경직된 조직과 과거 성공에 안주한 태도가 지속 가능한 경쟁력 상실로 이어졌다고 지적하는데, 이 부분은 나 스스로도 체험했고 안타까웠다. 판매량이나 품질 지수, 소비자의 평가 등 많은 지표가 이미 빅3의 지배력 상실을 보여주는 데도 불구하고, 지금도 내부 분위기는 '우리가 잘 하고 있다'는 자신감이 위기 의식보다 강하다. 저자는 'The End'가 디트로이트의 완전한 몰락을 뜻하는 것이 아니라 지배적인 시대의 종말을 뜻한다고 언급하는데, 이 역시 공감이 가는 부분이었다.

이 책이 출간되고 몇 년 후, 저자가 경고한 것과 유사한 사태가 실제로 일어났다, 우리가 기억하는 GM과 크라이슬러(Chrysler)의 파산이다. 2008년 11월에 표면화된 자동차 기업의 위기는 리먼 브라더스 사태 등으로 인한 금융위기에 더해 노조의 지나친 요구, 경영진의 방만함 등이 빚어낸 결과물이었다. 당시 미국 자동차 노동자들은 1984년부터 시행된 잡스 뱅크(Jobs Bank) 제도 덕에 회사 사정으로 인한 프로그램 취소나 인력 감원 등의 상황에서도 임금의 대부분을 받을 수 있었다. 생산 단가가 낮은 미국 남부 지방으로 공장을 이전하는 방안은 기존의 인력에게 임금을 계속 지급해야 했기에 선택할 수 없었다. 2005년 당시에 잡스 뱅크의 혜택을 보는 사람이 디트로이트 빅3에만 1만 2,000명이었다.(2005년 10월 17일자 Detroit News 기사를 참고) 2001년부터 2004년까지의 4년 동안 GM은 이 제도를 위해 21억 달러, 포드와 크라이슬러는 각각 9억 4,000만 달러와 5억 달러를 지불했다.

그러나 자동차 3사의 위기가 단순히 노조의 문제만은 아니었다. 경영진의 방만함도 한몫했다. 이를 여실히 드러내는 사건이 있다. 2008년 금융위기 이후 빅3가 파산한다는 소문이 흉흉했고, 실제로 GM과 크라이슬러는 정부에 긴급구제금융(Troubled Asset Relief Program, TARP)을 요청한다. 포드는 2006년에 현금을 확보해 보조금을 받지 않아도 되었으나, 제조업의 상징과도 같은 자동차 업계의 대규모 적자에 당황한 미국 의회는 빅3의 CEO들을 국회로 불러 청문회를 진행한다. 그런데 경영위기로 국민 세금인 구제금융을 요청하러 가는 기업 대표들이 평소 하던 대로 회사 전용기를 타고 워싱턴으로 간 것이 화근이었다. 신문에서는 그레이하운드 버스를 타고 갔어야 한다는 비난이 들끓었지만 수백만 명의 실업자가 생길 수도 있다는 분석에 못 이겨 미국 정부는 GM에 94억 달러, 크라이슬러에 40억 달러의 보조금을 지불한다. 이들이 요구한 250억 달러의 보조금 중 절반이 넘는 금액이었다.

친노조 성향 정부인 오바마(Barak Obama) 행정부가 들어선 2009년 1월, GM과 크라이슬러는 당초 언급했던 250억 달러에 90억 달러의 추가 구제금융을 요청한다. 정부 일각에서는 파산하도록 두어야 한다는 의견이 있었으나 결국 정부는 보조금을 지속적으로 지급하는데, 이 금액은 결국 807억 달러까지 올라갔다.* 그럼에도 불구하고 2009년 4월에 크라이슬러가, 6월에는 GM이 각각 챕터 11(Chapter11), 우리로 치면 기업회생을 신청하면서 미국의 자존심은 한순간에 구겨지게 된다. 이후 GM은 미국 연방정부가 50%, 캐나다 정부가 지분의 2.5%를 소유하는 국영기업이 되었다가 2010년에 재상장했다. 크라이슬러는 미국 정부와 피아트(FIAT)의 지원을 받게 된 후, 피아트가 지분을 늘리면서 2014년에 피아트-크라이슬러(Fiat Chrysler Automobiles, FCA)로 재탄생한다. 이후 FCA는 프랑스의 푸조시트로앵(PSA)과 합병하면서 현재는 스텔란티스로 존속하고 있다.

---

* 미국재무부보고서나 미국의회보고서 등에 의하면, 총 807억 달러 중 GM에 510억 달러, 크라이슬러에 125억 달러, GM의 금융자회사 GMAC에 172억 달러가 지급되었다.

2008년의 위기가 방만한 경영과 강성노조 때문이었다고 한다면, 최근 미국 빅3의 위기는 그 성격이 좀 다르다. 간단히는 미래 시장을 내다보는 전략의 부재와 환경차로 전환되는 미래차 시장을 위한 기술 내재화의 부족이 문제의 핵심이다. 앞서 소개한 책에서도 지적한 바와 같이, 아직까지도 팽배한 지나친 자존심 역시 악재이다. 이미 과거의 영광을 내세울만한 위치가 아닌 점을 인식한다면 지금 미국 빅3에 필요한 자세는 '도전 정신'이다. 과거 한국과 일본의 기업들이 서구 선진국을 넘어서기 위해 가졌던 마음가짐이 필요하다. 오랜 기간 동안 환경차 기술을 개발하고 내재화해 온 아시아 기업들에 비해 미국 3사의 기술 수준은 현저히 떨어진다. 더 큰 문제는 높은 수준에 올라가기 위한 노력을 과소평가한다는 데 있다. 기술의 내재화 없이도 좋은 부품 공급업체만 확보하면 경쟁에서 이길 수 있다는 착각이 오늘날의 위기를 만들어냈다고 해도 지나친 말이 아니다.

미국 빅3가 기술 내재화에 적극적이지 않은 데는 나름의 이유가 있다. 내연기관 자동차가 주류일 때는 주변에 수십 년 이상 동반자 역할을 해 온 신뢰할만한 부품 공급사가 얼마든지 있었다. 그러나 전기차로의 패러다임 체인지가 일어나면서 새로운 기술이 요구되는 시점에서, 미국의 완성차 업체는 신차 개발에 필요한 리더십을 갖추지 못했다. 이런 상황에서는 부품사 역시 명확한 방향이 없는 상태로 함께 헤매게 된다. 이는 완성차 제조를 단순한 부품 조립으로 보았기에 발생한 현상이고, 다음 장에서 다룰 제조업의 위기와도 맥을 같이 한다. 트럼프 행정부가 제조업을 부활시키기 위해 관세 정책 등의 극약처방을 마다하지 않지만, 오랜 기간 동안 서서히 침몰한 미국의 제조업이 수년만에 살아날 수 있을지는 미지수다. 그리고 그 제조업 논란의 중심에 있는 전기차의 미래도 수많은 이해당사자의 관심사이다.

자동차 이야기

최초의 자동차는 우리에게 익숙한 독일의 다임러나 벤츠의 시기를 훨씬 거슬러 올라간다. 17세기 중국에서 사역하던 예수회 신부 페르디난드 베르비스트(Ferdinand Verbiest)는 1678년에 증기기관으로 작동하는 기관을 발명했는데, 이는 흔히 증기기관 자동차의 시초로 알려진 1769년 프랑스 장교 니콜라 쿠노(Nicolas Cugnot)의 발명품보다 100년 가까이 앞선다. 미국에서는 이보다 늦은 1805년에 올리버 에반스(Oliver Evans)가 증기를 이용한 수륙양용 운행 수단을 처음 선보였다. 이 무렵부터 증기를 이용한 다양한 형태의 자동차가 개발되지만, 대량생산은 100여 년 가까운 시간이 필요했다.

자동차의 아버지 카를 벤츠(Karl Benz)는 신중하고 내성적인 성격의 소유자여서 자신의 발명품이 완전히 검증되기 전에 대중 앞에 내놓는 것을 꺼려했다. 그가 1885년에 만든 3륜차를 세계 최초로 장거리 운전한 사람은 그의 부인 베르타 벤츠(Bertha Benz)로 남편 몰래 차량을 끌고 나가 독일 만하임에서 자신의 친정집이 있는 포르츠하임까지 약 105km를 주행했다.

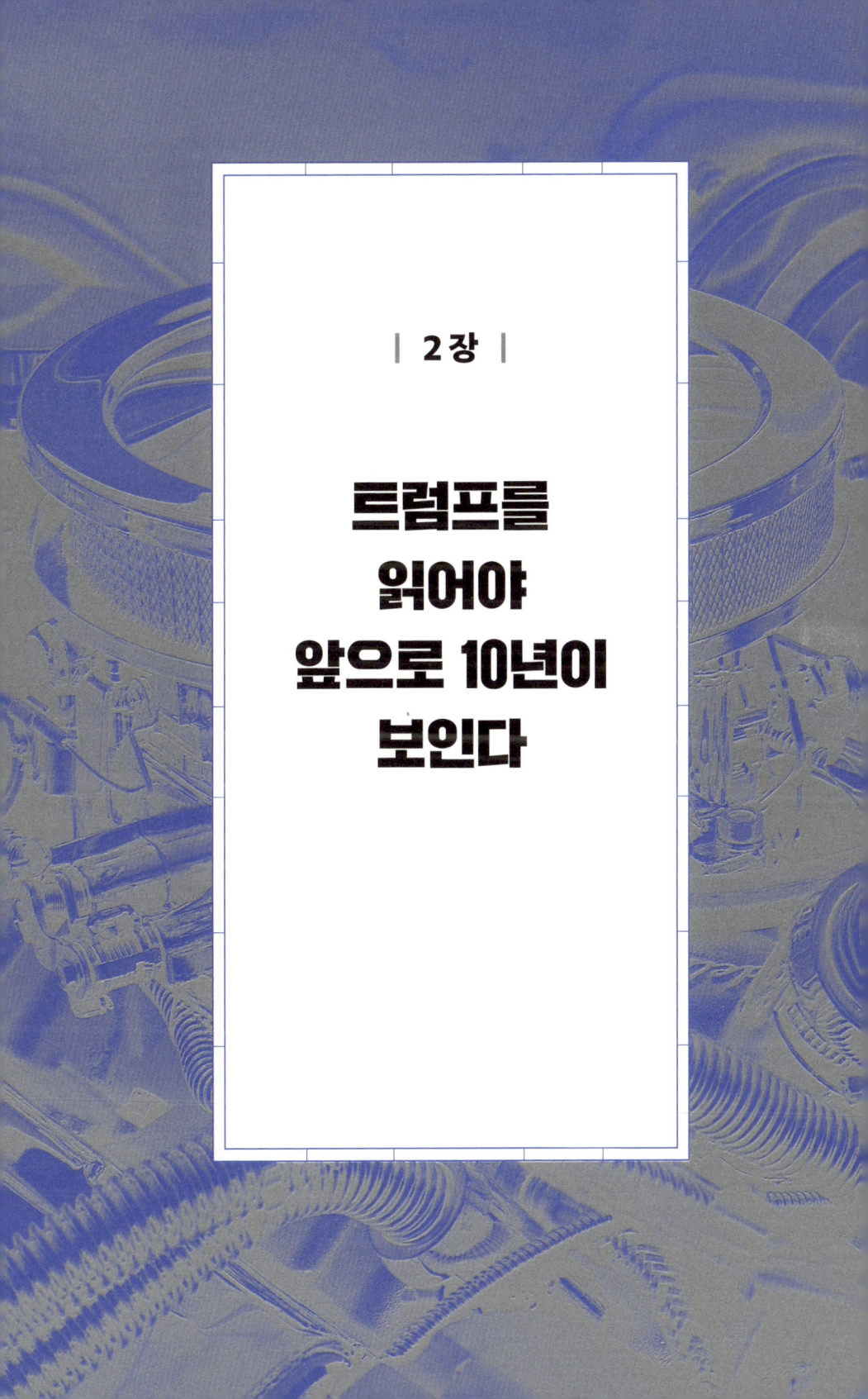

| 2장 |

트럼프를 읽어야 앞으로 10년이 보인다

BEYOND
THE
ENGINE

트럼프라는 현상

2024년 11월 5일, 미국의 수도 워싱턴 D.C.는 늦가을 날씨 치고 상당히 따뜻했다. 이날 미국은 백악관의 다음 4년간 주인이 될 47대 대통령과 상원 100석 중 34석, 하원 전체인 435석에 대한 선거를 치렀다. 또한 50개 주 중에 11개 주의 주지사를 뽑는 날이었고, 일부 주에서는 주 의회 의원, 시장 등 다양한 선출직 선거가 함께 진행되었다. 이 중 가장 관심을 끄는 선거는 당연히 세계 초강대국의 리더를 뽑는 대통령 선거였다.

주요 미디어에서는 줄곧 민주당 후보이자 현직 부통령인 카말라 해리스(Kamala Harris)의 우세를 예상하고 있었다. 스윙 스테이트(Swing State)라고 불리는 경합주에서 승부가 갈리고 초접전이 될 것으로 예상하는 미디어도 있었으나 여성과 젊은 층, 소수 인종 유권자들 사이에서 강세를 보이는 해리스 후보가 무난히 승리할 것이라는 예측이 좀 더 우세했다.

그러나 예상과는 달리 개표가 시작되고 얼마 지나지 않아 공화당 도널드 트럼프(Donald Trump) 후보의 선거인단 득표수가 증가세를 보이기 시작했다. 미국의 서부 지역 일부에서는 아직도 개표가 진행 중이던 동부시간 11월 6일 새벽 2시 30분경, 미국의 차기 대통령으로 트럼프 전 대통령이 재선되었다는 주요 언론사들의 발표가 잇따랐다. 트럼프는 2020년 46대 대통령 선거에서 조 바이든(Joe Biden)에게 패해 백악관에서 물러난 후 4년 만에 재기에 성공함으로써, 미국 역사상 두 번째로 연임에 실패하고 재선에 성공한 대통령이 되었다. 그를 제외하고는 1885년부터 4년간 대통령이었다가 퇴임 후 4년 후인 1893년에 다시 24대 대통령이 된 그로버 클리블랜드(Grover Cleveland)가 유일하다.

트럼프의 당선은 선거 기간 내내 주목을 받았던 경합주의 승리가 크게 작용했다. 실제 그는 경합주 7곳(펜실베이니아, 미시간, 위스콘신, 조지아, 노스캐롤라이나, 애리조나, 네바다)에서 모두 앞섰다. 또한 최근 들어서는 공화당이 강세를 보였으나 과거에 경합주로 분류되었던 오하이오와 플로리다를 합해 총 9개 주에서 승리함으로써 대선 승리에 필요한 270석을 훌쩍 뛰어넘는 312명의 선거인단을 확보했다. 이중 특히 러스트 벨트(Rust Belt)로 불리는 대표적인 주인 펜실베이니아, 미시간, 위스콘신, 오하이오에서 확보한 선거인단 수 61명에 더해 30석이 걸려있는 플로리다까지 총 91명의 선거인단을 다섯 개 주에서 확보함으로써 예상보다 쉽게 승리를 거머쥘 수 있었다. 경합주의 또 다른 이름인 배틀그라운드 스테이트(Battleground State)나 퍼플 스테이트(Purple State)*가 어울리지 않는 일방적인 결과였다.

그의 낙승을 예상하지 못했던 메이저 언론사들과 이들의 기사에 근거하여 해리스의 백악관 입성을 대비하던 각국 정부는 당혹감을 숨기지 못했다. 세계 곳곳에서는 선거 유세 당시부터 강경한 대외정책과 미국 우선주의의 슬로건을 걸었던 트럼프와 'MAGA 스쿼드'(Make America Great Again으로 상징되는 트럼프 정책을 지지하는 측근 세력)의 향후 행보에 관심을 보이기 시작했다. 중국을 상대로 수입품에 60%~100%의 관세를 부과하겠다는 그의 계획이 현실이 될지, 불법 이민자들을 추방하겠다는 공약이 미국 경제에 어떤 영향을 끼칠지 우려하는 목소리가 들렸지만, 대다수 전문가들은 2025년 1월 신정부가 막상 업무에 돌입하면 주장한 만큼의 '강수(強手)'를 두기는 어려울 것이라고 예상했다. 선거를 위한 공약과 실제 정치의 행보가 다른 경우는 얼마든지 볼 수 있기 때문이었다.

그의 수많은 공약이 '진심'이었음은 백악관 재탈환 직후 가장 먼저 서명한 행정명령(Executive Orders)에서 드러났다. 바이든 행정부에서 발행한 78개의 행정명령과 각서를 취소하고, 에너지 규제를 완화하며, 전기차 의무화를 폐지하였을 뿐 아니라 파리기후협

---

* 퍼플 스테이트(Purple State). 미국 공화당의 상징색은 빨강, 민주당의 색은 파랑이라, 이를 혼합한 보라색이 경합주라는 의미로 사용된다.

정*에서도 탈퇴했다. 대외 무역과 관련해서는 우방국이자 인접국이며 USMCA(United States-Mexico-Canada Agreement)**라는 자유무역협정으로 상호 보호하고 협력하던 멕시코와 캐나다산 수입품에도 추가 관세를 부과했다. 또한 연방정부의 효율성을 강화한다는 명목으로 정부효율부(Department of Government Efficiency, DOGE)를 발족하고, 그 수장에 전 세계 최고의 부자이자 자동차 시장에서 수년간 가장 뜨거운 감자였던 테슬라의 CEO 일론 머스크를 임명하였다.

선거 결과에 대한 분석이 진행되면서 재조명을 받은 지역은 위에서도 언급한 러스트 벨트였다. 미국 북동부와 중서부 지역의 전통적인 제조업, 중공업 중심지로서 한때 미국의 경제를 주도하던 이 지역은 20세기 후반부터 산업 쇠퇴로 경제 침체가 두드러졌다. 이로 인해 '러스트(녹)'라는 불명예스러운 별명을 받게 되었는데, 이 지역의 민심은 최근 몇 차례 대선에서 작지 않은 영향을 끼쳤다. 펜실베이니아주 피츠버그를 중심으로 한 제철과 석탄 산업이 쇠락하면서 이 지역 주민들은 당연히 선거에 민감하게 반응했다. 자동차 산업의 중심지인 미시간과 오하이오도 아시아 자동차 기업에 빼앗긴 과거의 영광을 되찾는 데 도움을 줄 국가 수반이 누가 될지에 관심을 쏟지 않을 수 없었다.

---

*   파리기후협정(Paris Agreement): 2015년 12월 12일 채택된 기후변화 대응을 위한 국제 협약. 지구 평균기온 상승을 산업화 이전 대비 2°C 이하로 제한하였다.

**   USMCA(United States-Mexico-Canada Agreement): 미국, 멕시코, 캐나다 3국 간의 무역협정으로 북미자유무역협정(NAFTA)를 대체할 새로운 협정. 2020년 7월 1일에 발효되었다.

결국 트럼프의 승리는 제조업의 쇠퇴와 불법 이민자들의 보조 혜택에 대한 중산층의 반발을 그 원인으로 보아야 한다. 이런 유권자들의 지지를 힘입어 당선된 만큼 트럼프는 어렵지 않게 자국우선주의, 탈세계화의 정책을 펼 수 있는 입지를 확보한 셈이다. 그의 당선과 더불어 상하원을 모두 장악한 공화당 보수 진영의 전략은 단지 미국 내부의 정치경제 상황 뿐 아니라 전 세계의 수많은 각종 현안에 직간접적인 영향을 미치고 있다. 이런 현상은 적어도 다음 중간 선거가 치러지는 2026년 11월까지 지속될 것으로 보인다. 그 때도 공화당이 상하원의 다수당으로 남는다면 앞으로 4년이라는 기간 동안 글로벌 정치경제의 방향성을 좌우하는 주체는 트럼프 대통령과 그의 측근이 될 가능성이 크다.

미국을 이해하는 키워드, 자국우선주의

트럼프가 선거 유세 중 했던 말 가운데 "내가 대통령이 되면 우크라이나 전쟁을 24시간 안에 끝내겠다"는 공약이 있다. 물론 단시간 내에 전쟁이 끝나지는 않았으나, 취임 후 가장 먼저 만난 국가 원수가 우크라이나의 볼로디미르 젤렌스키(Volodymyr Zelensky) 대통령이라는 사실은 큰 의미가 있다. 적어도 트럼프는 러-우 전쟁의 종식에 상당한 부담감을 느끼고 있으며, 자신에게 그럴 영향력이 있다고 판단했음에는 틀림없다. 그의 개입으로 러시아에 유리한 협상이 될 것이라는 분석과 현실성이 부족하다는 비판도 있었으나,

어쨌든 그는 2025년 2월 28일에 젤렌스키를 백악관으로 초청했고, 우크라이나를 지원하는 대신 희토류 등 광물 자원의 지분 50%를 요구하는 (젤렌스키로서는 쉽게 받아들이기 어려운) 협정안을 제시했다.

이 협상은 사실 협상 테이블에 앉기도 전에 예측하지 못했던 불상사로 인해 백지화되었다. 양국 정상과 J.D. 밴스(J.D. Vance) 부통령이 참석한 기자 간담회 자리에서 대담 도중 고성이 오가며 외교 무대에서 보기 어려운 상황이 연출된 것이다. 백악관 간담회에서 있었던 해프닝을 놓고 양국의 대통령 중 누가 먼저 결례를 했는가에 대해서는 여러 의견이 있다. 하지만 그동안 다양하고 막대한 지원을 통해 자국을 도왔고 앞으로도 그럴 의지가 있는 최강대국 정상 앞에서 부통령을 'Mr. vice president'가 아닌 'J.D.'로 부르고, "미국이 지금은 안전할지 모르나 그것(전쟁의 위험)을 느끼게 될 것이다. 전쟁이 일어나지 않도록 신이 축복하기를…"이라는 적절치 못한 언사를 감행한 것이 직접적인 결렬의 원인이 되었다는 사실은 분명하다(트럼프와 젤렌스키는 2025년 8월 18일 보다 온화하고 생산적인 분위기 속에서 2차 회담을 가졌다).

이처럼 트럼프의 후보 시절 공약과 당선 이후의 행보를 보면, 그는 철저하게 미국 우선주의를 내세우고 있다. 자국의 국익을 위해서 책임을 다하겠다는 신념을 수시로 피력한다. 또한 젤렌스키와의 대화에서도 보듯이 그런 의지를 외교 무대에서도 분명하게 과시한다. 그리고 현시점에서 보자면 그런 행보에 제동을 걸만한 국가나 인물은 존재하지 않는다. 따라서 향후 수년간 세계 경제를 예측하고 수시로 변화하는 상황을 이해하기 위해서는 미국의 47대 대통령이 어떤 생각을 하는지, 또 어떤 정책을 추진하는지 먼저 알아야 한다. 자동차 분야도 예외는 아니다. 전기차 보조금을 주지 않겠다는 그의 공약이 그대로 실천되면, 안 그래도 손실을 감당하며 전동화를 추진하는 자동차 기업들은 설 자리가 없어진다. 오히려 과거로 회귀하여 내연기관 자동차 개발에 더 전력을 기울여야 할지도 모른다.

우리나라도 트럼프 행정부의 정책에 촉각을 세우지 않을 수 없다. 전기차 산업에 관련된 많은 분야가 우리 경제의 주축이 되어 가고 있기 때문이다. 미국 내에 공장을 세워 관세 장벽을 피하려는 노력은 가속화될 것이지만, 언젠가 고관세가 완화되거나 철폐된다고 가정하면 무조건 미국 내 생산이 유리한 것은 아니다. 게다가 미국 내 생산기지가 없으면 불이익을 당한다는 사실을 현지의 건설업자나 노동 시장도 알고 있어서인지, 최근 들어 건설 비용을 포함한 생산 단가가 급격히 상승했다는 소식도 들려온다. 이렇게 된다면 국외에서 생산을 하여 관세를 부담하는 것이나 현지에서 생산하는 것이나 최종 판매가격에 큰 차이가 없을 수도 있다. 외국 기업의 입장에서는 굳이 자국이 아닌 미국에서 고용창출을 해야 하는가에 대해 다시 한번 검토해야 하는 상황이 온 것이다.

이렇듯 최근 미국의 산업 정책을 보면, 미국의 우방으로서 같은 길을 가고 있다고 생각했다가 고관세라는 철퇴를 맞은 국가에서는 실망감을 느낄 수도 있다. 지난 한 세기 가까이 세계 경찰국가로서 평화를 유지하고 분쟁을 조율했던 나라가 이제 와서 자기 잇속을 차리겠다고 하는 행보들이 눈에 거슬리기도 한다. 혹자는 수십 년 동안 겨룰만한 적수가 없다가 이제 중국이라는 슈퍼파워의 위협을 받으면서 초조해진 미국이 본색을 드러낸다고 한다. 이런 생각은 NATO(North Atlantic Treaty Organization, 북대서양조약기구)* 가입국에게 "이제 당신들 방위는 스스로 책임지세요"라는 이야기를 했다는 뉴스를 접할 때 더 짙어진다. 그러나 객관적인 통계를 살펴보고 세계사의 과거 페이지를 들추어 보면, 바뀐 미국의 행동이 충격적이라고 단정하기는 어렵다.

미국은 지난 한 세기 가까이 팍스 아메리카나(Pax Americana)의 기치를 걸고 전 세계 자유민주주의를 수호하기 위해 고군분투해 왔다. 우방국 입장에서는 그 역할을 좀 더 지속해 주기 바라는 아쉬움이 있으나, 미국도 자국의 경제 사정이 그다지 좋은 편은 아니다. 연방정부가 갚아야 하는 국가 부채는 2024년 기준으로 34조 달러(약 5경 원)를 넘었으며, 이중 일반 투자자, 외국 정부, 기업 등이 보유한 국채인 공공 부채가 전체의 70% 이상을 차지한다(폭스 비즈니스(Fox Business)에 의하면 2025년 8월 12일 현재 부채는 37조 48억 달러로 늘어났다). 달러 화폐를 찍어내는 기축 통화국이기 때문에 타국에 비해 높은 부채를 감당할 수 있기는 하나, 결국 이 부채는 미래 세대에게 책임을 떠넘기는 결과를 가져온다. 세계 최강대국인 미국조차도 이제 '내 코가 석 자'인 상황이 된 것이다. 이러니 유럽이나 아시

---

* NATO(North Atlantic Treaty Organization): 북대서양조약기구. 북미와 유럽 31개국이 참여하는 집단방위 군사동맹으로, 1949년 4월 워싱턴 D.C.에서 체결되었다. 본부는 벨기에 브뤼셀에 있다.

아의 우방국이 미국의 보호 하에서 안보 차원의 많은 혜택을 누리고 있는 현실을 트럼프 대통령이 그냥 두고 볼 수 없게 됐다.

미국을 부르는 별명이 천조국(千兆國)인 이유는 1년에 국방비로 책정한 비용만 1,000조 원이 넘기 때문이다. 2023년에는 8,579억 달러가 승인되었는데, 당시 환율($1.00＝1,305원)을 적용하면 1,122조 원이나 된다. 미국 GDP의 3.4%에 해당하는 거액이다. 반면 냉전시대에 소련과 그 위성국의 침략에 대비하려는 목적으로 세워진 NATO에서 미국을 제외한 30개국의 국방 예산 총액은 4,190억 달러에 지나지 않았다. 러-우 전쟁에서도 미국의 지원은 큰 비중을 차지했다. 2022년 1월부터 2024년 12월까지 미국이 지원한 총 액수는 독일의 킬 연구소(Kiel Institute for the World Economy) 집계에 따르면 1,200억 달러에 달한다. 트럼프 대통령이 주장하는 3,000억 달러와는 큰 차이가 있으나, 평균적으로 미국 연간 국방 예산의 4% 이상이 지난 3년간 우크라이나를 위해 사용된 셈이다.

미국의 우크라이나 지원이 백악관 회담 파국 이후 소극적으로 변하면서 이 혼란을 틈타 러시아는 다시 공격을 가했고, 젤렌스키는 광물 협정 재개를 위해 미국에 화해의 제스처를 보냈다. 유럽연합은 미국의 관세 정책에 반발하여 보복 관세를 부과하고, 내부 통합을 유지하기 위해 외교적 노력을 기울이겠다고 공언하지만, 이마저도 수월하지 않다. 국방에 관해 미국의 도움이 절실하다는 사실과 무역 분쟁에서 미국을 상대하기 어렵다는 것을 잘 알고 있기 때문이다. 미국이 주장하듯이, 유럽의 우방들을 지켜주느라 미국의 국방 예산이 사용되는 동안 NATO 회원국들은 내치와 복지에 집중할 수 있었다. 2023년 NATO 회원국의 평균 국방비 지출은 (미국을 포함해서도) 1.9%에 지나지 않았다. 최소한 자국 예산의 2%를 책정하여 자주적으로 국방을 강화하라고 한 것은 사실 무리한 요구가 아니다 (최근에는 예산의 5%를 책정하도록 요구한 바 있다).

이런 상황들은 정치 외교, 혹은 군사적인 문제에만 국한되지 않는다. 역사적으로 수많은 분쟁을 야기했던 '블록화'는 무역과 산업 영역에도 큰 영향을 끼치는데, 지금은 그 어느 때보다도 상황이 심각하다. 미국과 아시아에 견줄만한 규모의 체제를 구축하기 위해 1993년 11월에 유럽경제공동체(EEC)를 근간으로 발족된 유럽연합(EU)은 정치, 외교, 안보 등 다양한 분야에서도 협력을 추진하지만, 그 핵심은 유로화를 바탕으로 하는 단일 시장의 경제 통합이다. 역사적으로 볼 때, 종교적인 이유가 아니라면, 전쟁은 심각한 경제 위기를 해소하는 수단으로 많이 이용되었다. 1차 세계대전 이후의 패전국인 독일에서 전쟁 배상금을 갚지 못해 생긴 국민의 상실감이 나치에 의해 2차 대전으로 이어진 것이나, 미국의 경제 제재와 일본의 자원 확보를 위한 확장 정책이 충돌함으로써 진주만 공습이 일어난 것도 이에 해당한다.

이런 이유로 미국 우선주의에 기반을 둔 트럼프 2기 행정부의 태동이나 그들이 추진하는 정책의 성격을 제대로 이해하지 못하면 미국과 관련한 산업이나 무역 동향을 예측하기 어렵다. 우리나라의 대외 무역 정책이 어떻게 진행되어야 하는지, 각 기업이 어떤 전략으로 세계 시장을 개척하고 대처해야 하는지, 투자자들이 어떤 전략으로 투자 전략을 가져가야 하는지가 모두 미국의 정책과 무관하지 않다. 이데올로기나 경제 이해관계로 조성되는 블록화가 초래하는 위험을 잘 알고 있는 미국이 '탈세계화'를 장기간 지속하지는 않으리라 믿지만, 적어도 미국이 생각하는 세계 질서가 자리를 잡을 때까지는 태풍의 방향을 예의주시해야 한다. 특히 미국이 가장 견제하는 나라인 중국과 인접한 우리나라의 상황은 20세기 초, 한반도를 중심으로 열강이 경쟁하던 시기와 그 성격이 크게 다르지 않다. 원하든 원하지 않든, 우리는 지금 G1과 G2의 패권경쟁 소용돌이의 한가운데 서 있다.

패권전쟁

일부에서는 최근 미국과 중국 사이에 격화되고 있는 패권경쟁을 투키디데스의 함정(Thucydides Trap)이라 묘사한다. 기원전 431년~404년까지 있었던 펠로폰네소스전쟁을 배경으로 만들어진 이 국제정치 이론은 당시 그리스 반도의 기존 패권국이었던 스파르타와 급부상하던 아테네 사이의 긴장을 설명하는데, 현재 미국과 중국의 모습이 이와 흡사하다는 것이다.

그러나 태평양을 사이에 두고 있어 국경 분쟁을 겪을 일이 없는 미국과 중국의 마찰을 설명하려면 현대의 전쟁 양상을 좀 더 이해해야 한다. 총과 칼, 공중전과 해전, 미사일과 드론으로 이어지는 전통적 의미의 전쟁 뿐 아니라, 정보 전쟁, 에너지 전쟁에 더해 무역

전쟁과 인재 전쟁과 같은 다양한 형태의 전쟁이 총성 없는 가운데 일어나고 있다. 일반인들이 일상에서 쉽게 느낄 수 있는 경기 침체나 물가 상승 등의 변화조차도 사실 이런 '보이지 않는 전쟁'과 무관하지 않다.

미국이 G1의 위치를 지키기 위해 우방국가에게도 제재를 가한 예는 이전에도 있었다. 대표적으로 1985년 플라자 합의(Plaza Accord)*를 통해 당시 미국 경제를 위협하던 일본의 화폐 가치를 대폭 상승시켜 수출 경쟁력을 떨어뜨린 사례가 있다. 1929년에 시작한 장기간의 대공황을 겪은 후 미국은 1940년대부터 40년 가까이 세계 경제를 주도해왔다. 몇 차례의 석유 파동을 통한 위기를 겪기도 했으나, 제조업과 금융업에 서비스업까지 다양한 산업 포트폴리오를 가진 미국의 독주를 막을 만한 경쟁상대는 없었다. 그런 중에 2차 세계 대전의 패전을 딛고 단기간에 미국의 문턱까지 다다른 나라가 일본이다. 일본의 발전은 한국전쟁 당시 군수 물자를 공급하면서 이루어진 면도 있으나, 본질적으로는 공산화된 중국의 남하를 막기 위한 아시아 지역의 파트너로 미국이 일본을 택했기에 가능했다. 이런 환경 가운데 성장한 일본은 1980년에 접어들면서 미국 경제를 위협하기 시작한다.

전 세계 시가 총액 상위 기업 가운데 일본 기업이 눈에 띄기

---

* 플라자 합의(Plaza Accord): 1985년 9월 22일, 뉴욕의 플라자 호텔(The Plaza Hotel)에서 체결된 국제 통화정책 조정합의. 미국, 일본, 독일(당시 서독), 프랑스, 영국이 참가하여, 달러화의 과도한 강세를 완화하기로 결정하였다. 회의 직후부터 달러는 급격히 약세로, 엔화와 마르크화는 강세로 전환했다.

시작하더니, 급상승한 일본의 토지 가격으로 인해 도쿄 땅을 팔면 미국 전체를 살 수 있다는 이야기도 나왔다. 미국에 의해 강행된 플라자 합의 이후에도 일본 경제는 외형적으로 나쁘지 않았다. 그러나 조금씩 위기의 조짐이 보이기 시작했고 이를 극복하기 위해 취한 방법은 내수 진작이었다. 기준금리를 낮추어 시중 통화량을 증가시킨 정부는 경제 회복에 낙관적이었다. 1억이 넘는 인구가 있는 만큼 수출 감소로 인한 경제의 하락을 내수가 충분히 막아줄 수 있다고 판단한 것이다. 하지만 이렇게 풀린 돈이 기업의 설비 투자나 건설에 사용되리라던 기대와는 달리 부동산과 주식에 쏠리기 시작했다. 이런 금융 시장의 움직임에 휩쓸린 개인들도 부동산과 주식에 '올인'했다. 시장은 걷잡을 수 없이 폭등했고, 잠시나마 일본의 모든 국민은 사상 최대의 경제 호황을 맛보면서 G1으로서의 등극을 꿈꾸었다.

한편 이런 현상의 결과로 '버블'이 생길 것을 우려한 일본 정부는 또 다른 특단의 조치를 취했는데, 다름 아닌 기준 이자율의 상승이었다. 시중 통화량을 줄이겠다는 목적이었다. 그러자 갑자기 오른 대출 이자를 감당하기 어려운 개인과 기업들은 자산을 매각하기 시삭했다. 이런 도미노 현상은 마치 20여 년 후 미국의 서브프라임 모기지 사태와 흡사했다. 경제가 붕괴되고, 한껏 자신감에 빠졌던 일본 국민들은 좌절과 불안감을 느끼게 되었다. 이렇게 시작된 일본 경제의 쇠락은 '잃어버린 30년'으로 이어졌다. 2024년 현재 일본의 1인당 국민총소득(GNI)은 3만 4,500달러로 한국의 3만 6,624달러를 밑도는 수준까지 추락했다. 일본 정부의 판단 오류가 경제 침체를 부채질하기는 했지만, 최강의 자리를 넘보는 도전자를 용인하지 않았던 미국의 대응을 눈여겨 볼만 하다.

    40년이 지난 현재 시점에서 또 다른 G1을 꿈꾸는 중국이 이런 역사를 모를 리가 없다. 덩샤오핑의 개혁주의 경제 이후 수십 년 간 준비했을 중국의 부흥 전략에는 기술 개발이나 제조업 중흥과 같이 경제적인 것뿐 아니라, 일대일로(一帶一路)로 상징되는 대외 정책에 해군 경쟁력 강화와 같은 정치 군사적인 부분까지를 포함한다. 1970년대 초만 하더라도 중국 경제가 아시아의 GDP에서 차지하는 역할은 크지 않았다. 세계은행이나 IMF의 자료를 보면 중국의 비중은 18% 정도로 41%인 일본의 절반 정도지만, 중국의 인구가 10배 이상 많다는 사실을 고려하면 기여도가 아주 미미한 수준이었다. 일본은 1990년대에 이르러서는 아시아 경제의 60%를 책임진다. 이 당시 중국의 비중은 6%대로 하락하며, 인도와 이란을 넘어 무섭게 추격하는 우리나라와 불과 1% 대의 차이를 보였다.

    하지만 이런 상황은 2000년대 들어 급변한다. 2010년에 이르러 중국의 아시아 내 GDP 비중은 28% 대를 돌파하며 일본을 앞질렀다. 2024년에는 그 비중이 46%까지 상승한 반면 일본은 10% 수준으로 하락한다. 중국의 성장은 전 세계 시가 총액 상위 기업의 순위에서도 잘 나타났다. 전통적으로 굴지의 정유업체나 미국의 테크 기업들이 장악하던 위치를 중국 기업들이 넘보던 시기가 있었다. 2007년 데이터를 보면 중국의 페트로차이나(PetroChina)가 시가 총액 7,240억 달러로 전 세계 1위에 등극했으며, 중국이동통신(China Mobile)과 중국공상은행(ICBC)이 나란히 4, 5위를 차지했다.

이뿐 아니라 중국석유화공(Sinopec)과 중국건설은행까지 5개 기업이 Top20 안에 포함되는 등 중국 기업의 위상은 세계가 주목할 만큼 대단했다.

이런 상황에서 미국이 중국을 좌시할 수는 없었을 것이다. 트럼프 행정부는 이미 1기(2017년~2021년) 당시에도 중국과의 무역전쟁을 선포하며 미국의 대중 무역 적자, 중국의 지식재산권 침해, 기술 탈취 등을 문제 삼았다. 2018년부터는 중국산 제품에 대해 고관세를 부과했으며 중국도 이에 보복 관세로 대응하면서 상호 관세 전쟁이 벌어진 바 있다. 이에 더해 국가 안보 위협을 이유로 화웨이(Huawei), ZTE(중흥통신) 등의 중국 통신 기업을 미국 시장에서 축출하고, 구글(Google), 퀄컴(Qualcomm)과 같은 기업이 화웨이와 거래하는 것도 제한했다. 이 밖에도 남중국해에서의 긴장이나 홍콩 문제 등에 대해서도 강경 입장을 취하며 중국 공산당을 직접적으로 비판하는 등 1970년대 초 닉슨 대통령 당시 '핑퐁외교'를 통해 이루어진 데탕트(Détente)* 모드를 한순간에 냉전 모드로 전환시킨 바 있다.

최근 들어 불거지는 관세 정책은 사실 어제 오늘 일은 아니다. 강대국이 후발 주자를 견제하는 사례는 역사적으로 항상 존재했다. 장하준 교수가 저술한 《사다리 걷어차기》에서도 인용된 바와 같이,

---

* 데탕트(Détente)는 프랑스어로 '긴장완화'라는 의미이다. 특히 적대적인 두 강대국 사이의 군사 외교적 긴장이 완화되는 상태, 지속적인 대화나 협상을 통해 신뢰를 구축하고 갈등을 줄이는 과정을 뜻한다.

산업 발달을 통해 선진국이 되었던 유럽 열강들이 후발 주자의 추격을 뿌리치기 위해 가장 많이 동원한 방법이 관세 인상이다. 이렇듯 역사적으로 자주 등장하는 고관세 정책이 최근의 무역전쟁에서 미국에 유리한가에 대해서는 다양한 의견이 있다. 관세를 부담하고 수입하는 물건의 가격은 미국 국민의 지갑을 더욱 닫게 만들 것이고, 보복 관세로 인해 미국의 수출이 영향을 받게 된다면 이 또한 미국의 경제에 도움이 될 리 만무하다. 그럼에도 불구하고 2025년 4월 초 발생한 주식시장의 붕괴를 두고 트럼프 대통령이 한 말은 주목할 만하다. 그는 강경한 무역정책을 포기할 의사가 없음을 분명히 했다. 오히려 투자자들에게 "패닉에 빠지지 말라"고 주문하기도 했다.

 2025년 4월 2일, 트럼프 대통령은 새로운 관세 정책을 발표하며 이날을 미국의 '해방의 날(Liberation Day)'로 선포한다. 전 세계 수입품에 대한 10% 기본 관세를 부과한 데 더해 불공정한 관행을 보인다고 판단된 60여 개 국가에 대해 추가적인 상호관세(Reciprocal Tariffs)를 부과한 것이다. 이 중 가장 높은 관세율이 적용된 국가는 54%의 중국이었다. 이로써 중국은 기존의 관세에 더해 총 104%라는 엄청난 관세 부담을 안게 되었다. 중국도 즉각적으로 반응했다. 미국산 제품의 관세를 기존 34%에서 84%로 대폭 인상한 것이다(이후로도 추가조치는 연일 계속되었다). 이처럼 미국과 중국이 무역을 놓고 벌이는 패권전쟁은 이제 막 새로운 국면을 맞이하였고, G1과 G2 간의 치킨게임이 얼마나 오래, 어떤 강도로 전개될지에 대해 세계 각국이 숨죽이며 지켜보는 상황이 되었다. 2025년 트럼프 2기 행정부의 발족과 더불어 한동안 잠잠했던 열강 간의 냉전이 재점화되고 있다.

미국 제조업 위기의 역사

미국은 제2차 세계대전 이후 1970년대에 이르기까지 제조업 분야에서 압도적인 우위에 있었다. 지금은 처참한 수준이 된 조선업의 경우를 보면, 전쟁이 진행 중이던 1939년에서 1945년 사이에도 5,777척의 군수 선박을 제조하는 등 당시 전 세계 해군력의 60% 이상을 보유하고 있었다. 이를 통해 대서양과 태평양 전선에서의 병력 물자 수송을 장악하고, 노르망디 상륙작전과 같은 전략적 작전에 필수적인 해상 운송망을 제공하였다. '산업이 곧 무기'라는 말을 증명한 대표적인 사례다. 조선 산업과 자동차, 철강, 전기전자 분야를 중심으로 한 제조업 중흥은 1970년대 말까지도 이어졌으나, 1980년대에 들어서면서 전환기를 맞이한다. 전쟁의 아픔을 딛고 재건한 유럽과 일본의 추격이 중요한 이유 중 하나였다. 그러나 더 큰 위인은 내부에 있었다.

1970년대 석유파동 이후 일본은 자동차 시장에서 뿐 아니라 전자와 정밀기계 분야에서도 미국을 빠르게 추격했다. 스테그플레이션(Stagflation)에 위기를 느낀 레이건(Ronald Reagan) 행정부는 집권 초반에 긴축 통화정책을 폈는데, 이로 인해 이자율이 급등하고 달러 가치가 상승한다. 결과적으로 미국 제품의 수출 경쟁력이 약화되면서 외국산 제품이 상대적으로 저렴해져 미국 내수 시장으로의 침투가 증가했다. 이에 미국은 제조업 중심의 경제를 서비스업 중심으로 빠르게 전환한다. '블루 오션'이었던 첨단 기술, 금융, 의료, 정보 산업에 승부수를 던진 것이다. 신흥 공업국에 비해 인건비가 높고 생산성이 낮았던 상황을 고려하면 당연한 선택일 수도 있었으나, 그 후유증으로 전통 제조업 분야는 쇠퇴하게 된다. 특히 중서부 지역을 중심으로 일자리 감소가 확산됐다. 1981년부터 1983년까지 약 280만 개의 일자리가 사라지고 특히 저숙련 노동자들이 대거 일자리를 잃었다.

두 번째 몰락은 2000년에서 2010년 사이에 찾아왔다. 시발점은 중국의 WTO(세계무역기구)* 가입이었다. 2000년 말 대통령에 당선된 빌 클린턴(Bill Clinton)은 집권 후 미국의 경제 안정화를 위해 무한정으로 저임금 노동력 제공이 가능한 중국의 WTO 가입을 적극적으로 추진했다. 중국은 저가 생산기지라는 특징뿐 아니라 세계 최대 소비 시장이라는 장점도 있었기에 미국의 상품과 서비스를 수출하기에 좋은 선택지였다. 특히 농업, 금융, 정보통신과 같이 미국의 경쟁력이 높은 분야에서 중국의 시장 개방은 미국에 큰 경제적 이익이 될 수 있었다. 정치 외교적 관점으로도 중국과의 관계 개선은 동아시아의 안정에 중요한 요소였기에 클린턴은 중국을 고립시

---

* WTO(World Trade Organization): 세계무역기구. 자유롭고 공정한 국제 무역을 추구하는 국제기구로 1995년 1월1일 설립되었다. 2025년 현재 164개 회원국을 보유하고 있다.

키기보다 포용함으로써 장기적으로 미국 주도의 세계 질서에 끌어들이려고 했다.

이런 시도가 당시에는 성공적으로 보였다. 미국 국민의 삶은 풍족해졌고, 공산국가인 중국의 위협은 점차 감소하는 듯이 보였다. 그러나 2001년 중국의 WTO 가입 이후 약 10년 동안 미국의 제조업 일자리는 580만 개 이상이 사라졌다. 특히 섬유, 전자, 철강 등과 같은 노동집약적 산업에 영향이 컸다. 이에 따라 오하이오, 미시간, 펜실베이니아 등 전통적인 제조업 중심지들이 경제적 타격을 입고 실업률이 상승했다. 이 지역들은 이후 정치적 불만과 함께 반세계화 정서의 기반이 된다. 2016년에 MIT의 경제학자 데이비드 오터(David Autor) 등이 발표한 '차이나 쇼크(China Shock: Learning from Labor Market Adjustment to Large Changes in Trade)'라는 논문을 보면, 2000년대 초 미국의 대중국 경제 정책의 실패를 다음과 같이 요약한다.

"중국으로부터의 수입을 경쟁적으로 증가시킨 것은 미국 제조업 고용 감소의 주요 원인 중 하나이다(Rising import competition from China is a major force behind reduction in U.S. manufacturing employment)."

이후 위태롭게 유지되던 미국의 제조업이 한 번 더 철퇴를 맞은 계기는 잘 알려진 바와 같이 2008년 금융위기다. 신용경색이 일어나면서 운영자금을 확보하지 못한 제조업체들이 줄지어 도산하면서 미국의 제조업은 거의 멸절 상태에 처한다. 실제로 2008년 위기 직후 미국 제조업 생산지수(Industrial Production Index)는 몇 달 만에 20% 이상 하락했다. 단기적으로 생산과 고용이 급감했고, 장기적으로는 구조적 회복 불능에 가까운 타격을 입었다. 2007년부터 2009년 사이에 제조업 GDP는 약 12% 감소했는데, 이는 2차 세계대전 이후 최대 낙폭 중 하나이다. 고용 현황도 절망적이었다. 2007년 말 약 1,375만 명이던 제조업 고용은 2010년 초에 1,145만 명으로 줄어들었다. 해고가 급증했고, 고용 회복은 매우 느렸다. 특히 대기업에 부품을 납품하던 공급사들의 피해가 컸다.

많은 사례에서 검증되듯이, 제조업 위기 중 상당 부분은 이 분야를 비용절감의 대상으로 본 결과라고 할 수 있다. 이런 관점으로는 개발비용을 절약하고 생산단가를 낮추는 것 이상의 전략이 존재하지 않는다. 항공기 제조사 보잉(Boeing)에서도 이와 같은 일이 발생했다. 항공기의 구조물과 부품을 전문적으로 생산하는 스피릿 에어로시스템즈(Spirit AeroSystems)를 분사하여 단가를 낮추었는데, 이후 여러 품질 문제가 생겼을 뿐 아니라 해고된 고숙련 노동자들이 중국과 유럽으로 이직하면서 기술이 유출되는 사태도 발생했다. 이런 부작용을 극복하기 위해 미국은 2010년대부터 새로운 정책을 추진한다. 우리에게도 익숙한 리쇼어링(Reshoring)이다. 해외로 이전된 제조업을 다시 미국 본토로 불러들이려는 이 정책은 공급망의 안정성 확보, 일자리 회복, 산업 경쟁력 강화를 목적으로 한다. 오바마 행정부에서 논의를 시작한 이후 트럼프 1기 시대에 본격화되고 현재까지 유지되고 있다.

2017년부터 4년간의 트럼프 행정부 당시 리쇼어링은 미국 우선주의 정책으로 더 강화되었으며, 제조업 일자리 회복이 주 목적이었다. 중국을 비롯한 해외 생산 기업에 고관세를 부과하여 미국 외 지역 생산에 제동을 걸었다. 내부적으로는 법인세 인하로 외국 기업을 유치하는 작전을 폈다. 이에 따라 애플의 공급망 일부가 미국으로 이전하고, GM의 부품 공급 내재화가 확대되는 효과를 보기도 했다. 2021년에 출범한 바이든 행정부도 미국의 국익에 관한 이슈에 대해서는 이전 행정부와 크게 다르지 않았다. 리쇼어링을 '산업안보+일자리+기후정책'의 핵심 축으로 삼고, 반도체특별법(CHIPS and Science Act),* 인플레이션감축법(Inflation Reduction Act)** 등의 법령을 제정했다. 이를 통해 2022년부터 미국 내 제조업 투자가 급증하고 제조업 고용이 증가하는 효과를 보았다. 적어도 단기간으로는 성공적인 정책이라고 할 수 있었다.

문제는 이미 쉽게 회복이 어려울 만큼 하락한 제조업의 수준을 얼마나 빠르게 향상시키는가에 달려있다. 국민소득이 높은 나라에서는 제조업이 어렵다는 이야기가 있다. 노동자의 평균 임금이 올라가 원가 경쟁력이 떨어지는데다, 사람들이 육체 노동보다 부가가치가 높은 직종을 선호하기 때문이다. 이런 상황에서 제조업 경

---

* 반도체특별법(CHIPS and Science Act): 2022년 발효된 법으로 반도체 제조와 연구 및 인력 개발에 총 2,800억 달러를 지원한다. 현재 예산 부족, 규제 지연 등의 문제를 겪고 있다.

** 인플레이션감축법(Inflation Reduction Act, IRA): 기후변화 대응, 에너지 보조금, 의료비 및 약값 감소, 세제 및 IRS(미국 국세청) 기능 강화 등을 목표로 2022년 발효되었다. 총 예산 규모는 7,400억 달러이다.

쟁력을 높이려면 정밀 기계, 첨단 장비와 같은 수준 높은 제조업이 활성화되거나, 생산 자동화가 이루어져야 한다. 현재 미국은 이 전략을 모두 추진하고 있다. 타의 추종을 불허하는 항공우주, 방산, 의료기기 등 제조업을 보유하고 있고, 자동화를 통해 생산성을 올리려는 시도도 지속적으로 시행하고 있다. 그러나 이런 보완책이 과거 미국이 누리던 제조업 강국의 위치를 되찾아 줄 수 있을지는 의문이다. 첨단 분야 산업 직종이 일반적인 제조업 종사자들을 흡수할 만큼 많지 않고, 그런 분야일수록 자동화되는 경향이 많아 노동력을 요구하지 않기 때문이다.

트럼프의 재집권 이후 '미국을 다시 위대하게(MAGA)' 운동은 고관세 정책을 앞세워 진행되고 있으나, 살펴본 바와 같이 그 속내는 복잡하다. 45년간 서서히 침몰한 제조업을 4년 임기 내에 회복시키기는 사실상 불가능하다. 현 행정부의 목표는 장기적으로 재기의 발판을 마련하기 위해 제도적 장치를 준비하는 것일 가능성이 많다.

미국에 생산기지를 확보하려는 해외 기업들의 입장도 단순하지 않다. 고관세가 철폐된 이후를 생각하지 않을 수 없고, 중국이 쉽게 물러서지 않고 있는 상황에서 무작정 미국 위주의 플랜을 짜기도 어렵다. 국가 핵심 산업으로 조선, 자동차, 반도체 등의 제조업을 보유하고 있는 우리나라는 이런 혼란기에도 미래 기술 분야에서 우위를 확보해야 할 뿐 아니라, 외부 동향에 휩쓸리지 않는 독자적인 전략을 수립해야 한다. 경제 전쟁의 한 가운데 위치해 있지만, 미국이나 중국과는 달리, 우리의 경제 규모는 여러 차례의 실패를 용납할 여유가 없다.

왜 자동차 산업이 주요 전쟁터인가

미국의 자국 산업 보호정책이 영향을 미치지 않는 영역은 없겠으나, 오랜 기간 미국의 자존심이자 제조업의 상징인 자동차 산업에 대한 영향은 관련 업계뿐만 아니라 일반 국민들에게도 관심사다. 미국인들에게 자동차는 고가의 자산이면서 동시에 필수 교통수단이다. 특히 기존 내연기관 자동차의 본산인 디트로이트가 위치한 미시간주는 대표적인 러스트 벨트이자 스윙 스테이트여서 관심도가 더 크다. USMCA 관련국인 멕시코에서 수입하는 자동차에도 관세를 부과한다는 정책으로 인해 한동안 곤두박질쳤던 자동차 기업의 주가는 이 지역 주민들, 특히 은퇴 노년층에게는 큰 근심거리다. 이들이 보유하고 있는 개인연금계좌 IRA(Individual Retirement Account)는 디트로이트의 빅3 자동차 기업인 GM, 포드, 스텔란티스 주식을 상당수 보유하고 있는데, 이들 모두 멕시코에 공장을 가지고 있어 수입 관세를 물어야 하기 때문이다.

외국 자동차 기업의 상황도 크게 다르지 않다. 값싼 노동력을 이용하고자 많은 기업이 멕시코에 공장을 건설하였지만, 이들 역시 관세의 영향권 아래 있다. 미국 내에서의 자동차 생산 비중을 높여서 관세를 피하려는 노력을 하고는 있으나, 현지에서 판매되는 자동차 전량을 미국 내에서 제조하기는 사실상 불가능하다. 현대자동차그룹의 경우, 2024년 미국 내 판매 대수는 약 170만 대에 달하는데, 앨라배마와 조지아주 현지 생산량은 70만 대 정도이다. 지금 조지아에 추가로 건설 중인 전기차 공장이 완공되어 20~30만 대의 물량을 추가로 감당한다 할지라도 70만 대가량은 수입을 해야 한다. 이 때문에 관세의 상향폭을 줄이기 위한 로비와 설득이 지금도 치열하게 이루어지고 있으며, 각국 정부와 기업 역시 SNS를 통해 수시로 전달되는 트럼프의 입장 변화에 이목을 집중하고 있다.

해방의 날로부터 일주일이 지난 2025년 4월 9일, 트럼프 대통령은 보복관세를 발표한 중국에 대해 다시 한번 초강수를 둔다. 104%의 관세를 125%로 상향 조정한다는 내용이다. 흥미로운 사실은 기타 국가에 부과하기로 한 관세를 90일간 유예하여 기존처럼 10%로 하겠다고 발표한 것이다. 이날 나스닥 지수는 12.16%라는 엄청난 상승을 기록하였고, 이는 2001년 1월 3일 이후 가장 큰 상승률이자 역사상 두 번째로 큰 폭이다. 다우 지수 역시 7.9%라는 큰 상승폭을 보였으며, S&P500 지수는 2차 대전 이후 가장 큰 상승 중 하나인 9.5%를 기록했다. 이날 하루 스텔란티스의 주식은 18.64%가 오른 10.12달러에 마감하였고, 포드와 GM 역시 9.32%, 7.67%의 상승세를 보였다. 이처럼 하루하루 급변하는 미중간의 고래 싸움에 투자자들 또한 매일 희비가 엇갈리는 상황에 놓이게 되었다.

자동차 산업이 지니는 의미는 단순히 중요한 운송수단이라는 데만 있지 않다. 인류가 마차를 타고 다니다 자동차라는 획기적 도구를 본격적으로 사용한 지는 불과 130여 년밖에 되지 않는다. 이미 존재하던 철도나 선박과는 달리, 개인 운송 수단으로서의 가치를 지닌 자동차의 보급은 인류 역사에 큰 변화를 가져왔다. 이런 변화가 일어나던 19세기 말에서 20세기 초와 비교하면, 현시점에서의 자동차는 우리의 상상을 초월하는 새로운 모습으로 재도약할 만한 수준은 아니다. 완전한 자율주행이 가능하거나 하늘을 나는 자동차가 등장하기까지는 아마도 점진적인 기술의 진보를 목격하는 정도가 될 것이다. 그러나 자동차 산업만큼 다양한 기술이 접목되고 신기술이 적용되는 제조업 분야는 흔치 않다. 기계공학 뿐 아니라 전기, 전자에 재료, 화학은 물론이고, 최근 들어서는 소프트웨어의 격전장이 되고 있는 자동차 산업은 흔히 제조업의 종합예술이라 불린다.

국가 경제에 미치는 영향도 상당하다. 거대한 시장과 넓은 영토로 인해 자동차 산업의 중대성이 큰 미국의 경우를 따져보면, 직간접으로 자동차와 관련한 사업에 종사하는 인구는 800만~1,100만 명 수준으로 전체 노동 인구의 5%~6%나 된다(자동차 제조부문 종사자수는 약 100만 명, 자동차산업 전체 종사자수는 약 450만 명, 간접 고용을 포함하면 800만 명, 자동차 산업이 지원하는 총 고용은 1,100만 명으로 파악된다). 완성차의 생산 시설은 미시간, 오하이오, 인디애나주와 남부의 테네시, 조지아, 앨라배마 등에 집중되어 있는데 이 지역 주민들은 자동차 산업 동향의 변화에 그만큼 민감하다. 수입차의 물량 증가는 자국 노동인구의 감소를 의미하기에 이들에게 자동차의 미국 내 생산은 생존과도 직접적으로 연관성이 있다. 자동차와 관련한 산업으로는 생산 이외에도 물류, 금융, 에너지 등이 있으나 제조업 재건을 꿈꾸는 미국의 현재 입장에서는 완성차나 자동차 부품을 생산하는 것만큼 중요한 지표가 되기 어렵다.

우리나라도 크게 다르지 않다. 한국자동차모빌리티협회(KAMA)와 인베스트코리아(Invest Korea) 자료에 따르면, 우리나라의 완성차 제조업체 종사자는 약 15만 명 정도이지만 기타 관련 산업 종사자를 합하면 180만~190만 명 수준이라고 한다. 국내의 전체 취업자 수가 2024년 기준으로 약 2,800만 명임을 감안할 때 약 7%가 자동차와 관련한 업종에 종사하는 것이다. 실물 경제 지표상으로는 우리나라 제조업 GDP의 약 12%~13%를 차지할 뿐 아니라 국가 전체 GDP와 비교해도 4%~5% 규모다. 여기에 자동차에 필요한 기타 산업군, 가령 철강, 석유화학, 배터리, 반도체, IT 분야 까지를 포함하면 자동차 산업의 국가 경제 기여도는 훨씬 더 증가한다. 이런 이유로 자동차 산업은 각국의 제조업 경쟁력을 비교하는 중요 잣대이며, 특히 자국에서 자동차를 생산하는 국가끼리의 경쟁은 그 어느 때보다 치열하다.

2024년 기준으로 전 세계에서 한 해에 생산되는 자동차 대수는 (통계에 따라 차이가 있기는 하지만) 9,300만 대에 육박한다. 코로나 위기 이전인 2017년에 이미 연산 1억 대에 근접한 바 있어 다시 '1억 대 생산'이 보편화되는 것은 시간 문제다. 그러나 완성차 브랜드를 보유하면서 자국에서 자동차를 생산하는 나라는 의외로 적다. 우리나라와 미국, 일본, 독일을 비롯하여 중국, 인도, 프랑스, 이탈리아와 영국까지 9개국에 지나지 않는다. 우리나라는 자국 내 생산량 기준으로도 중국, 미국, 일본, 인도에 이어 5위에 위치할 만큼 지난 반세기 동안 급성장했다. 자동차 산업은 숙련된 노동력과 우수한 엔지니어링, 탁월한 비즈니스 감각이 없이는 경쟁에서 승리할 수 없는 치열한 분야이기도 하다. 또한 완성차 한 대에 2만 개 이상의 부품이 들어가는 만큼, 어느 한 나라가 부품에서 완성차까지 모두 제조하기는 불가능하다.

완성차 이전 단계인 모듈, 이를 구성하는 부품과 그 부품에 필요한 소재까지 세분화하면 복잡성은 더욱 커진다. 트럼프 행정부는 완성차뿐 아니라 부품의 원산지까지도 세분하여 관세를 부과하겠다고 하지만, 자동차 밸류체인(Value Chain)의 복잡성으로 인해 그 과정은 험난할 것이다. 모든 내용을 분석해서 세금을 정하는 것은 불가능하지는 않더라도 비효율적이다. 관세 정책을 통해 국내 경기를 활성화하여 자국민에게 노동 기회를 제공하고 경제 안정화를 도모하겠다는 전략은 이상적이나, 현실화하기에는 장벽이 많다. 그러나 이를 미국을 움직이는 행정부의 관료들이 모를 리가 없다. 충분히 이해하고 계산한 후에 현재의 정책들이 수립되었다고 봐야 한다. 그렇다면 전 세계 자동차 관련 업계가 미국 시장을 잃어버리지 않기 위해 취해야 할 자세는 분명하다. 미국의 정책에 보조를 맞추기는 하되 자국의 실익을 극대화하는 정책을 고민해야 한다.

미국은 한국전쟁 당시 공산화에 맞서 십수만 명의 자국 청년들을 희생한 우리의 혈맹이지만, 아무리 가까운 사이라 할지라도 경제전쟁 앞에서는 스스로를 지킬 수 있어야 한다. 국방력을 통한 자주국방만이 살 길이 아닌 시대가 되었다. 기술력, 자본력에 정치외교력까지, 우리도 이제 세계 경제를 다양한 관점으로 바라보는 역량을 갖추어야 한다. 지난 반세기 동안 '헝그리 정신'으로 선진국이라는 목표를 향해 끊임없이 달려온 대한민국이 이제는 우리 기술을 후발 주자에게 뺏기지 않아야 하는 위치에 서있다. 이뿐 아니라 세계 최강국인 미국보다 앞서는 기술을 가지고 자국의 이익을 위해 그들과 줄다리기를 해야 하는 시점에 와있다. 미국이 원하는 만큼 미국 내에 제조 시설이 확충되어 우리 수출 길이 막히는 일이 생기면 국내 경제에 치명타를 날릴 수 있다. 어느 정도의 기술은 제조시설과 함께 이전될 수밖에 없겠으나, 항상 초격차를 유지하면서 한 발 앞서가는 전략이 필요하다.

현시점에서 다행스러운 점은 미국이 중국을 견제하는 데 필요한 핵심 기술을 우리가 보유하고 있다는 사실이다. 미국의 해상 전력을 보강하기 위해 필요한 조선 기술은 우방국 중에서 우리가 독보적이다. 전 세계 선박 건조 능력은 중국, 한국, 일본 순이지만, 우리와 일본 사이도 격차가 크다. 2차 대전 당시만 해도 가장 우수한 선박 건조 능력을 보유하던 미국은 이제 중국이 배 230척을 만들 때 한 척을 만드는 수준으로 전락했다. 즉, 우리의 도움이 없이는 미국의 해상 패권이 타격을 입을 수 있는 상황이다.

또한 반도체와 배터리 역시 높은 수준의 기술과 제조 능력을 보유하고 있다. 비록 국가의 경제 규모나 전반적인 기술 수준에서는 미국을 상대하기 어려우나, 대한민국의 핵심기술이 미국 입장에서 가장 필요로 하는 영역이라는 사실은 우리에게 유리한 부분이다 (한미 관계가 불안해질 경우, 조선, 반도체, 배터리, 원자력의 모든 분야에서 가장 수혜를 받을 수 있는 국가는 일본이다).

자동차 분야도 과거와는 양상이 다르다. 한 때 전 세계 시장을 주름잡던 미국의 빅3는 이제 과거와 같은 위상을 누리지 못한다. 리 아이아코카(Lee Iacocca)의 리더십 아래 1980년대에 전성기를 누렸던 크라이슬러는 이제 스텔란티스의 한 브랜드로 남아 명맥을 유지하고 있다. 자동차의 상징과 같던 GM은 2024년에 판매량 기준으로 5위로 내려앉았다. 물론 판매대수가 그 기업의 수준을 결정하지는 않는다. 그러나 미국 제조업의 상징이자 전 세계 자동차 산업의 선두주자였던 빅3가 이미 한국과 일본 기업에 추월당했고 이제는 약진하는 중국 기업과 치열하게 경쟁하고 있는 것이 현실이다. 전기차로 급선회했던 실수를 만회하기 위해 다양한 포트폴리오를 검토하고 있으나, 과거의 영광을 되찾기에는 다소 늦은 감이 있다. "GM에 좋은 것은 미국에도 좋다"라고 했던 1953년 당시 GM의 CEO 찰스 윌슨(Charles Wilson)의 말을 떠올리면 격세지감이 느껴진다.*

이에 비해 우리나라 기업은 다양한 환경차 포트폴리오를 고집스럽게 유지하면서 현재 최고의 호황을 누리고 있다. 1944년 경성정공으로 시작해 한국을 대표하는 자동차 브랜드로 성장한 기아와 1967년 설립되어 지난 60년간 성공 신화를 써 내려간 현대자동차는 이제 한 지붕 안에서 서로 경쟁과 협력을 병행하며 세계적인 기업으로 성장했다. 1990년대 후반부터 개발에 돌입하여 지금 그룹의 위상을 높이고 있는 환경차는 그 범위가 하이브리드에서 플러그인 하이브리드, 전기차, 수소전기차에 이르기까지 다양하다. 아시아 변방의 자동차 기업으로 주목받지 못하던 현대자동차그룹이 이제 세

---

* 찰스 윌슨이 말한 실제 원문은 "I thought what was good for our country was good for General Motors, and vice versa"로, 번역하면 "나는 우리나라에 좋은 것이 GM에도 좋고, 또 반대로 GM에 좋은 것이 우리나라에도 좋다고 생각했다"이다. 이후 언론이 간결하게 보도하면서 본문에 기술한 내용이 유명해졌다.

계 3위의 판매량을 자랑할 뿐 아니라, 그 품질도 인정받고 있다. 이에 더해 고급차 브랜드로 시작한 제너시스의 해외 시장 성공 여부에 따라 다시 한번 업그레이드할 수 있는 가능성도 있다.

그러나 전기차 시대의 새로운 스타로 이미 확고한 위치를 굳힌 테슬라와 자국의 방대한 데이터에 힘입어 자율주행 시대의 프론티어로 부상하는 중국 기업들의 도전은 만만치 않다. 자율주행 소프트웨어를 향후 주력 사업으로 구상하는 테슬라나 배터리와 완성차 분야 모두에서 두각을 나타내고 있는 BYD의 미래 전략은 세심히 관찰하면서 또 견제해야 한다. 중국은 BYD 외에도 지리와 같은 완성차 기업, 화웨이, 샤오미 같은 비자동차 기업까지 앞 다투어 전기차 개발에 주력하고 있어 미래가 주목된다. 그러나 한가지 큰 변수는 중국의 내부 경제 상황이다. 경제 침체를 막기 위해 효율이 낮은 공장의 가동을 멈추지 않고 생산된 제품을 저가에 수출하는 현재 상황이 오래 지속되면 국가가 지는 부담이 너무 커진다. 여기에 유럽연합이 미국의 IRA와 같은 정책을 동원해 중국 자동차의 수출을 막는다면 그 악영향은 더 심각해질 것이다.

전기차 캐즘이라는 단어가 일반화된지도 벌써 1년 반이 넘었다. 조만간 전 세계 도로를 모두 뒤덮을 것만 같던 전기차에 대한 전망이 1~2년 전에 비해 어두워진 것은 사실이다. 그렇다고 기존의 내연기관으로 다시 돌아가기에는 장애물이 많다. 수십 년간 환경차 옹호론자들이 언급했던 지구온난화와 화석연료 고갈은 차치하고라도, 기술적 관점에서 볼 때 전기차가 점차 대세가 되리라는 것은 자명하다. 한동안은 하이브리드 차량이 시장을 선도해 가겠으나, 자율주행과 SDV에 최적화된 차량이 전기차임을 생각하면 환경 문제와 무관하게 전기차의 비중은 늘어날 것이다. 다만, 급변하는 기술 개발에 필요한 막대한 투자 집행을 언제 어떤 수준으로 해야 하는지 결정하는 것은 각자의 몫이다. 미래 자동차 산업의 대변혁에 대한 정확한 예측이 어느 때보다도 절실한 시점이다.

트럼프 행정부 2기를 맞이하여 더욱 심화된 불확실성 가운데 우리의 살 길, 대한민국 자동차 산업의 미래를 보장하는 비전과 플랜이 필요하다. 과연 전기차 캐즘이 얼마나 오래 지속될 것인지, 또 급속도로 도약한 중국의 전기차 기업들이 어느 정도로 위협적일지를 가늠하기는 쉽지 않다. 그러나 자동차 시장의 큰 흐름과 국제 정치학적인 시각으로 세계의 움직임을 살펴보면, 어느 정도 타당한 결론을 도출해 내는 것은 가능하다. 과연 다시 전기차의 부흥이 올 것인가? 온다면 언제가 될 것인가? 그때까지의 대안은 무엇인가? 이런 질문에 대한 합리적인 판단을 위해 과거 자동차 역사의 흐름을 되짚어보고 현시점의 자동차 산업 데이터를 분석해 보는 것은 흥미로운 일일 것이다. 객관적인 시각을 유지한다면, 최소한 불확실한 산업에 무리하게 뛰어드는 과오는 피할 수 있다. 흔히 하는 이야기지만 '위기'는 '위험'과 '기회'를 함께 제공한다.

자동차 이야기

미국의 고속도로 시스템은 총 48,000마일(77,000km) 이상의 세계 최장 길이를 자랑한다. 70여 년 전에 시작된 도로 건설의 목적은 군사 수송, 민간 수송과 경제 발전까지를 포함했는데, 드와이트 아이젠하워(Dwight Eisenhower) 대통령이 결정적인 영향을 끼쳤다. 제2차 세계대전 당시 연합군 최고사령관이었던 아이젠하워는 독일의 아우토반(Autobahn)에 감명을 받고 "이런 도로망이 미국에도 필요하다"고 선언했다. 그는 1953년 대통령에 취임한 후 대규모 도로망 건설을 국가 최우선 과제로 추진하며, 1956년에 주(州)간 고속도로 시스템(Interstate Highway System) 건설의 근거가 되는 연방고속도로법(Federal-Aid Highway Act)에 서명한다.

독일에서는 아우토반에서 연료가 부족해 정차하면 벌금 대상이 된다. 엔진 고장, 사고처럼 불가피한 사유는 예외지만, 연료 부족은 운전자의 부주의로 간주되기 때문이다. 벌금 액수는 상황에 따라 약 30~70유로이며, 정차로 인해 다른 차량에 위험을 끼친 경우 벌금에 더해 벌점이 부과되기도 한다. 아우토반에서는 걷는 것도 금지되어 있어서 주유소까지 연료를 가지러 도보로 이동하는 것도 위법이다. 비상시에는 반드시 도로 긴급 구조 서비스를 호출해야 한다.

| 3장 |

전기차, 최후의 승자가 되기 위한 전략들

**BEYOND
THE
ENGINE**

IBISWorld의 공식 통계에 의하면 2024년 기준 전 세계 자동차 제조 관련 기업 수는 866곳이다. 현존하는 전 세계 전기차 기업의 수는 정확한 통계가 잡히지 않지만, 최소한 100개 이상 있는 것으로 파악된다.* 전기차의 미래를 낙관적으로 예측한 탓에 완성차 기업 뿐 아니라 부품 업체까지 전기차에 몰두하다가 이제 그 열기가 좀 식기는 했어도, 아직까지 수많은 전기차 기업이 존재한다. 미국의 디트로이트 지역에만 200개의 자동차 제조사가 존재하다가 지금은 3개로 줄어든 것 같이, 수백개의 전기차 기업들도 서서히 정리될 것이다. 특히 중국의 전기차 기업은 2019년에 500개나 된다

---

* 블룸버그는 100여 개, 미국의 IT, 과학, 문화 전문 잡지 Wired는 300개로 추정하고 있다.

고 알려질 만큼 난립했던 시기가 있었으나 지금은 100~200개로 줄어들었다. 모든 산업이 그러하듯, 전기차 분야에서도 수많은 기업들 중에 살아남아 독보적인 입지를 다진 곳이 있다. 이들 기업의 과거와 현재를 살펴보면, 전기차의 미래에 대해 좀 더 합리적인 진단이 가능하다.

1인자 테슬라

이미 앞에서도 여러 차례 언급한 기업이지만, 전기차를 이야기할 때 테슬라를 빼놓을 수 없다. 최소한 자본주의 진영에서는 이 산업의 독보적인 존재일 뿐 아니라, 최근 강화되고 있는 중국 기업의 공세에 맞설 수 있는 유일한 기업이기도 하다. 테슬라의 창업이나 발전 과정은 앞에서 소개했기 때문에, 여기서는 중복을 피하고 차종 위주로 살펴보기로 한다.

테슬라의 가장 큰 특징 중 하나는 소수의 차종으로 운영한다는 것이다. 2003년에 창업한 테슬라가 첫 차종인 로드스터를 출시하기까지 5년이라는 기간이 걸렸다. 몇 차례 출시를 연기하기는 했으나, 일반적인 완성차 기업의 개발기간을 고려하면 나쁜 성적표는 아니다. 이후 2년~3년 간격으로 신차를 출시하고 있으며 한꺼번에 여러 차종을 동시에 출시하거나 유사한 차종을 연속적으로 내놓지 않는다.

이 중에서 오늘날의 테슬라를 있게 한 차종은 2012년에 나온 모델 S(Model S)다. 프리미엄 세단으로 장거리 주행이 가능했던 모델 S는 무선 통신망을 통해 소프트웨어나 펌웨어를 원격으로 업데이트하는 OTA(Over the Air) 서비스를 최초로 도입한 차이기도 하다. 자동차 딜러에 가지 않고 차량 소프트웨어를 무선으로 업데이트 할 수 있는, 당시로서는 상당히 획기적인 발상이었다. 2015년에는 팰콘 윙(Falcon Wing) 도어를 채택한 SUV인 모델 X(Model X)를 출시하며 가족용 EV 시대를 열었다. 이어서 2017년에는 준중형 승용차인 모델 3(Model 3)를 내놓는다. 모델 S와 모델 X에 매혹되었으나 높은 가격 때문에 구매가 어려웠던 소비층을 겨냥한 차종이다. 모델 3는 2016년 3월 31일 공식 발표와 동시에 예약을 시작할 때 1,000달러의 예약금을 받아 화제가 되기도 했다. 보급형 EV로서 기본 사양 가격이 3만 5,000달러로 책정되어, 예약 초기에 이미 수십만 대의 주문을 확보하며 세상을 놀라게 했다.

이 무렵부터 일론 머스크는 여러 인터뷰에서 테슬라의 모델명을 통해 'S-E-X-Y'라는 장난스러운 조합을 의도했다고 밝힌 바 있는데, 앞서 모델 S, X, 3에 이어 2019년에 중형 SUV인 모델 Y(Model Y)를 공개하며 조합을 완성한다. 알파벳 E 대신 3을 사용한 이유에 대해서는, 포드가 이미 Model E에 대한 상표를 보유하고 있어 숫자 3을 뒤집은 형태로 표현했다고 말했다. 〈스타워즈〉 시리즈가 제작된 순서와 영화 속 배경의 시간 흐름이 다르지만 전체가 완성되었을 때 큰 그림이 보이는 것과 유사한 홍보 전략이다. 2023년에 테슬라는 또 한번 세상을 놀라게 하는 차량을 내놓는다. 텍사스의 기가팩토리에서 만든 사이버트럭(Cybertruck)이다. 군용 차량과 같은 외관이 상당히 미래 지향적인 이 차는 대중화를 목표로 한 것이 아니라, 머스크가 관심을 갖고 있는 화성탐사를 염두에 두고 만들었다는 이야기가 있다.

사이버트럭의 차체는 '30X Steel'이라 불리는 특수강으로 제작되어 총알이나 망치의 충격을 견뎌낸다고 하며, 창문 또한 강화유리를 사용했다.* 너무 큰 크기, 비호감 디자인, 10만 달러 가까운 고가(Cyberbeast의 경우)로 인해 대중적이지는 않지만, 게임과 유튜브 영상에 자주 등장하며 회사의 이미지를 홍보하고 있다. 최근 테슬라의 신차는 과거 모델을 리모델링하여 출시하고 있는데, 2025년 3월에 모델 Y 주니퍼(Juniper), 6월에는 모델 S와 X의 리프레시(Refresh)를 선보이며 순항하고 있다. 그러나 요즘 들어 가장 관심을 많이 받는 차는 단연 로보택시(Robotaxi)**다. 2019년 테슬라 오토노미 데이에서 처음 발표하였으며, 자율주행이 가능한 무인 택시로 테슬라의 완전자율주행 소프트웨어 FSD(Full Self-Driving)를 기반으로 한다. 스티어링 휠과 페달이 없는 특수 플랫폼이 적용된 이 차량은 2024년 10월에 공개되면서 본격적인 로보택시 시대를 예고했다.

머스크가 화성 탐사에 관심이 많은 것은 이미 알려진 사실이

---

* 강화 유리 홍보를 위해 쇠구슬을 던지는 퍼포먼스에서 유리가 깨지는 사태가 발생하였으나, 이후 오히려 주문이 쇄도해 마케팅 역사에서 가장 유명한 '실패 속 성공 사례'로 꼽는다.

** 로보택시(Robotaxi): 완전 자율주행 택시 서비스를 의미하는 일반 명칭으로 특정 기업과는 관련이 없다.

지만, 스페이스X(SpaceX)가 테슬라보다 1년 앞서 설립된 것을 아는 사람은 많지 않다. NASA의 지원 없이 우주선을 쏘아 올리려는 시도는 수차례 실패를 거듭한 후 2008년 마침내 팰콘 1(Falcon 1)을 성공적으로 발사하게 된다. 테슬라에 대해 또 하나 잘 알려지지 않은 사실은 머스크가 테슬라를 창업하지 않았다는 것이다. 테슬라는 2003년에 마틴 에버하드(Martin Eberhard)와 마크 타페닝(Mark Tarpenning)이 고성능 전기 스포츠카를 개발할 목표로 설립했으며, 머스크는 2004년 초 1호 투자자로 참여했다. 그는 이후 이사회 의장이 되었고, 제품 경영과 전략에 깊이 관여하면서 사실상 창업자급 역할을 하게 된다. 그리고 2008년부터는 CEO 겸 제품 아키텍트(Product Architect)로 회사를 이끌고 있다. 한 가지 재미있는 사실은, 훗날 법적 분쟁과 협상을 통해 머스크를 포함한 5명이 공식 공동 창업자로 인정받게 되었다는 것이다.

애슐리 반스(Ashlee Vance)가 저술한 《일론 머스크, 미래의 설계자(ELON MUSK Tesla, Space X, and the Quest for a Fantastic Future)》에는 머스크의 어린 시절과 성격, 미국 이주와 창업 초기, 스페이스X와 테슬라에 대한 이야기들이 전기 형식으로 소개되어 있는데, 특이한 것은 그의 비전이다. '자본이 부족해도 비전과 이상이 있으면 목표를 이룰 수 있다'는 그의 신념은 완벽주의로 이어져 직원들에게 엄청난 압박을 가하는 것으로 유명하다. 혁신을 위해서라면 기존 방식은 얼마든지 파괴하는 인물로 묘사된 그는 전기차, 태양광, 로켓 등의 기술로 미래를 바꾸겠다는 꿈을 가지고 있다. 그는 또한 극단적인 '기술 낙관주의자'다. 수많은 실패와 조롱 속에서도 다양한 사업 영역에서 혁신을 꾀하였고 실제로 상당 부분을 성취하고 있다. 그가 꿈꾸는 것처럼 스페이스X, 테슬라, 태양광 기업인 솔라시티(SolarCity) 등의 기업이 상호 유기적으로 어떻게 통합될 수 있을지 지켜보는 것도 의미가 있을 것이다.

전기차 영역에서 머스크가 도전하는 미래 과제는 자율주행이다. 2030년이 되면 전기차 판매보다 FSD를 기반으로 하는 소프트웨어를 판매하는 것이 주 사업영역이 될 가능성은 상당히 크다. 실제로 머스크는 테슬라의 방향성이 '하드웨어로 진입해, 소프트웨어로 수익을 창출하는 플랫폼 기업'임을 분명히 하고 있다. 차량 판매는 상대적으로 수익이 낮은 제조업 모델인데 반해, 소프트웨어는 일단 개발이 완성되면 거의 100%에 가까운 마진 구조를 가진다. 실제 FSD 옵션 가격인 8,000달러는 고급차 한 대의 판매 이익과 맞먹는다.* 자율주행 로보택시가 완성되면, 테슬라 소유자가 그 네트워크에 참여해 수익을 얻고 테슬라는 그 중 일정 비율을 수수료로 수취하는 구조도 가능하다. 한 가지 문제는 소프트웨어의 완성도이다. 현재는 레벨 2~3 수준이라, 완전 자율에 해당하는 레벨 4에는 이르지 못하고 있다.

테슬라의 가장 큰 시장인 중국에서도 자율주행 개발은 진행 중이다. 중국 최대의 인터넷 기술 및 AI 기업 중 하나인 바이두

---

* 차종별로 차이가 있으나, 테슬라나 BMW, 메르세데스-벤츠의 차량당 영업이익은 8,000~1만 2,000달러, 현대차, 도요타, GM 등 일반 브랜드의 영업이익은 대략 2,000~3,500달러 수준이다.

(Baidu)와 제휴하여 시스템을 강화하고 있으며, 협력 과제는 고정밀 지도 데이터 및 교통정보에 관한 것이다. 현재는 바이두의 관련 엔지니어들이 직접 테슬라 베이징 사무소에서 근무하고 있는데, FSD 버전 업데이트 이후 반응에 대응하기 위해 2025년 3월부터 협업이 본격화되었다. 이 협업의 특징은 카메라에 의존하는 기존의 테슬라 자율주행 모드에 더해 중국 도로환경의 특성을 반영한 지도를 추가한 것이다. 테슬라는 독자적으로 FSD 기술을 유지하면서도 중국에 특화된 지도 데이터를 통합하여, 기능 안정성과 정확도를 올리고 싶어 한다. 다만 데이터 해외 전송 금지, OTA 제한 등 중국 정부의 규제로 인해 미국 대비 느린 진척을 보이고 있다.

현시점에서 FSD의 레벨은 레벨 2+로 불리는, 레벨 2와 3의 중간단계로 알려져 있지만, 일각에서는 이미 레벨 3 이상의 수준을 달성했다고 보기도 한다. 다만 레벨 4에 도달하게 되면 자율주행과 관련한 사고가 발생할 경우 소프트웨어 제공자의 책임이 커지기 때문에 고의로 레벨을 낮게 책정했다는 이야기도 있다. 테슬라에서는 이런 법적 문제를 해결하기 위해 2019년부터 보험회사와 연계한 보험 프로그램인 테슬라 인슈어런스(Tesla Insurance)를 운영하고 있지만, 아직까지는 미국 내 몇 개 주에서만 제공되고 있어, 대형 보험사들이 자율주행 차량에 대한 보험료를 어떻게 책정할 것인지 귀추가 주목된다. 사고가 일어날 때 운전자는 차량 소프트웨어를, 자동차 회사는 운전자 과실을 주장할 것이 자명한 만큼 이를 해소할 만한 묘안이 나오기까지는 상당한 시간이 걸릴 수 있다. 비근한 예로, 누구의 과실인지 규명하기 어려운 급발진 사고의 경우에도 이런 법적

공방은 자주 일어난다.

    그럼에도 불구하고 2024년 12월부터 배포가 시작된 자율주행 소프트웨어 FSD13은 운전자들 사이에서 상당히 긍정적인 평가를 받고 있다. 내 주변에서 이 소프트웨어를 장착한 차량으로 장시간 운전한 분의 경험에 따르면, 디트로이트에서 뉴욕 시내까지 왕복 20시간 이상 운전을 하면서 직접 운전대를 잡은 시간은 채 5%도 되지 않았다고 한다. 이 사양의 특징은 36Hz AI4 카메라를 사용하여 해상도를 높인 것과 네트워크를 강화하여 데이터 처리량과 학습 계산량을 늘린 것, 스피드 프로파일을 조정하여 도심과 고속도로에서 통행 속도 자동 최적화를 적용한 것 등이 있다. 향후에는 비상시 대응을 목소리로 처리하거나 좁은 도로에서 정밀 주차 상황에 대응하는 로직을 개선하여 운전자의 편의성을 극대화할 계획을 가지고 있다. 2025년 6월 로보택시에 적용된 FSD14는 이런 계획의 일부가 포함된 것으로 알려져 있다.

    이처럼 사람이 운전하는 수준에 근접했다는 평가를 받는 자율주행 소프트웨어가 실용화 단계에 가까운 만큼, 많은 자동차 기업들이 자율주행, 혹은 SDV에 관심을 보이고 있다. 테슬라와 전통적인 자동차 업계는 역사나 현재 동향을 비교해보면 여러 면에서 다르지만 기술적으로 수렴해가는 정점이 바로 자율주행이다. 사실 기존의 업체들이 스마트폰의 안드로이드 세계에 있다고 한다면, 테슬라와 몇몇 스타트업 기업은 애플에 비교할 수 있을 정도로 출발점부터 차이가 크다. 2017년 테슬라 본사를 방문했을 때 그곳의 임원들이 "디트로이트에서는 이런 차를 만들 수 없습니다"라고 말한 것은 단지 미국 빅3에만 적용되는 것이 아니다. 내연기관으로 성장한 대부분의 자동차 기업은 전혀 다른 철학을 가진 테슬라를 모방하기보다 자신들만의 성장 동력을 찾아야 한다. 다만 자율주행이 안드로이드와 애플에 상관없이 도달해야 하는 목표인 것은 분명하다.

이런 관점에서 2025년 6월 테슬라가 공개한 로보택시는 전 세계 자동차인들의 관심 대상이다. 사실 로보택시를 최초로 시도했던 기업은 2009년의 구글이었다. 프로젝트 쇼퍼(Project Chauffeur)라는 이름의 자율주행 차량 연구가 모태가 되었다. 구글의 내부 과제였던 자율주행 프로젝트는 2016년 웨이모(Waymo)로 독립하여 미국 여러 지역에서 사업을 지속하고 있으나, 값비싼 라이다(Lidar)*와 레이더(Radar)**를 장착해야 하는 한계 때문에 실용성에 여러 의문이 제기되고 있다. 한편 중국에서는 바이두를 비롯한 몇 개 회사가 테슬라의 경쟁상대로 성장하고 있는데, 결국 소프트웨어에 강점을 가진 테슬라와 막강한 데이터베이스를 확보한 바이두 간의 경쟁, 혹은 웨이모를 포함한 3자간 경쟁이 될 것으로 보인다. 나머지 기업들은 자체 개발에 성공하지 못할 경우, 이 회사들로부터 소프트웨어를 라이선스 형태로 도입해야 할 수도 있다.

테슬라의 독특한 전략은 이 밖에도 여러 가지가 있다. 그 중

---

* 라이다(Light Detection and Ranging, Lidar): 레이저(보통 적외선)를 물체에 발사하여 반사 시간을 측정하여 거리를 계산한다. 정확도와 해상도가 높으나, 비, 눈, 먼지에 약하고 비용이 높다.

** 레이더(Radio Detection and Ranging, Radar): 전자기파를 발사하여 물체에 반사되는 시간을 측정하는 방식. 형상인식과 해상도는 상대적으로 낮으나, 비, 눈, 먼지, 어둠에 강하고 가격이 저렴하다.

하나는, 데이터 센터를 직접 운영하여 자율주행과 AI 연구에 필요한 데이터 확보에 전념하고 있다는 사실이다. 이를 위해 미국의 텍사스주 오스틴과 테네시주 멤피스, 중국의 상하이에 데이터센터를 보유하고 있다. 이와 연계해 xAI라는 계열사를 통해 그록(Grok)이라는 자체 AI 시스템을 개발하고 있다. 2025년 7월에 출시한 Grok4는 상당히 진보된 기능을 보유한 것으로 알려진다. 또한 이런 AI 기술을 로봇에도 접목하여, 옵티모스(Optimus) 혹은 테슬라봇(Tesla Bot)이라고 불리는 인간형 로봇(Humanoid)을 개발 중이다. 이 로봇은 2026년 말에 스페이스X의 스타쉽(Starship)에 태워 화성으로 보내질 예정이며, 훗날 화성 탐사 및 인간 거주에 중요한 역할을 할 것으로 기대하고 있다. 한때 실패의 화신처럼 여겨졌던 일론 머스크라는 '비저너리(Visionary)'가 이루어 낸 많은 결과가 세상을 바꾸고 있다.*

미국, 망하더라도 빨리 시작하자

테슬라를 제외한 미국 전기차 기업의 존재는 현재 미미한 수준이다. 그러나 한때 기대를 가지고 테슬라의 아성에 도전했던 기

---

* 스페이스X는 2006년부터 2008년까지 세차례 연속으로 팔콘 1 로켓 발사를 실패했다. 이로 인해 회사는 자금난과 큰 위기에 직면한다. 이 여파로 테슬라 EV는 제품 출시 일정을 연기했고, 미디어 회사 'Thud'는 설립 2년만인 2019년에 폐쇄되었다. 2025년 6월에는 스타쉽 36 로켓이 테스트 중 대규모 폭발을 일으킨 바도 있다.

업이 여럿 있었다. 그중 리비안(Rivian Automotive, Inc.)은 가장 주목 받는 스타트업 기업 중 하나로, 전기 픽업트럭과 SUV라는 틈새 시장 공략으로 빠르게 성장했다. 이 회사는 2009년 MIT 출신의 공학 박사인 R.J. 스캐린지(R.J. Scaringe)가 설립했다. 초기 사명은 메인스트림 모터스(Mainstream Motors)였으나 2011년에 현재 이름으로 변경하였다. 본사는 캘리포니아주의 어바인에, 제조 공장은 일리노이주 노멀에 있다. 사실 리비안의 초기 목표는 트럭이 아니고 스포츠카였지만, 이 시장의 경쟁이 치열함을 파악하고 전략을 바꿔 2015년부터 2년여 동안 SUV와 픽업트럭 개발에 집중하게 된다. 엔지니어링을 비롯한 연구 개발 거점은 캘리포니아와 미시간주에 위치해 있다.

리비안의 첫 전기 픽업트럭은 리비안 R1T로 2018년 LA 오토쇼에서 처음 공개되었다. 쿼드모터를 장착한 4륜구동(AWD) 트럭은 0→60mph가 3초에 최대 400마일(640km) 주행이 가능했다. 2021년에 공식 출시하여 미국 최초의 전기 픽업트럭이라는 이정표를 세운다. 이후 2022년에는 R1T와 동일한 플랫폼을 적용하여 7인승 SUV인 리비안 R1S을 출시한다. 리비안의 성공은 아마존(Amazon)의 투자가 크게 도움이 되었다. 2019년 아마존은 7억 달러를 투자하며 배달용 전기밴(Electric Delivery Van) 10만 대를 주문해, 리비안이 2021년 나스닥에 상장할 수 있는 기틀을 마련해준다. 당시 리비안의 인기는 상당해서, 시가 총액이 1,000억 달러를 넘어서며 GM과 포드를 뛰어넘기도 했다. 또한 자체 개발한 스케이트 보드 플랫폼, OTA 기반 소프트웨어 생태계 등 혁신적 시스템을 빠르게 적용하며 한때 테슬라를 잇는 차세대 주자로 꼽히기도 했다.

그러나 대부분의 스타트업과 마찬가지로 리비안의 주가도 상장 초 고점을 찍고 급락한다. 일시적으로 회복되다가도 다시 재하락하는 패턴을 보이고 있다. 기대에 못 미치는 실적과 낮은 성장 가능성이 원인이다. 자세한 내용들을 살펴보면 (1) 생산 능력의 부족과 부품공급 불안정, (2) 2021년~2024년까지 연간 수조 원 대의 순손실과 막대한 적자 구조, (3) 수요 예측 실패와 잦은 가격 변동으로 인한 고객 신뢰 저하, (4) 소프트웨어 완성도의 부족, (5) 전기 픽업트럭 분야의 경쟁 심화 등이 꼽힌다. 여기에 주요 투자자였던 포드, 아마존 등이 지분을 축소하거나 협업을 종료하여 막대한 재정 손실을 만회할 여력이 없어지면서 소비자들의 신뢰를 잃게 됐다. 이런 문제에도 불구하고 리비안은 고급 EV 브랜드 이미지와 더불어 오프로드 성능 등에 강점이 있어, 적자가 지속중임에도 충성 고객층을 확보하고 있다.

2024년에 들어서면서 리비안은 생산 효율성을 개선하고 손실에서 벗어나는 전환에 성공한다. 여기에 폭스바겐과 합작 회사를 설립하며 총 58억 달러의 자금을 확보하여 다소 숨통이 트이게 된다. 미국 에너지부로부터 최대 66억 달러 규모의 저이자 대출이 승인되면서, 이전에 계획했던 조지아주 공장을 건설할 수 있는 기반도 마련한다. 다소 지연되기는 했지만 2028년에는 조지아 공장에서 차량생산이 가능할 것으로 보이며, 2030년까지 연 40만 대 규모의 공장 운영에 7,500개의 일자리를 확보하는 당초의 계획도 재검토가 가능해졌다. 일리노이주 공장에서 생산되는 R2S SUV도 조만간 출시될 것으로 예상되어 현금 유동성 문제와 경쟁사 압박 등의 리스크로 인해 위축되었던 사업이 다시 자리를 찾아갈 것으로 기대하고 있다.

리비안이 가장 크게 기대를 거는 것은 폭스바겐과의 협업이다. 폭스바겐은 리비안의 통합기술 플랫폼을 활용하여 기존 모델의 최대 100개나 되는 제어 장치를 7개로 통합하겠다는 목표를 가지고 있다. 이를 기반으로 2030년 이전에 폭스바겐의 고급차 버전인 포르쉐(Porsche)의 신규 플래그십 전기차나 차세대 폭스바겐 골프 등을 출시한다는 계획이다. 폭스바겐이 투자하는 자금 중, 2024년에 이미 투입된 10억 달러 외에 13억 달러가 지적재산권(Intellectual Property, IP) 사용권 및 JV 지분 확보에 쓰이는 것으로 확정된 만큼, 양사의 개발 역량을 강화하고 경쟁력을 높일 수 있을 것으로 전망하고 있다. 하지만 지난 2년여간 부진했던 실적을 되돌리기 위해서는 사업 구조 조정, 소프트웨어 고도화, 글로벌 정책 리스크 해소 등 리비안이 감당해야 하는 부담이 크다. 이런 부분을 어떻게 대응하는지가 기업의 향후 방향성을 결정짓는 핵심 요소가 될 것이다.

리비안보다 2년 앞선 2007년에 아티바(Atieva)라는 이름으로 설립된 루시드(Lucid)는 원래 전기차 배터리 및 파워트레인 시스템 개발을 주력으로 했다. 이후 2016년 루시드 모터스(Lucid Motors)로 사명을 변경하면서 고급 전기차 시장 진출을 위한 완성차 제조사로 변신한다. 2017년부터는 고급 세단 루시드 에어(Lucid Air) 개발에 집중했고, 2018년에 사우디아라비아의 공공투자펀드로부터 10억 달러 이상의 대규모 투자를 유치하는 데 성공하며 사세를 확장한다. 또한 2019년에는 애리조나주 카사 그란데에 전용 공장도 착공했다. 2021년부터 본격 양산 단계에 들어가게 되면서, 7월에는 나스닥에 상장하며 대중의 이목을 집중시켰다. 같은 해 연말부터는 루시드 에어 드림 에디션(Dream Edition)의 차량 인도를 시작했다. 이어서 2023년까지 루시드 에어 퓨어(Pure), 투어링(Touring) 등 다양한 트림을 출시했고 2024년 12월에는 SUV 모델인 루시드 그래비티(Gravity)를 생산했다.

    이처럼 겉으로 보기에는 나쁘지 않았던 루시드도 내부에는 누적된 문제점들이 있다. 우선 생산 효율이 떨어지는 이유로 생산량 목표가 지속적으로 미달되었는데, 2022년 당초 목표는 2만 대였던 데 비해 실제 생산은 7,189대에 그치고 말았다. 2024년에도 연간 생산이 약 9,000대에 머물며 고정비 부담이 심화되었고, 고가 모델 중심의 전략을 펴다 보니 수요층이 제한되어 테슬라나 리비안 대비 시장 저변이 협소하다는 문제점을 안고 있었다. 이런 이유들로 인해 2023년 기준 연간 순손실이 약 28억 달러에 달하여 보유한 현금이 빠르게 소진되었을 뿐 아니라, 고가 차량의 높은 제조 원가로 인해 차량을 판매할 때마다 손실을 기록하는 악순환이 반복되었다. 매출은 점차 증가하고 있으나 아직도 손익 분기점에는 도달하지 못하고 있다.

    2025년 들어 발생한 또 다른 문제점은 리더십의 불안정이다. CTO 겸 CEO였던 피터 러린슨(Peter Rawlinson)이 2월에 물러나며 경영 불안 우려가 커졌고, IR, 회계, 생산 등 주요 부서 임원이 대거 이탈하면서 조직 안정성에 부정적인 요인이 발생했다. 여기에 기존의 자동차 제조사들과 전기차 전문 기업도 고급 전기차 시장에 진입하면서 경쟁이 심화되었는데, 타사에 비해 뒤처진 자율주행 플랫폼으로 인해 기업의 전망이 그리 밝지는 않다. 그럼에도 불구하고, 루시드 에어 드림 에디션 레인지(Range)가 보여준 520마일의 탁월한 주행거리나 우수한 정숙성, 고급 인테리어 등 루시드가 가지고 있는 장점이 있어, 적극적인 투자자가 확보된다면 재기의 가능성은 있다. 사우디아라비아에 공장을 건설 중인 만큼, 사우디 정부를 통한 자본 유입이 안정화되는 것이 재도약의 계기가 될 수 있다.

앞의 두 기업보다 설립은 늦었지만, 2010년대 중반 한 때 돌풍을 일으켰던 전기차 스타트업이 있다. 바로 패러데이 퓨처(Faraday Future)다. 2014년, 중국의 IT 기업가 지아 유에팅(贾跃亭)이 캘리포니아주 로스앤젤리스에서 설립한 이 기업은 2016년에 FF Zero1 컨셉트 카를 공개하며 기대감을 키웠다. 그러나 레이싱용 전기차 개발을 위한 지출로 수억 달러를 소진하여 투자자인 부동산 기업 헝다(恒大)와 법적 분쟁이 발생하고, 다수의 직원을 해고하는 등 위기가 지속되었다. 이후 2021년 7월에는 SPC(Special Purpose Company/Corporation, 특수목적회사)와의 합병을 통해 나스닥에 상장하여 약 10억 달러 규모의 자금을 확보하는 데 성공한다. 2년 후인 2023년에는 FF91 생산을 시작하여 상반기 중에 고가 프리미엄 모델을 한정 공급하였으나, 2년 동안 총 16대를 인도하는 데 그쳤다.

2024년 들어 패러데이 퓨처는 AI 중심으로 전략을 변환한다. 재무 구조도 상당 부분 개선되어 월평균 운영 비용을 500만 달러로 축소하며 비용 절감에 성공했다. 또한 2024년 9월부터 약 6개월에 거쳐 1억 달러 규모의 투자를 유치한 후 FF91 2.0 인도를 본격적으로 준비하고 있다. 2025년 3월에는 'Open AI Day'를 개최하며 전기차 전략을 강조하기도 했는데, AI를 이용하는 주행 기술 구현을 위해 파워트레인 전문 자회사 퓨처 AIHER(Future AIHER)을 설립한다.

패러데이 퓨처가 당면한 가장 큰 문제는 양산으로의 신속한 전환이다. 현재까지의 차량 인도가 소수에 그치고 있는 만큼, 차세대 모델로 선정한 FX 슈퍼 원(FX Super One)의 2025년 내 양산 성공 여부가 제2의 도약을 위한 큰 전환점이 될 것이다. 생산 효율 개선과 자금 흐름 관리 등 불확실한 요소들이 아직 있지만, AI기반 플랫폼 확대와 글로벌 생산체계 구축이 성공적으로 진행된다면 향후 영향력 있는 플레이어가 될 가능성도 있다.

지금까지 설명한 기업들에 비해 출발이 늦었음에도 최근 주목 받는 전기차 스타트업이 있다. 내가 살고 있는 곳에서 차로 불과 15분 거리에 본사가 있는 슬레이트(Slate)다. 이 기업은 투자자 중 한 명이 아마존의 제프 베이조스(Jeff Bezos)라 유명세를 탔다. 게다가 창업 3년 만인 2025년 4월에 첫차 슬레이트 트럭(Slate Truck)을 공개하면서 이듬해 4분기로 예정된 양산이 성공적으로 이루어질지 관심이 모이고 있다. 이 트럭의 특성은 낮은 가격과 DIY(Do It Yourself) 조립방식이다. 기본 사양이 2만 달러 중반대라는 파격적인 가격도 매력적이지만, "We Built it, You Make it(의역하자면, 우리가 기반을 만들었습니다, 당신이 완성하세요)"의 슬로건처럼 소비자가 차를 완성할 수 있는 맞춤형 차량이라는 점이 흥미롭다. 기존의 스타트업들과는 달리, 미니멀리즘을 기반으로 하는 저가형 실용 전기차에 승부수를 건 그들의 철학이 소비자의 마음을 끌어 들일지는 1년 후면 판가름이 날 것이다.

슬레이트와 더불어 관심을 받는 기업은 2014년 자율주행 기술 회사로 시작하여 현재는 아마존의 자회사가 된 죽스(Zoox)다. 자율주행 로보택시를 위해 설계된 전기차를 개발하는 이 회사는 2025년 6월에 캘리포니아 헤이워드에서 생산시설을 가동하였는데, 연간 생산 1만 대를 목표로 하고 있다. 시험 차량은 현재 라스베이거스, 샌프란시스코 등에서 직원과 초대 고객을 대상으로 운행 중이다. 일각에서는 슬레이트나 죽스가 테슬라의 일론 머스크에 대한 제프 베이조스의 도전이라는 말이 있다. 슬레이트(Slate)라는 단어를 'T'부터 시작해서 나열하면 "Tesla'가 된다는 그럴듯한 이유를 제시하기도 하지만, 사실 두 기업이 추구하는 방향은 확연히 다르다. 다만 자동차나 자율주행 뿐 아니라 우주산업에서도 스페이스X와 블루 오리진(Blue Origin)으로 경쟁하고 있는 두 억만장자가 여러 분야에서 서로를 의식하고 있다는 것은 분명해 보인다.

이 밖에도 미국에 기반을 둔 전기차 기업은 여러 곳이 있었으나, 몇 군데만 예를 들어본다. 2016년에 창업하여 2024년에 생산 지연과 자금난에 직면해 파산한 피스커(Fisker Inc.), 2017년에 설립되어 지속되는 재무 위기로 2025년 파산한 커누(Canoo), 2015년에 시작하여 전기밴과 버스를 개발하다 결국 상장 폐지된 어라이벌(Arrival)이 있다. 전기차 기업은 아니지만 2015년 창업 후 엄청난 관심을 끌었던 니콜라(Nikola Corporation)도 아직까지 자동차 애호가들의 기억에 남아있다. 이 회사는 '수소차 분야의 테슬라'라는 소리를 들으며 2020년 상장 직후 일주일만에 주가가 80배나 올라갈 만큼 화제가 되었다. 그러나 창업자 트레버 밀튼(Trevor Milton)이 제품의 성능, 주행 능력 등을 허위로 발표한 것이 밝혀지며, 회사의 주가는 천국과 지옥을 오갔다. 2020년 6월 9일에 최고가인 93.99달러를 기록한 주식은 2025년 2월에 거래 정지되었고, 이후 장외시장 최저가는 0.0001달러까지 폭락했다.

이 밖에도 지난 20여년 동안 세상의 주목을 받으며 등장했다가 뒤안길로 사라진 전기차 관련 기업은 미국 내만 해도 상당수가 있다. 위키피디아의 'Electric Vehicle Manufacturers of the United States'라는 리스트의 전기차 카테고리에는 위에서 언급한 기업을 포함해 105개의 회사가 등록되어 있다. 미국의 완성차 제조사 목록에도 전기차 관련 기업은 70여 개가 포함되어 있다. 그러나 이 중 실제로 전기차를 양산한 이력이 있는 기업은 5~6개에 지나지 않는다. 대부분은 이름만 유지하고 있는 실정이다. 그러나 이런 끊임없는 도전이 기술을 발전시키고, 이 가운데 치열한 경쟁을 뚫고 살아남은 기업은 역사를 바꾼다. 내연기관 자동차의 발전이 그렇게 백수십 년을 흘러왔다. 전기차의 발전도 우리가 조금만 호흡을 길게 가져간다면, 유사한 발자취를 따라가게 되리라 기대해본다.

중국, 망하더라도 많이 시작하자

배터리 기업에서 시작해 연산 420만 대를 넘는 세계적 자동차 기업으로 거듭난 BYD는 발전 가능성과 동시에 재정적 위기에도 직면하고 있다. 1995년 왕촨푸(王传福)가 홍콩 투자자의 지원을 받아 광동성 남부 선전에서 휴대폰 배터리 생산기업으로 시작한 이 회사는 이후 빠르게 성장하여 2003년부터는 자동차 사업에도 진출한다. 그해에 중국 국영 자동차 회사 시안 친취안(Xi'an Qinchuan Automobile)을 인수한 뒤 불과 2년 후인 2005년에는 세계 최초의 양산형 PHEV 중 하나인 F3DM을 출시했다. 이후 2008년에 워런 버핏(Warren Buffett)의 버크셔 해서웨이(Berkshire Hathaway)가 2억 3,000만 달러를 투자하여 재정 안정화가 이루어지면서 전기차, 배터리와 에너지 저장장치(Energy Storage System, ESS) 등으로 사업을 다각화한다. 2015년에 이르러서는 PHEV를 포함한 전기차 판매에서 테슬라를 추월하며 성장세를 과시했고, 최근까지도 그 여세를 몰아 글로벌 시장으로 사세를 확장하고 있다.

BYD의 가장 큰 강점은 중국 정부의 전폭적인 지원을 받는다는 것이다. 보조금 뿐 아니라 산업 정책이 전기차에 우호적으로 수립되다 보니, 전기차 선도 업체로서 많은 혜택을 누리고 있다. 또한 배터리, 모터, 반도체에 차량까지 수직계열화를 이루면서 비용 절감과 공급망 안정이라는 효과를 보고 있어, 테슬라 대비 30%~40% 저렴한 가격경쟁력을 갖고 있다. 2024년에도 중국 전기차 시장 점유율 1위라는 시장 지배력을 유지하며 꾸준한 성장을 지속하고 있는데, 최근에 차량용 반도체 뿐 아니라 라이다, 소프트웨어까지 계열화를 추진하면서 자율주행 인프라를 빠르게 확장 중이다. 소프트웨어 경쟁력도 테슬라나 웨이모에 비해 부족하지 않은 것으로 파악된다. 다만 완전 자율주행보다 ADAS(Advanced Driver Assistance System, 운전보조장치)를 고도화하는 현실적 자율주행에 무게를 두는 그들의 전략이 성공할지는 지켜봐야 한다.

배터리 기업으로 출발한 만큼 BYD의 배터리 전략은 탄탄하다. 기본적으로 수직계열화와 내재화에 기반하여, 셀에서 팩과 차량까지 자체 생산이 가능하다. NCM이나 NCA 같은 삼원계[*] 계열보다는 리튬인산철(LFP)[**] 배터리에 집중하고 있으며, 구조를 혁신한 블레이드 배터리(Blade Battery)[***]를 적극적으로 홍보한다. 이 밖에 차세대 기술로 나트륨 이온 배터리와 전고체 배터리도 개발 중이다.

스텔란티스에서 배터리를 담당하던 당시에 BYD의 CTO 일행과 미팅을 한 적이 있었다. LFP를 홍보하는 그들에게 중량이 더 나가는 LFP의 포장재로는 각형 캔(Can)보다 가벼운 파우치(Pouch)가 유리한데 왜 굳이 캔을 사용하느냐고 물었다. 이들의 대답은 비록 셀 단위에서는 무게가 더 나가지만, 자사의 블레이드 셀을 이용해 CTP(Cell-to-Pack)[****] 방식으로 시스템을 꾸미면 중간 단계인 모듈이 생략되므로 전체 무게는 오히려 더 가벼워진다는 것이었다. 나름대로의 논리가 잘 정리되어 있다는 느낌이었다.

[*]   삼원계 배터리: 양극재로 니켈, 코발트와 망간 혹은 알루미늄의 삼원계 금속을 사용하는 리튬이온 2차전지의 한 종류.
[**] LFP(Lithium Iron Phosphate): 양극재로 리튬인산철을 사용하는 리튬이온 2차전지. LFP는 LiFePO4의 화학식을 줄여 부르는 이름이다.
[***] 블레이드 배터리(Blade Battery): 길고 얇은 블레이드 형태의 배터리 셀로, 셀을 팩 구조의 일부처럼 사용해 구조 강성을 보완하고 패키징 효율을 높이는 것이 가능하다.
[****] CTP(Cell-to-Pack): 셀에서 모듈을 거치지 않고 바로 팩을 구성하는 방식.

BYD의 블레이드 셀은 LFP를 기반으로 하여 화재안전성이 높다고 알려지고 있지만, 사실은 여러 번 사고가 보고된 바 있다. 2021년부터 2024년 5월까지 중국 내 BYD 전시장에서 발생한 사고만 10건이나 된다. 당시 전시된 차량의 상당수는 블레이드 셀을 사용했을 가능성이 높다. 2021년 7월에는 충돌 실험 48시간 후 주차 상태에서 화재가 발생했다. 이 당시 회사는 '전도성 냉각수가 원인'이라고 설명하며 일반적으로는 화재 위험성이 적은 비전도성 냉각수를 사용한다고 주장한 바 있다. 이 외에도 몇 차례 사고가 유튜브나 웨이보 등에 영상으로 올라온 것이 있지만, 일부는 LFP 이전의 구형 배터리가 사용되었고, 어떤 경우는 사고 후 화재로 인한 2차 피해로 추정되기도 해 배터리 발화인지 외부 요인인지는 명확하게 밝혀지지 않았다. 하지만 여러 가지 정황으로 볼 때, '화재가 절대 일어나지 않는다'는 광고는 과장된 면이 있다.

BYD는 배터리 셀과 모듈, 팩 생산의 주체가 되는 자회사로 FDB(FinDreams Battery)를 보유하고 있다. 사명은 '꿈을 찾아라'는 뜻으로, 'Build Your Dreams(당신의 꿈을 건설하라)'라는 BYD의 기업명과 같은 맥락에 있다. 이외에도 BMS(Battery Management System)*****와 열관리, 전장 부문을 담당하는 FinDreams Technology, 드라이브 유닛, 인버터 등 파워트레인 통합 설계를 담당하는 FinDreams Powertrain을 자회사로 거느리고 있다. 전통

***** BMS(Battery Management System): 배터리 제어기의 약자로 배터리 셀과 모듈, 팩에서 일어나는 현상을 감지해 필요한 제어를 구현하는 장치이다.

적인 배터리 강자 CATL과 달리 외부에는 제품을 판매하지 않는다고 알려져 있으나, 최근에는 메르세데스-벤츠, 도요타 등에도 배터리를 공급하고 있다. 이처럼 사업 구도 측면이나 기술 내재화 측면에서 안정화된 기업임에도 BYD를 바라보는 시선이 곱지만은 않다. 불안한 재무 건전성 때문이다. 2024년 말 기준으로, 유동 자산이 3,710억 위안인데 비해 유동부채가 4,960억 위안으로, 약 1,250억 위안(약 24조 원)의 유동성 부족이 발생한 것이다.

전체 자산 대비 총부채 비율이 높지 않음에도 BYD의 운전 자본(Working Capital) 적자와 단기 지급 능력 문제에 이의를 제기한 사람은 장성기차(長城汽車)의 웨이젠쥔(魏建軍) 회장이다. 그는 한 언론 인터뷰에서 중국 자동차 업계에도 2023년에 파산한 부동산 기업 헝다의 경우처럼 폭발할 수 있는 대형 리스크가 존재한다고 발언했는데, 이는 BYD를 암시했다는 해석을 불러일으켰다. 〈파이낸셜 타임스(Financial Times)〉는 이 내용을 분석하면서 BYD를 포함한 중국 주요 자동차 회사들의 유동성 문제를 지적했고, 2026년까지 일부 업체가 시장에서 사라질 것을 경고하기도 했다. 시장 전문가들 역시 BYD의 최근 성장 뒤에는 공급사 결제 지연과 같은 미지급 채무가 있다고 판단하고 있으나, BYD의 반박을 포함한 전체 내용을 종합해보면 현상황이 절대적으로 심각한 위기라고 하기는 어렵다. 다만 상당한 주의가 요구되는 리스크임은 분명하다.

BYD와는 달리 전기제품이나 통신제품 전문 회사에서 전기차 회사로 변신을 꾀하는 기업 중에 샤오미(Xiaomi)와 화웨이(Huawei)가 있다. 샤오미는 2021년에 자동차 사업에 100억 달러를 투자한다고 발표한 이후 이를 빠르게 실행에 옮겼고, 첫 모델 SU7(Speed Ultra 7)을 중심으로 사업을 확장하고 있다. SU7은 2024년 3월에 공식 런칭하여 중국 내에서는 테슬라 모델 3보다 먼저 매출 상위권에 진입하기도 했다. 작년 말까지 10만 대 판매 목표를 초과 달성하고 2025년 2월에 누적 판매 18만 대를 돌파한 뒤, 1분기에만 7만 5,869대를 인도하는 호조를 누리고 있다. 하지만 2025년 4월 신규 주문이 전월 대비 55% 감소하면서 수요가 둔화되는 모습을 보이기도 했다. SUV 모델인 YU7은 2025년 6월에 출시를 공식 발표했는데, 테슬라 모델 Y 공략을 목표로 하고 있다. 최고 835km의 주행거리를 자랑하며, 뛰어난 가속력, 고속충전 기능 등의 경쟁력을 확보한 것으로 알려지고 있다.

SU7의 장점은 샤오미 스마트폰 생태계를 기반으로 한 기술력과 이에 따른 브랜드 충성도를 꼽을 수 있다. 주문 대기가 수개월에 달하여 연 30만 대 생산을 목표로 라인 2단계를 확장 중이고, 100%에 가까운 공장자동화 생산 기술로 76초당 1대의 (전기차 생산속도로는 빠른) 차량 생산이 가능하다. 이를 기반으로 2027년까지 해외 진출 및 국제 시장 확대를 목표로 하고 있다. 다만 아직도 차량을 생산할 때마다 손실을 보는 단계라, 목표한 대로 2026년 이후 손익 분기점에 이를 수 있을지가 관건이다. 최근 연쇄 충돌 사고 등 품질 문제가 있다는 논란과 함께 공기 통풍에 관련된 과대광고가 지적된 바 있어, 이에 대한 해소 역시 시급하다.* 또한 BYD, 니오(NIO) 등의 기업과 치열한 시장 경쟁을 해야 하는 어려움도 있다. 2027년 이후 유럽과 동남아 진출 계획을 가지고 있는 만큼, 이 시기의 전기차 시장이 어떤 상황으로 전개될지도 샤오미 입장에서는 관심을 가지고 지켜봐야 하는 요소이다.

샤오미와는 달리 화웨이는 차량을 제작하기보다 기술과 시스템을 공급하는 쪽으로 가닥을 잡았다. 카메라, 센서, ADAS, 자동차용 칩셋, HUD(Head-Up Display)[**]와 인포테인먼트 OS(Operating System)[***] 등의 핵심 기술을 제공한다. 세레스(Seres), 북경기차(BAIC), 체리(Chery), 장안자동차(Changan Automobile) 등이 포함된 HIMA 얼라이언스[****]를 주도하여 참여하고 있으며, 세레스와는 아이토(AITO) 브랜드를 통해 협업을 강화하였다. 완성차 기업은 아니나 특화된 기술 위주의 개발과 판매 전략이 주효해, 2019년에 솔루션 공급자로서 전기차 사업에 본격적으로 진입한 뒤 불과 5년 만인 2024년 1분기에 자동차 부문을 흑자로 전환시켰다. 반도체 업계의 대표 주자인 인텔이 'Intel Inside'라는 슬로건으로 핵심 부품 공급자로서의 위상을 굳혔듯이, 화웨이도 'Huawei Inside(HI)' 전략으로 그 위치를 다지고 있다.

이 회사가 개발한 Harmony OS(훙멍 OS)는 단순한 운영 체제로서 뿐 아니라, 디자인, 보안, 개발자 생태계 등 다방면에서 인

---

[*]   SU7 Ultra의 카본 파이버 보닛에 듀얼 에어덕트를 배치해 브레이크 쿨링에 도움을 주고 공기역학 성능을 향상한다고 홍보했으나, 실제로는 장식용인 것으로 확인되었다.
[**]   HUD(Head-Up Display): 운전자 시야 내에 주행 정보를 투영해주는 장치.
[***] 인포테인먼트(Infotainment): 정보(Information)와 오락(Entertainment)의 합성어로 자동차에서 운전자와 탑승자에게 정보를 제공하고 오락을 제공하는 시스템.
[****] HIMA(Harmony Intelligent Mobility Alliance): 화웨이가 주도하는 중국 내 자동차 연합 브랜드 및 판매 네트워크로 2013년 11월에 출범하였다.

정받고 있다. 이 OS는 프리미엄 EV 브랜드 AITO에 장착되었는데, AITO M7은 2022년 7월 출시 이후 2024년말까지 28만 대 이상이 판매되었다. 고급 차종인 M9도 2023년 12월 출시 후 1년 만에 20만 대 이상의 주문량을 돌파했다. 최근에는 세레스가 AITO 브랜드의 상표 및 디자인 특허권을 화웨이로부터 약 25억 위안(약 4,800억 원)에 인수하면서 양사의 협력 관계는 유지, 강화된다고 발표한 바 있다. 세레스 그룹은 1986년에 설립되어 2016년부터 전동화 플랫폼 전문 기업으로 변신한 곳으로, 본격적으로 주목받기 시작한 것은 2021년 12월, 화웨이와 AITO 협업을 발표하면서이다. AITO M5가 2022년 1월 첫 출고 후 1년 만에 7만 5,000대 이상 판매되면서 중국 전기차 시장에서 주요 플레이어로 성장하고 있다.

이 밖에 전통 자동차 기업인 지리는 지오메트리(Geometry)라는 보급형 EV 브랜드를 2019년에 출범시켰고 2021년에는 지커(Zeekr) 브랜드를 발표하면서 본격적으로 프리미엄 전기차 사업에 뛰어든다. 2016년부터 개발을 시작해 2020년 9월 공식 발표한 SEA(Sustainable Experience Architecture) 플랫폼***** 을 기반으로 하는 이 브랜드는 웨이모와 자율주행 택시를 공동개발하고 모빌아이(Mobileye)******와는 레벨 4 수준의 자율주행을 목표로 협업 중이다. Zeekr 001, 007, 009와 X 등의 라인업을 갖추고 있으며, 2022년

***** SEA(Sustainable Experience Architecture): 지리 최초의 순수 전기차 전용 플랫폼으로, 800V를 지원하며 자율주행, OTA, SDV 대응을 위해 개발되었다.
****** 모빌아이(Mobileye)는 이스라엘에 본사를 둔 자율주행, 첨단 ADAS 전문 기업이다.

에 약 7만 2,000대를 출고한 후 판매량이 증가하면서 2025년 6월 기준으로 누적 생산 50만 대를 돌파하였다. 중국 일부 지역에서는 테슬라 모델보다 판매가 많을 정도로 인기 몰이를 하고 있다. 지리는 2021년 1월 아이폰의 위탁 생산업체로 유명한 폭스콘(Foxconn)과도 전략적 협력관계를 맺어, 그해 말 EV 및 스마트 모빌리티 생산을 위한 합작 회사를 설립한 바 있다.

이외에 주목할만한 전기차 기업으로 리샹자동차(Li Auto)가 있다. 2015년 베이징에서 설립된 이 회사는 엔진이 배터리를 충전하는 용도로만 사용되는 EREV(Extended Range EV)* 방식의 차를 생산한다. 2022년 6월에 출시한 L9 모델에 44.5kWh의 배터리를 장착하여 (WLTP 기준으로) 전기차 모드로만 최대 180km, 엔진까지 가동한 총 주행거리는 1,176km를 기록하며 가능성을 보여준 바 있다. 2024년에는 리 메가(Li Mega)라고 하는 순수 전기차를 출시한 바 있으며, 102.7kWh의 대형 배터리를 사용하여 최대 710km의 주행이 가능했다. 충전과 관련된 특징으로 5C 급속충전 사양을 장착하였는데, 이는 1시간의 5분의 1인 12분 만에 100% 충전이 가능함을 의미한다. 실제 충전시에는 충전량 80% 이상에서 충전 속도가 느려지기 때문에 시간이 더 걸리기는 하지만, 고속 충전의 가능성을 제시한 의미는 상당히 크다. 리샹은 2024년에 50만 대 이상을 판매하여

---

*   EREV/REEV(Extended Range EV/Range Extended EV): 배터리와 전기모터로 구동되는 전기차이며 배터리가 소진되면 내연기관이 발전기 역할을 한다. 증강형 하이브리드라고도 불린다.

신생 브랜드 중 판매 1위를 차지했다.

전기차 스타트업으로 시작하여 불과 10여 년 만에 자리를 잡은 스타트업으로는 니오와 샤오펑(XPeng)이 있다. 니오는 2014년 상하이에서 설립되어 고성능 전기 SUV와 세단을 생산하는 브랜드로, 배터리를 충전하지 않고 교환(스왑)하는 독특한 방식**을 제공한다. 주요 차종으로는 ES6, ES8 등의 SUV와 ET5, ET7과 같은 세단을 보유하고 있다. 자체 ADAS 시스템인 니오 파일럿(NIO Pilot)도 운영 중이다. 샤오펑은 니오와 같은 해에 광저우에서 설립됐다. 고성능 전기차를 목표로 자율주행 기술과 스마트 커넥티비티(Smart Connectivity)를 핵심 경쟁력으로 삼고 있다. 중국 내에서 테슬라와 경쟁하는 주요 EV 브랜드로 자리매김하고 있는데, 일부 모델은 800V 고전압 플랫폼을 기반으로 5C의 초고속 충전을 지원한다. SUV인 XPeng G6, G9와 승용차인 P7+를 판매하고 있고, 2025년 1~3월에는 판매량이 9만 4,000대를 넘어서며 전년 동기 대비 330% 이상의 성장을 기록했다.

이 밖에도 중국에는 수많은 전기차 스타트업들이 존재한다. 앞서 언급한 대형 제조사나 미래가 촉망되는 기업들조차도 5년후 생존 여부를 장담할 수 없는 것이 전기차 시장이기는 하지만, 수가 많은 만큼 확률적으로 자생하고 성장하는 기업은 있을 것이다. 그

**   배터리 스왑(Battery Swap): 긴 충전 시간이라는 약점을 보완하기 위한 배터리 교환 방식. 2007년 이스라엘 Better Place에서 최초로 모델을 제시하였으나, 사업 실패 후 2013년에 파산한 바 있다.

러나 너무 많은 전기차 업체는 이를 관리하는 중국 정부에게도 큰 부담이어서, 효율적인 관리를 위해 상당수의 기업은 이미 의도적으로 정리 수순에 들어갔다고 전해진다.

기업 차원에서도, 캐즘을 극복하고 살아남으려면 단기 계획과 중장기적 전략이 조화롭고 효과적으로 수립되어야 한다. 이익을 창출하지 못하면 지속가능성을 기대할 수 없다. 규모의 경제를 통한 원가 절감이 시급하며, 경쟁사를 능가하는 기술 개발과 내재화가 동시에 이루어져야 한다. 이런 과정 속에서 소비자의 신뢰를 구축하고 다른 한편으로 장기간 버틸 수 있는 자본이 확보된다면, 생존 확률은 올라갈 것이다.

자동차 이야기

테슬라 사이버트럭은 2019년 11월에 열린 공개 이벤트에서 방탄유리에 쇠구슬을 던져 강도를 입증하는 시연을 했는데, 유리가 파손되어 전 세계적으로 조롱을 당한 바 있다. 망치로 차체를 때려서 흠집이 나지 않는 첫 번째 시연에는 성공했으나, 이어서 운전석 방탄유리에 금속공을 던졌을 때 창문이 깨져버린 것이다. 두 번째로 뒷좌석 창문에 다시 공을 던졌을 때도 금이 가자 머스크는 당황하며 "적어도 뚫리진 않았다"라는 농담으로 사태를 수습했다. 그러나 흥미롭게도 이 사고가 홍보 효과를 높이는 계기가 되어 사전 예약 수가 폭발적으로 증가했다.

2016년 HEV와 BEV의 연비/전비 1등은 현대자동차의 아이오닉 HEV와 BEV이다. 특히 아이오닉 HEV는 EPA 복합 연비 58mpg를 기록하며, 당대의 베스트셀러인 프리우스 HEV의 52mpg보다 6mpg가 앞섰다. 세계 최초로 상용화에 성공한 수소연료전지 자동차는 2013년에 생산된 현대자동차의 투싼 FCEV(Tucson Fuel Cell)이며, 전용 플랫폼을 적용한 최초의 수소전기차는 2018년 출시한 넥쏘(Nexo)이다. 2014년 출시한 도요타의 수소전기차 미라이 1세대는 프리우스 플랫폼을 사용했고, 2020년 2세대 플랫폼도 FCEV 전용은 아니었다.

| 4장 |

왜 골짜기에 빠졌는가 1

기술적 요인

BEYOND
THE
ENGINE

전기차에 대한 지나친 낙관론으로 인한 부작용은 아직 모두 파악되지도 않았고, 해결책을 논할 단계는 더욱 아니다. 언론에서 찾을 수 없는 내부의 진통과 고민이 현장에 있는 사람들에게는 실제로 체감할 수 있게 다가온다. 미국 여러 지역에 진출한 배터리 기업들은 수시로 인원 감축을 하고, 다른 국내 기업들도 상당수의 주재원을 본국으로 복귀시키고 있다. 완성차 기업으로부터 받았던 프로젝트가 취소되거나 연기되는 일이 많아서이다.

글로벌 부품 기업들의 상황도 더 나을 것은 없다. 세계적인 자동차 부품사인 콘티넨탈(Continental)은 전기차 시대에 대비하기 위해 비테스코(Vitesco Technologies)를 분리했으나 경쟁사 셰플러(Schaeffler AG)가 이를 인수한 바 있다. 이후 콘티넨탈은 주력 사업인 타이어를 제외한 영역에서 대규모 구조조정을 진행 중이다. 발레오(Valeo)나 보쉬(Bosch) 등의 업계 강자들도 위기 타개를 위해 인력을 감축하고 있다.

디트로이트는 과거부터 현재까지 자동차 산업의 중심지이지만, 전기차 스타트업의 무덤이기도 했다. 1939년에 문을 닫았던 디트로이트 전기차는 2008년에 재기를 노리고 영국에서 EV 스포츠카 SP:01을 생산하여 중국에 판매한 바 있으나, 자금난과 생산 능력 부족으로 미국 복귀에 실패하고 2014년 이후 활동이 중단된 상태다. 캘리포니아에 본사를 두고 미시간에 R&D 인력을 보유하고 있던 피스커도 배터리 화재와 공급망 문제 등으로 어려움을 겪다가 2024년 6월에 파산했다. 흥미로운 사실은 피스커의 파산이 처음이 아니라는 점인데, 2013년에는 전신인 피스커 오토모티브(Fisker Automotive)가 창업 6년만에 파산 신청을 한 바 있다. 이 밖에 GM이 투자한 기업인 브라이트 오토모티브(Bright Automotive)도 에너지부에 제출한 대출 신청이 무산되면서 설립 후 4년 만인 2012년에 문을 닫았다.

이처럼 최근 10년~20년간 자동차 산업의 동향을 보면, 새로운 패러다임인 전기차 시장에 많은 기업들이 도전장을 던졌으나 그 가운데 소수만이 생존한 치열한 격전장이다. 신규 사업을 위해서 가장 중요한 요소인 자금 확보에 실패한 기업이 있고, 이 단계는 넘어섰지만 배터리 화재나 공급망 문제, 생산 능력 부족으로 인해 사업을 포기한 곳도 있다. 그 기업 중 어느 누구도 실패를 계획하거나 예상한 곳은 없었을 것이고, 낙관적인 미래와 성공을 꿈꾸며 몇 달, 몇 해를 보냈을 것이다. 프로 복서 마이크 타이슨(Mike Tyson)이 말했듯이 "얻어맞기 전까지는 누구나 계획이 있다." 실패의 이유를 따지자면 수많은 문제들이 거론되겠지만, 내가 가장 관심 있게 보는 것 중 하나는 타이밍이다. 사업이 성공하기 위해 가장 중요한 요소인 타이밍을 잘못 설정하면, 위기를 견뎌내기 힘들다.

지금 전 세계에서 스마트폰을 가장 잘 만드는 기업은 애플, 삼성과 같은 전통적인 강자와 화웨이, 샤오미 등의 중국 회사들이다. 그러나 '스마트폰'이라는 용어를 최초로 사용한 기업은 스웨덴의 통신장비 기업 에릭슨(Ericsson)이다. 이 회사는 2000년에 에릭슨 R380을 출시하며 처음으로 스마트폰이라는 이름을 붙였다. 애플의 아이폰(iPhone) 1세대는 이보다 7년 후인 2007년에 등장한다. 비록 스마트폰이라는 이름은 사용하지 않았지만 전화에 키보드를 내장하고 이메일이나 웹 사용이 가능했던 최초의 전화기는 1996년에 판매된 노키아 9000(Nokia 9000 Communicator)이다. 지금은 삼성이나 중국 기업들이 주도하는 안드로이드 스마트폰을 최초로 개발한 곳은 대만의 HTC(High Tech Computer Corporation)로 2008년 9월에 미국 T-Mobile 전용으로 휴대전화를 생산했다. 이 제품에는 슬라이드식 키보드 뿐 아니라 터치 스크린도 탑재되어 있었다.

비록 세계 최초의 타이틀을 달았으나, 이 기업들은 이미 소비자들의 기억 속에서 사라진 지 오래다. 이런 역사는 디지털 카메라에서도 볼 수 있다. 과거 필름 카메라 전성기에 미래를 내다보지 못해 역사의 뒤안길로 사라졌다고 알려져 있는 코닥과 후지필름이 사실은 이 분야의 선구자였다는 사실을 아는 사람은 많지 않다. 프로토타입이기는 하지만 세계 최초의 디지털 카메라를 개발한 사람은 코닥의 엔지니어 스티븐 새슨(Steven Sasson)이었고, 그 시기가 무려 50년 전이다.* 또한 세계 최초의 상용 디지털카메라는 후지에 의해 개발되어 1988년에 전문가용 시제품이 판매된 바 있다. 후지필름은 이후 애플과 합작하여 최초의 일반 소비자용 디지털 카메라 애플 퀵테이크 100(Apple QuickTake 100)을 출시한다.

이런 역사적 배경을 이해하면서 전기차나 자동차의 미래를 예측하면 좀 더 이해가 쉽다. 빠르게 뛰어들어 블루 오션을 개척함으로 얻는 유익함도 분명히 있을 것이지만, 수많은 첨단기기들은 처음 개발한 사람과 이로 인해 이득을 취한 사람이 다르다. 투자와 개발에 대한 전략 없이 트렌드에 휩쓸리면 문제가 일어나는 경우가 많다. 레밍 효과(Lemming Effect)라는 말이 있다. 깊은 생각을 하지 않고 다수가 하는 행동을 무비판적으로 따라가는 현상을 일컫는다. 레밍은 북유럽 툰드라 지역에 사는 작은 설치류 동물로, 1920년대 디즈니의 자연 다큐멘터리에서 레밍 떼가 이유 없이 절벽에서 집단으로 뛰어내리는 장면이 보도되어 알려지게 되었다. 레밍효과라는 표현은 주로 경제학, 심리학 등에서 다수의 선택을 비이성적으로 따르는 '집단행동 오류', '군중심리'와 관련하여 자주 사용되는데, 전기차 돌풍도 여기에서 크게 벗어나지 않는다.

주변의 모든 사람들이 전기차를 외칠 때 무비판적으로 따라간 것은 아닌지, 아니면 나름대로 분석을 했는데도 불구하고 같은

---

* 스티븐 새슨은 2011년에 미국 발명가 명예의 전당에 헌액되었다. 그가 1975년에 발명한 최초의 디지털 카메라 프로토타입은 현재 스미소니안 박물관에 전시되어 있다.

결론을 낸 것인지는 이제 더 이상 큰 의미가 없다. 그러나 예측하지 못했던 전기차 캐즘이 얼마나 오래 갈지, 지금 그 캐즘을 극복할 능력이 있는지, 여기에 더해 이와 같은 예상치 못한 상황이 다시 발생한다면 어떻게 대처할 것인지를 고민해 보는 것은 중요하다. 대규모 투자가 동반되는 자동차 산업의 특성을 고려하면 더 이상의 오판은 어떤 기업에게든 치명적일 수 있다. 그런 의미에서, 일반인들에게 알려진 전기차의 문제점과 함께 환경차 전문가로서 내가 생각하는 잠재적 이슈들을 이번 장에서 소개한다. 전기차에 대한 부정적인 시각을 심으려는 의도가 아니라, 지난 몇 년 동안 무엇을 놓치고 있었는가를 다시 한번 점검해보기 원하는 마음이다.

배터리 가격을 둘러싼 압력들

전기차 배터리로 가장 많이 사용되는 리튬이온 배터리의 셀 가격은 2010년 이후로 기술 발전과 규모의 경제에 따라 가파르게 하락했다. 블룸버그나 IEA, IHS Markit 등의 데이터를 종합해보면, 2010년 당시 셀 가격은 1kWh 당 1,100달러~1,200달러 수준이고 아직 기술 초기 단계여서 극소량을 생산하는 정도였다. 이후 테슬라 등 전기차 회사의 상용화가 진행되면서 가파르게 떨어진 가격은 2012년에 700달러~750달러, 2015년에 400달러~500달러로 점차 하락했다. 2017년에는 300달러 정도로 안정화된다. 불과 7년 만에 4분의 1 수준으로 하락한 셀 가격에 힘을 받은 자동차 업계는 셀 가격이 100달러 이하로 떨어지면 전기차의 대량생산이 이루어질 것으로 보고 로드맵을 수립했다. 한편 이 목표는 셀 생산기업에게 압박으로 작용했다. 가격 목표가 달성되는 시점에 대해서는 조사 기관마다 차이가 있었으나, 추세를 감안할 때 2020년대 초가 될 것으로 대부분의 기업이나 투자자들은 예상했다.

이런 가격 목표가 더 하향 조정된 것은 300달러 이하의 가격을 목격한 지 얼마 지나지 않은 시점이었다. 주행거리 확보를 위해 더 큰 배터리가 필요하다는 것이 주된 이유였다. 현대자동차를 예로 들어보자. 2016년에 출시한 아이오닉5와 니로 전기차에 탑재한 배터리 용량은 28kWh, 셀 가격이 6,000달러 수준이었는데, 2018년형 코나 전기차의 장거리 사양은 용량이 2배가 넘는 64kWh가 필요하게 되었다. 차량 가격이 4,950만 원인데 비해, (모듈이나 팩을 제외한) 배터리 셀 가격만 1만 4,000달러, 당시 환율 기준으로 1,540만 원이나 되니 가격을 낮추어야 하는 일이 최우선 과제였다. 거기에 셀을 조립하여 만드는 모듈과 이런 모듈이 여러 개 모여 구성되는 팩 제조 비용 역시 만만치 않았다. 결국 1kWh당 100달러면 충분할 것으로 여겨졌던 셀 목표가가 80달러~85달러 선으로 하향 조정되고, 케이스를 포함한 팩의 목표 가격이 1kWh당 100달러로 수정되었다.

셀 제조사의 입장에서는 이런 가격 하락 요구가 달가울 리 없었으나, 미래 전기차 시장을 기대하며 어느 정도 그 요구에 부응할 수밖에 없었다. 문제는 원소재 가격이었다. 전기차 시장이 활성화된다는 기대가 커지면서, 리튬이온 배터리 양극재의 핵심소재

중 하나인 코발트 가격이 걷잡을 수 없이 올라간 것이다. 2010년 1톤당 4만 달러 수준이던 가격은 2017년에 약 6만 달러까지 오르고 2018년에는 9만 5,000달러까지 치솟게 된다. 가장 큰 원인은 생산지 부족이었다. 전 세계에 통용되는 코발트 물량의 70%가 아프리카 콩고민주공화국에서 생산되다 보니, 수요 공급 원칙에 따라 가격이 급상승하게 된 것이었다. 게다가 콩고는 아동 노동 문제로 인해 최근 기업 경영에서 화두가 된 ESG(Environment, Social, Governance) 관점에서도 걸림돌이 있어, 이를 중시하는 서방 진영에서는 수입하기에 어려움이 있었다.

이런 여러 가지 이유들로 인해 상대적으로 값이 싼 니켈을 다량 함유하는 셀 개발이 모색되었다. NCM 계열 배터리의 니켈:코발트:망간 조성 비율이 1:1:1에서 6:2:2를 거쳐 고(高)니켈 사양인 8:1:1로 변화과정을 거친다. 게다가 니켈 함량이 높을수록 에너지 밀도가 증가하여 주행거리를 늘릴 수 있기 때문에 셀 제조업체는 이후 니켈 함량을 90% 이상으로 올리는 사양 개발에 박차를 가했다.

그러나 니켈 함량을 올리는 것에 장점만 있는 것은 아니었다. 화학적으로 불안정해지기 때문에 열폭주(Thermal Runaway) 위험이 있고, 고온 환경이나 충격 등에서 화재가 발생할 가능성이 커진다. 최근에는 첨가제나 코팅 기술을 통해 문제점이 많이 해결되었지만, 니켈은 충전/방전 반복 시에 구조적 붕괴나 팽창이 일어날 수 있어 배터리의 수명이 짧아질 우려도 있었다.

일반적으로 전기차의 제조원가 중 배터리 시스템 가격은

30~40%를 차지한다. 자동차 원가가 5,000만 원이라면 1,500만~2,000만 원이 배터리이다. 이 중 셀은 대략 75% 내외이고, 모듈과 케이스, 배터리 제어기인 BMS 가격을 합해서 25% 정도 된다. 배터리 셀 가격을 세분하면, 가장 비싼 소재는 양극재로 약 30%, 음극재와 분리막, 전해액 등이 각각 15% 정도를 차지한다.

결론적으로 전기차의 가격을 낮추기 위해서는 배터리 셀의 가격을 내려야 한다. 특히 양극재의 가격이 중요하다. 그러나 가격을 낮추는 사양이 대부분 성능과 내구성을 약화시키기 때문에, 여러 가지 고려 요소의 최적점을 찾는 것이 필요하다. 한때 낮은 가격과 높은 에너지 밀도 요구 조건을 만족하는 고니켈 사양이 해답이라고 생각했으나, 빈번하게 화재 사건이 발생하면서 가격 외의 또 다른 장벽이 주목받기 시작했다. 바로 화재안전성이다.

화재 안전성, 누구의 잘못인가

현대자동차에서 환경기술개발실장으로 근무하던 2016년 당시, 2018년 양산을 위해 야심 차게 개발하던 전기차는 코나 EV였다. 2016년 출시한 아이오닉과 니로의 계보를 잇는 이 차종은 처음에 (당시 대부분의 경쟁사처럼) 주행거리 200마일을 목표로 했다. 그러나 GM의 볼트 EV가 2017년에 이미 230마일을 기록하면서 목표치를 상향 조정하게 된다. 코나 내연기관차의 디자인이 젊은 층에 어필하는 데다 전기차라는 강점이 있어 판매는 순조로웠다. 아직까지 전기차 시장에서 큰 두각을 나타내지 못했던 현대자동차로서는 입지를 다질 수 있는 기회이기도 했다. 실제 이 차종은 판매 첫 해인 2018년에 2만 2,787대를 기록했고, 2020년에는 8만 5,313대를 판매하며 호조를 이어갔다. 2021년에는 글로벌 반도체 공급 부족으로 인해 5만 대 이하로 잠시 주춤했으나, 2023년 7만 871대, 2024년에는 5만 2,368대가 팔리며 7년이라는 짧지 않은 기간 동안 지속적인 인기를 누렸다.

그러나 판매가 순조롭던 2020년, 배터리에서 발생한 화재로 인해 이 차종 뿐 아니라 국내 전기차 시장 전체에 위기가 올 뻔한 순간이 있었다. 생산 초기에도 몇 건의 화재 발생은 있었으나 주목받을 수준은 아니었는데, 2020년 상반기부터 빈도가 증가하여 언론에 보도가 되면서 소비자의 불안이 확산된 것이다. 결국 2020년 10월에 현대자동차와 LG화학, 국토교통부의 공동 조사 결과 일부 배터리 셀에서 결함이 발견되었다. 이에 따라 2만 5,000대에 대해 1차 리콜 조치가 행해졌으나, 개선 차량에서도 화재가 발생하면서 신뢰성에 의문이 제기되기도 했다. 추가 조사 끝에 2021년 2월에 현대자동차는 셀 제조 결함을 공식 발표하고, 글로벌 보급 차량 중 최대 8만 2,000여 대에 리콜을 확대하기로 결정한다. 이에 따른 교체 비용은 1조 원 이상이었다. LG화학에서 분사한 LG에너지솔루션(LG엔솔)이 현대차보다 몇 배 더 많은 액수를 부담했다.

문제 차량은 2017년 9월에서 2019년 7월 사이에 LG엔솔의 중국 난징 공장에서 생산된 배터리를 탑재한 것으로 밝혀졌는데, 셀의 내부 결함, BMS의 센싱 문제와 일부 냉각 호스 체결 불량 등이 원인으로 파악되었다. 2017년에 현대자동차에서 현대모비스로 자리를 옮긴 나는 대책 수립을 위해 현대자동차그룹과 LG그룹 간에 있었던 거의 모든 중요 회의에 전동화 BU장 자격으로 참석했다. 양 그룹의 신뢰가 걸린 중대 사안인만큼 회의는 긴장의 연속이었고, 양사 간의 신경전도 치열했다. 배터리를 교체하고 소프트웨어 업데이트를 진행하면서 화재 발생 빈도는 감소하여 코나 EV의 인기에 큰 지장은 없었지만, 전기차에 대한 소비자의 신뢰는 한동안 하락했다. 이후 LG엔솔은 품질 강화에 집중했으며, 현대자동차는 SK온, CATL과의 협력을 강화하고 전기차 전용 플랫폼을 개발하면서 위기를 타개해 나갔다.

LG엔솔은 GM과도 갈등을 겪은 바 있다. 현대자동차와의 문제가 진행되던 시기인 2020년 11월, GM은 2017년~2019년형 볼트 EV 약 5만 대를 리콜한다. LG의 오창 공장에서 생산한 배터리 셀의 결함으로 인해 화재 위험성이 증가한 것으로 판단된 때문이다. 이듬해에도 화재 사례가 계속하여 발생하자 2021년 8월에 GM은 2017년형 이후 볼트 EV 및 EUV(Electric Utility Vehicle) 전 차량 약 14만 2,000대를 대상으로 리콜을 확대한다. 이 당시 모든 차량의 배터리 모듈을 교체하면서 양사의 손실은 막대했는데, LG는 GM의 리콜 비용 약 20억 달러 중 19억 달러를 부담하기로 합의했다. 이후 LG는 배터리 셀 제조 공정을 개선하고 품질 관리 기준을 강화하며 배터리 공급이 점차 안정화되었고, GM은 2022년 4월에 볼트 EV 생산을 재개하게 된다.

앞의 예는 세계적인 배터리 메이커 LG엔솔에서 일어난 사건이라 잘 알려져 있지만, 사실 배터리 화재는 우리가 알고 있는 것보다 더 자주 발생한다. 대표적인 전기차 테슬라만 해도, 2018년 모델 X의 고속도로 충돌 후 화재, 2019년 중국 상하이에서 주차 중이던 모델 S에서 일어난 원인 불명의 화재 등 주차나 충전 중일 때 뿐 아니라 주행 중인 차량에서도 문제가 있었다. 이런 화재는 과열, 배터리 결함 등 다양한 원인으로 발생하며, 진화 후에 재발화하는 사례가 보고된 바도 있다. 이 밖에도 BMW i3가 유럽과 뉴질랜드에서 다수의 화재 사고로 이슈화 된 적이 있으며, 2024년 8월 인천에서는 지하 주차장에서 벤츠 EQE 전기차에 화재가 발생해 140대 가량의 차량이 피해를 입기도 했다(일부 보도에서는 880대로 피해 규모를 발표한 바도 있다). 간혹 전기차를 운송하던 선박에서 화재가 발생하여 운반 중이던 차량이 피해를 입거나 선박이 침몰하는 사건이 일어나기도 한다.

  이러한 사례들은 리튬이온 배터리의 안전성에 대한 지속적인 관심과 관리가 필요함을 보여준다. 전기차가 지닌 대표적인 한계인 주행거리를 증대하기 위해 에너지 밀도를 최대치로 끌어올리려는 노력은 어느 정도 기술적 한계치에 도달한 만큼, 완성차 기업들이 셀 제조사에게 무리한 요구를 하는 것도 되짚어 보아야 한다. 배터리의 사용 범위인 SOC(State of Charge)* 윈도우는 초창기 전기차의 경우 20%~80% 정도였다. 주행거리 증대를 위해 이를 3%~97%까지 확대하면서, 급속 충전시 과충전으로 인해 소재에 문제가 발생

---

* SOC(State of Charge): 배터리 충전 정도를 표시하는 수치. 0%~100%의 범위이다.

하고 위험성이 증가하는 것은 물리적으로 피할 수 없는 현상이다. 충방전시에는 셀 내 소재가 수축 팽창을 반복하는데, 이 과정에서 셀 두께가 점점 두꺼워지는 스웰링(Swelling) 현상이 발생하고, 이로 인한 기계적 스트레스를 유발하기 때문이다.

특히 내부의 여유 공간이 작은 셀의 경우, 기계적 스트레스가 분리막의 피로파괴(Fatigue Fracture)로 이어져 안전성 문제가 생길 뿐 아니라 셀 열화를 가속시킨다. 이런 문제를 완화하기 위해 냉각을 개선하거나 효율적인 단열 소재를 사용하는 등 다양한 논의가 계속되고 있다. 또한 셀 소재 측면에서는 니켈의 함유량을 다시 60%대로 낮추어 화재 위험성을 줄이는 미드니켈(Mid-Nickel) 사양 개발도 진행 중이다. 중국 기업에서는 셀 조성이 다른 LFP 사양을 적극 개발하고 홍보 중이지만, 우리나라 기업이 도전하기에는 시기적으로 늦은 감이 있다. 현재 사용하는 양극 소재가 거의 100% 중국산이라 대체할 원소재 공급처를 찾아야 하는 데다, 생산 라인도 새로 개조해야 하기 때문이다. 이제라도 개발을 꼭 시작해야 한다면 LFP의 장단점을 명확히 분석하여 단점을 보완할 방법을 찾는 것이 중요하며, 아직까지 중국 기업이 발 붙이기 어려운 미국 시장을 선점해야 한다.

배터리 화재가 큰 품질 이슈가 되는 이유는 승객의 생명을 위협하기 때문이다. 화재는 어떤 경우에 발생하든지 위험한 사고로 간주되나, 특히 배터리가 동력원인 전기차에서는 문제가 심각해질 수 있다. 고전압 배터리 화재가 12V 저전압 배터리를 손상시킬 경우 문이나 창문 개폐의 동력원이 차단되어 차 안에 갇히는 경우가

종종 생긴다. 배터리와는 무관하지만 자동차의 품질 문제를 논할 때 자주 등장하는 기업은 세계 2위 에어백 제조사였던 다카타(タカタ株式会社)이다. 최소 27명의 사망자와 400명 이상의 부상자가 발생하면서 도합 1억 대 이상을 리콜하며 결국 회사는 파산하게 된다. '하자 제로'라는 원칙으로 품질에 관한한 타의 추종을 불허하던 도요타도 2009년과 2010년에 가속 페달 조작 불가 문제로 수십 명의 사망자가 발생하여 1,200만 대의 자동차를 리콜하며 큰 위기에 빠졌던 적이 있다. 배터리 화재 안전성에 대한 고객의 확신은 전기차의 대량 보급을 위한 1순위 필요조건이다.

충전 불안증

내 경력에서 가장 많은 시간을 차지했던 분야는 수소연료전지다. 미국의 UTC Power에서 근무하던 경험을 인정받아 현대자동차그룹에 입사하게 되었고, 이후 하이브리드와 전기차를 다루는 시험개발실을 맡을 때까지 줄곧 연료전지 자동차 개발과 보급을 위한 업무에 매진했다. 당시 연료전지 자동차가 당면한 문제는 여러 가지가 있었으나, 이 중에서도 충전소는 20여 년이 지난 지금까지도 해결되지 않는 난제로 남아있다. '달걀이 먼저냐 닭이 먼저냐'의 이슈처럼, 자동차 기업에서는 충전소가 필요하다는 논리로 정부나 지자체를 설득했고, 반면 정부기관에서는 어느 정도 자동차 보급이 되어야 충전소 건축을 추진하는 것이 가능하다는 입장이었다. 양측의 의견이 좁아지기 어려웠던 가장 큰 이유는 충전소를 만드는 데 필요한 비용이었다. 한 기당 20억~30억 원이 들어가는 사업에 섣불리 뛰어들 만한 기업이나 지자체가 없었던 것이다.

2000년대 중후반 무렵, 산업자원부(2008년에 지식경제부로 통합 신설됨)가 주도한 자동차 관련 정부 과제에는 수소차와 하이브리드 차가 빠지지 않았다. 시간이 지나며 전기 자동차도 등장하기 시작했다. 현대자동차그룹은 위 세 가지 차종을 모두 개발하고 있었고, 수소차는 승용차뿐 아니라 대형 버스도 개발 리스트에 있었다. 정부에서는 제한된 보조금으로 어느 한 분야를 적극적으로 지원하려 했는지, "전기차와 수소차 중 한쪽에 집중하면 안 되겠느냐?"는 이야기를 많이 했다. 수소차가 여러 가지 면에서 장점이 많다고 생각하는 사람도 있었으나, 충전소 문제를 놓고 보면 전기차에 집중해야 한다는 의견이 만만치 않았다. 전기차 충전소 건립 비용은 직류(DC) 고속충전소라고 해도 수소충전소 대비 5분의 1 정도 밖에 들지 않았기 때문이다. 교류(AC) 완속 충전기는 기기당 설치 비용이 불과 200만~500만 원 정도였다.

전기충전소의 단점으로 부각되었던 부분이 없지는 않았다. 그 중 긴 충전시간은 가장 큰 문제였다. 120km 주행 가능한 소형 전기차 한 대를 고속으로 80%까지 충전하는 데 30분이 걸렸기 때문에, 5분이면 400km 주행을 위한 완전 충전이 가능한 수소차에 비해 약점으로 지적됐다. 실제 전기차 소유자들의 이야기를 들어보면, 충전소에서 동호회 사람들을 만나는 것이 그리 반갑지 않다고 한다. 사실 배터리의 긴 충전시간은 아직까지도 전기차 대량 보급에 걸림돌이다. 5분 충전에 400km 주행이 가능한 BYD의 충전 시스템 개발 소식이나, 5분 충전으로 3,000km를 달리는 전고체 배터리를 개발하겠다는 화웨이의 목표가 들려오긴 하지만, 이는 이론적인 수치일 뿐 상용화에 도달하려면 긴 시간이 필요하거나 현실적으로 불가능하다. 설령 초고속 충전이 가능하다고 해도, 이로 인한 배터리 소재의 열화나 초대형 충전기가 필요한 문제 때문에 실효성은 크지 않다.

'충전시간이 줄어들면' 혹은 '충전소만 충분히 보급되면'이라는 전제 조건은 이처럼 보기보다 달성하기 어려운 과제다. 그러나 전기차 보급을 위해서는 반드시 충족되어야 한다. 소유자들이 항상 시간 여유가 있다면 별 문제가 아니겠으나, 고속도로 주행 중에 급하게 충전해야 하는 상황이 발생했는데 몇십 분을 기다려야 한다면 견디기 힘들다. 이런 현상을 충전 불안 혹은 충전소 불안감(Charging Station Anxiety)이라고 한다. 쉽게 설명하면 배터리 충전량이 일정 수준 이하로 떨어질 때 불안해져서 도달 가능한 충전소를 알아 두어야 안심이 되는 현상이다. 일반 내연기관 자동차는 주유소가 도처에 있어 연료 부족 경고등이 켜진 다음에도 별 염려 없이 운전을 할 수 있는 데 반해, 전기차가 그렇게 할 수 없다는 사실은 분명히 치명적 약점이다. 이를 극복하기 위해 2025년 전기차 시대가 오면 충전소가 우후죽순 격으로 생길 거라고들 예상했으나 그런 일은 일어나지 않았다.

고속 충전소가 많이 요구되는 우리나라와는 달리 미국에서는 가정마다 있는 차고에 완속 충전기를 갖추고 밤 시간을 이용해 충전하는 것이 보편적이다. 테슬라나 전문 충전업체에서 공급하는 고속 충전망이 있기는 하지만, 아파트가 많은 일부 대도시가 아니면 집 안에 충전기를 설치하는 것이 별문제가 아니기에 우리나라처럼 외부 충전소가 큰 걸림돌은 아니다. 그러나 내연기관 자동차를 위한 주유소가 전기차 시대 도래 시에 어떤 상황에 처하게 될지를 생각해보면, 충전소 문제에 대해 다소 다른 관점으로 접근해야 한다. 전미편의점협회(National Association of Convenient Stores, NACS) 통계에 따르면 2024년말 현재 미국 내의 주유소 총 개수는 15만 개 정도다(다른 통계에서는 196,643개로 집계되기도 한다). 이 중 12만 개소 이상은 연료 판매와 함께 편의점을 운영하는데, 재미있는 사실은 주유소 수익의 60%~70%가량이 이 편의점에서 나온다는 것이다.

  2024년 기준으로 미국에 등록된 차량은 약 2억 9,000만 대다. 이중 전기차는 400만 대 정도로 1.4%이며, 캘리포니아가 125만여 대로 가장 많다. 2024년 신규 차량 판매 데이터에서는 8.1%를 전기차가 차지하지만, 운행 중인 전체 등록 차량 기준으로는 아직 미미한 수치다. 전기차를 위한 공공(公共) 충전소는 2024년 말 현재 약 7만 곳이고 실제 충전 포트 수는 20만 기 가량 된다.* 이 중 직류 급속 충전은 1만 2,000여 개소에 설치된 4만 개 정도의 포트가 감당한다. 이 통계에는 가정이나 사업장에 설치된 완속 충전기가 포함되지 않았는데, 시장조사 기관 프리도니아(The Freedonia Group)의

---

* 충전소 수는 조사기관에 따라 차이를 보이나, 여기서는 미국의 비영리 연구기관 Climate Central의 2025년 1월 자료를 인용하였다.

추산으로는 2022년에 이미 410만 기 정도가 있었다고 한다. 그렇다면 가정에서 충전하는 비율은 얼마나 될까? 미국 에너지부가 조사한 바에 의하면 전체 전기차 소유자의 70%~80%가 가정에서 충전한다. 현존하는 전기차 400만 대 중 300만 대 가량은 주로 가정에서 완속 충전을 한다는 이야기다.

여기에 2030년 전기차 보급 시나리오를 대입해 충전소 문제를 예측해보자. 분석 기관에 따라 차이는 있으나 당해 누적 전기차의 대수는 보수적으로는 2,700만 대, 낙관적으로는 5,000만 대를 예상한다. 이 시점의 등록 자동차 예상 대수를 3억 대로 보고, 보수적 관점의 근사치인 3,000만 대가 전기차라고 가정해본다. 우선 3억 대 중 10%의 차량이 주유소에 갈 일이 없어진다. 만약 정유 업계가 전기차 보급에 동조하여 일반 주유소에서 충전기를 운영한다고 해도, 통계로 볼 때 3,000만 대의 70%~80%에 해당하는 2,100만 대~2,400만 대는 가정에서 충전을 하므로 별도의 시설에 갈 일이 없다. 이 수치를 위에서 언급한 주유소 데이터와 비교해보자. 현재 존재하는 15만 개의 주유소 중 7%~8%에 해당하는 1만 500개~1만 2,000개가 폐업 가능성이 있다. 엑슨모빌(ExxonMobil)이 현재 운영하는 주유소가 1만 1,600곳인데 모두 사라질 수 있다는 이야기다.

만약 이런 시나리오를 정유 업계가 심각하게 받아들이고 있다면, 과연 지금처럼 아무런 대책 없이 전기차의 보급을 바라만 보게 될까? 자신들과 관계 있는 사업자의 10% 가까이가 일자리를 잃는 것이 예상된다면, 분주하게 대책을 마련하고, 그런 모습들이 언론을 통해 보도되는 것이 정상이다. 그리고 굴지의 정유업체들은 막강한 자본력과 정치력까지 가지고 있어, 대책을 세우는 것이 불가능한 것도 아니다. 그럼에도 불구하고, 아람코(Aramco)가 충전기 회사를 인수했다든지, 쉐브론(Chevron)이 주유소마다 충전기를 1기 이상 설치하기로 했다는 소식은 들려오지 않는다. 냉정하게 본다면, 그들의 시각으로는 아직 전기차 중흥기가 도래하지 않은 것이다. 정유업계의 시나리오에는 아마 화석연료의 고갈도 요원하리라고 적혀있을지 모른다. 놓치기 쉬운 부분이지만, 전기차 보급과 밀접한 이해 관계자인 글로벌 정유업계의 동향은 항상 예의 주시해야 한다.

전기는 충분한가

전기차 소유자가 원하는 대로 충전소와 충전기 보급이 충분해졌다고 해보자. 또한 이미 배터리의 가격이나 화재 안전성과 같은 기존의 문제점들도 어느 정도 해결되었다고 가정하자. 그렇다면 전기차의 대량 판매가 가능해지고, 실제로 조만간 전기차 비중이 전체 자동차의 50%가 되는 세상이 올까?

정확한 예측과 로드맵을 위해 고려해야 하는 또 다른 사항이 전력 공급이다. 아직은 전기차 대수가 많지 않은 만큼 큰 이슈로 부각되고 있지는 않으나, 최근 미래 기술로 떠오르는 AI 산업이나 스마트 그리드가 요구하는 막대한 전력량을 고려하면, 수천만 대의 전기차를 위해 추가로 필요한 전력 생산은 예측과 점검이 필요하다. 또한 발전소에서 충전기까지 이어지는 전기 공급 인프라도 주의 깊게 살펴야 한다. 전기차가 대량으로 보급되어도 전력 공급에 문제가 없을 것이라고 단정하기 어렵다. 또한 태양광과 같은 친환경 에너지가 대안이 될 수 있을지는 아직 미지수다.

다니엘 예긴(Daniel Yergin)이 자신의 퓰리처 수상 저서 《황금의 샘(The Prize: The Epic Quest for Oil, Money & Power)》에서 '에너지 전쟁'이라는 개념을 소개한 지 벌써 35년이 지났다. 저렴하면서 효율적인 석유 공급을 놓고 벌어진 열강의 경쟁과 갈등, 외교와 협력을 다룬 이 책의 내용은 전기차 보급으로 에너지 수요 증대가 예상되는 현시점에서 더욱 주목할 만하다. 국토교통부 자료에 의하면 2024년 말 기준 국내 누적 전기차(BEV) 대수는 약 68만 4,000대로 전체 등록 차량 2,630만 대의 2.6%를 차지한다. 전기차 한 대가 연간 필요로 하는 전력이 3,000kWh~4,000kWh가량 된다는 사실을 고려하면, 한 해에 국내 전기차 전체를 위해 사용되는 전기에너지는 20.5억kWh~27.4억kWh 정도이다. 전기차 캐즘이 오기 전 정부가 목표로 하는 2030년 말 전기차 누적 등록 대수가 420만 대였으니 이 예상이 적중한다면 5년 후 추가로 필요한 전력량은 약 105억kWh~140억kWh가 된다(420만 대와 68만 4,000대의 차이인 351만 6,000대의 전기차에 필요한 전력량을 계산하였다).

국내의 전체 전력 생산량을 발전소 수로 나누었을 때, 석탄 화력발전소 1기의 연간 발전량은 27.4억kWh, 원자력 발전소는 72.6억kWh이다.* 따라서 국내 전기차 운행 대수가 351만 6,000대 증가하면 화력발전소는 4기~5기, 원자력 발전소는 2기가량이 더 필요하다. 통계에 따르면 2024년 국내 전력 소비량은 557.1TWh(5,571억kWh)로, 실제 생산량 595.6TWh(5,956억kWh)의 94%에 육박해 있다. 2030년에는 수요량이 6,400억kWh에 달할 것으로 예상되는 만큼(7,000억kWh를 예상하기도 한다), 가동률을 올리든지 신규 발전소를 여러 기 더 지어야 한다. 지금 가동 중인 국내의 발전소 중 석탄 화력발전소는 61기, 원자력 발전소가 26기로 알려져 있다. 수십 년에 거쳐 건설된 발전소의 약 8%에 해당하는 공사를 단기간 내에 진행하는 것이 가능한지, 또 전기차를 위한 추가 발전 시설이 실제로 얼마나 필요할지, 정확하고 치밀한 분석과 계획이 필요하다.**

전기차에 대한 상식이 많지 않은 일반 소비자들에게 전기 충전에 대해 질문을 하면, 의외로 많은 분들이 '집안에 있는 전기 소켓에 전기줄을 연결해서 충전하면 되는 거 아니냐'고 대답한다. 일상에서 사용하는 가전 제품인 전기청소기, 누구에게나 익숙한 휴대폰, 노트북 컴퓨터를 생각하고 나온 대답일 것이다. 그러나 전기차의 전력 수요는 이보다 훨씬 많고, 충전을 위한 별도의 장비가 필요하다.

코나 EV를 예로 들어 설명해보자. 코나 EV의 배터리 사양은 장거리용이 64kWh이지만, 단순 계산을 위해 60kWh로 전기차의

---

* 2024년 기준 국내 석탄 화력발전소 발전용량은 167.2 TWh, 원자력 발전 용량은 188.8 TWh이다.

** 발전량과 소비량은 산업통상자원부, 한국전력거래소와 한국수력원자력의 자료를 참고하였다.

전력 소모를 이해해보기로 한다. 60kWh의 전력량은 60kW의 전기가 1시간(hour) 동안 흐르는 양이다. 우리나라 가구당 여름철 월 평균 전력 사용량이 약 360kWh이니, 코나 EV를 6회 충전하기 위해서는 한 가구가 한 달간 사용하는 전기가 필요하다.

가구당 전력 사용을 시간당 사용량으로 환산하면, 한달 사용량 360kWh을 30일로 나눈 후 다시 24시간으로 나눈 값인 0.5kWh가 된다. 이 내용을 좀 더 쉽게 이해하기 위해 아파트 단지의 전력 사용을 예로 들어보자. 시간당 0.5kWh를 사용하는 가구 120집이 모이면 이들이 한 시간에 사용하는 전력량은 60kWh이다. 앞서 설명한 코나 EV가 배터리를 충전하는 데 필요한 전력량과 동일하다. 즉, 코나 EV를 한 시간 동안 충전하기 위해서는 120가구에서 사용하는 전력이 모두 사용되어야 한다. 여기에 변압 설비도 문제가 된다. 500세대 중형 아파트 단지의 경우 변압기 용량은 800kW~1,600kW로 알려져 있다. 만약 단지 내에 100대의 전기차가 있고 이 차량들이 7kW 완속 충전기를 이용해 동시에 충전한다면, 이를 위해 필요한 전력만 해도 700kW가 되어 아파트 단지의 전력 공급 한계에 근접한다. 충전은 단지 긴 전선만으로 해결되지 않는다.

지금까지 설명한 전력 생산이나 공급망의 문제점들은 사실 국가 로드맵이 현실적으로 수립되어 사전에 대처한다면 큰 문제가 되지 않을 수 있다. 여기서 되짚어봐야 하는 것은 지금까지 이런 문제점들을 인식하고 대책을 수립했는가 하는 것이다. 여러 가지 정황들로 볼 때 세밀한 분석이 있었다고 보이지는 않는다. 막연하게 때가 되면 이런 문제점이 해소될 것으로 보았을 가능성이 높다. 전력은 국가 산업의 혈관과도 같아서, 공급이 부족하면 산업이 유지될 수 없다. 전기를 아끼기 위해 '한 등 끄기'를 시행했던 우리나라가 이제 양질의 전기를 항상 사용할 수 있는 나라가 되었다. 미국에서도 이따금씩 일어나는 정전이 우리나라에는 거의 없다. 우리가 꿈꾸는 전기차 시대가 도래할 때에도 이런 호사를 누릴 수 있을지는, 지금 우리가 어떤 시각으로 전기차의 미래를 바라보고 어떻게 전력 공급 계획을 수립하는가에 달려 있다.

디젤 엔진의 재부상

미국 주유소에서는 우리나라와 달리 디젤(경유) 연료가 휘발유보다 더 비싸다. 2025년 6월 현재 미시간주 전체 평균을 살펴보면, 휘발유 보통 등급의 1갤런(3.79리터) 가격은 3.25달러인 반면 디젤은 3.65달러다. 디젤 연료가 비싼 이유는 여러 가지가 있으나, 생산 과정의 차이, 세금 규제나 상이한 시장 구조 등이 대표적이다. 우선 디젤은 정제 과정에서 가솔린보다 추출되는 양이 적다. 그리고 공해 물질로 분류되는 입자상물질(PM)*, 질소산화물(NOx) 배출이 많아 배출가스 규제가 강하게 적용된다. 이에 따라 탈황 장치나 정제

---

* PM(Particulate Matter): 입자상 물질 혹은 미세먼지. 공기 중에 부유하는 아주 작은 고체 또는 액체 입자.

비용이 추가되어 생산 단가가 높다. 글로벌 석유 시장에서도 디젤유는 경쟁이 심한 품목이다. 상업용 트럭, 버스, 농기계 등이 대부분 디젤을 사용하여 기본적인 수요가 탄탄한 데다 유럽 등지에서는 승용차도 디젤 차량이 많다.

이런 가격 상승 요인이 있음에도 우리나라에서 디젤유 가격이 휘발유에 비해 저렴한 가장 큰 이유는 세금 구조의 차이 때문이다. 연료 가격 중 40% 이상이 세금임을 감안하면 디젤 가격이 싼 이유가 쉽게 설명된다. 정유사 출고 가격에 부과되는 각종 세금은 교통-에너지-환경세, 교육세, 주행세 등으로 나누어지는데, 2025년 1월 기준으로 가솔린은 1리터 당 각각 529원, 79원, 137원으로 총 745원에 10%의 부가세가 적용되는 반면, 디젤은 375원, 0원, 98원이 가산되어 473원으로 리터당 272원이 적다.** 이는 과거 한국에서 디젤이 친환경차로 인식되어 세금을 낮게 유지했던 이유도 있지만, 국내에서 운행되는 디젤 차량 대부분이 일반 교통수단이나 레저용이 아닌 상업용이나 생계형 차량이기 때문에 정부에서 보조를 해주는 측면도 강하다. 만약 디젤 가격이 올라가면 운송 비용 상승으로 인해 물가가 동반 상승하여 경제에도 부담이 된다.

디젤 엔진에 강점을 갖고 있고 가장 큰 디젤 자동차 시장을 보유하고 있는 곳은 유럽이다. 디젤은 효율이 높은데다 (질소산화물 배출은 많은 반면) 대표적 온실가스인 이산화탄소 배출이 적기 때문에

** 세율은 국세청의 교통-에너지-환경세법, 국가법령정보센터의 지방세법, 교육세법, 부가가치세법을 참고하였다.

1990~2010년대에는 친환경 기술로 분류되었다. 이로 인해 낮은 세금을 부과하였고, 가솔린 대비 1리터당 10~30 센트가 싸게 유지되었다. 당시에는 상업용 뿐 아니라 승용차에도 디젤의 비중이 높아 독일과 프랑스에서는 승용차의 50% 이상이 디젤이었던 시절도 있다. 그러나 2015년 '디젤 게이트' 혹은 '디젤 스캔들'이라고 불리는 폭스바겐의 연비 조작 사건 이후 질소산화물 규제가 대폭 강화되면서 큰 타격을 받게 되었는데, 일부 국가에서는 환경세를 부과하거나 보조금을 축소하여 디젤 자동차 시장을 약화시키기도 했다. 결국 2024년 말에 이르러서는 가솔린과 디젤 연료 가격이 거의 같아졌다.

폭스바겐의 연비조작 사건은 지난 10년간 디젤 엔진 개발과 디젤 자동차 시장에 심각한 영향을 끼쳤다. 많은 자동차 기업들이 디젤 자동차의 종식을 선언하고 전기차를 위주로 하는 전동화 전략을 발표했다. 이에 따라 디젤 엔진은 높은 열효율, 강한 토크, 긴 수명에도 불구하고 점차 세인의 관심 밖으로 멀어져가고 있다. 그러나 지난 1세기 이상 디젤 엔진으로 자동차 시장을 선도해 온 유럽 기업들의 속내는 사뭇 다르다. 특히 독일을 대표하는 3사(메르세데스-벤츠, BMW, 폭스바겐)는 모두 디젤 엔진에 강점을 가지고 있어 전기차의 중흥이 반갑지만은 않다. 게다가 독일 3사는 다임러 트럭(Daimler Truck, AG)과 메르세데스-벤츠 버스(Mercedes-Benz Buses), 만(MAN)과 스카니아(Scania) 등 대형 트럭과 버스도 생산하는데, 이런 대형 차량에는 대부분 디젤 엔진이 사용된다.

유럽 기업들에서도 트럭과 버스를 전동화하려는 시도가 여러 차례 있었고 현재에도 진행 중이다. 수소연료전지를 사용하는 트럭이나 버스를 시범 운행 하기도 했고, 배터리를 이용한 전기차도 그들의 로드맵 상에는 존재한다. 그러나 수소차는 일단 기술을 가진 기업이 많지 않은 것이 문제이고, 가격이 너무 높아 상용차에 사용하기에는 아직도 어려운 점이 많다. 반면 대형차를 전기차화 하려니 많은 에너지를 배터리에서 얻기에는 배터리 자체의 중량이나 부피가 너무 커진다. 이런 이유로 디젤 엔진을 쉽게 포기할 수가 없지만 과거의 부정적인 여파가 너무 커서 디젤 자동차에 대해 언급하기도 어려운 실정이다. 그렇다면 과연 유럽 기업들은 디젤을 포기하고 전기차나 하이브리드로 전환할 의지가 있으며 이를 위한 준비를 철저히 하고 있을까?

2021년 독일 기업 FEV의 초대로 유럽 최대 규모의 자동차 학술 컨퍼런스인 아헨 콜로키움(Aachen Colloquium)에 참석했을 때의 이야기다. 행사에 기조 연설자 중 한 명으로 초청된 덕에 저녁 만찬 시간에 헤드 테이블에 앉게 되었는데, 마침 옆자리에 벤츠의 상용차 담당 중역과 폭스바겐의 중역이 함께 했다. 비공식적으로 이들에게 "당신들은 디젤 엔진을 포기할 수 있는가?"라는 질문을 던졌다. 놀랍게도, 이들은 밍실이시 않고 "포기하기 어렵다"고 했다. 이는 얼마 전에 역시 독일에서 열렸던 상용차 유로7 대책 관련 컨퍼런스에서 들었던 내용과 크게 다르지 않았다. 이후로 나는 언젠가 이들이 디젤자동차의 부흥을 노리겠다는 생각을 멈출 수 없었다. 비록 겉으로는 전기차를 부르짖지만, 해외 경쟁사들과 비교해 약점인 전기차만 바라보다 기업이 쇠락하는 것을 용납할 수는 없다고 본다.

유럽 각국 정부의 입장도 크게 다르지 않을 것이다. 국가 기간 산업인 자동차가 무너지는 것을 그냥 보고 있을 수는 없다. 전기차의 의무화를 연기하든지 대형차를 위한 별도의 조항을 만드는 방법 등을 구상하는 것은 얼마든지 가능하다. 영국의 전임 수상인 리시 수낙(Rishi Sunak)이 영국에서 내연기관 신차 판매를 금지하는 법안을 2030년에서 5년 연기한 것이나, 2024년 5월 28일에 법적 효력이 발생한 유로 7 기준이 2022년 원안 대비 상당히 완화된 것을 보면 디젤차를 위한 정책의 재정비도 실현 가능성이 있다. 그리고 이런 정책은 전기차 시대의 도래에 방해 요소로 작용할 것이다. 다만 전동화가 자동차 업계의 화두이고 소비자들 또한 전기차에 대한 기대가 큰 만큼, 전기차를 위한 국가나 기업의 비전을 수시로 발표하는 데는 각별한 신경을 쓸 것이다.

    디젤 엔진의 부활을 기대할 수 있는 또 다른 쟁점은 이미 하이브리드에 근접한 수준을 보이는 연비이다. 연비를 측정하는 기준은 국가마다 다르고 시대별로도 차이가 있다. 대표적인 기준으로는 미국에서 사용하는 EPA 모드[*], 우리나라와 유럽에서 최근 사용하는 WLTP[**], 과거 유럽에서 사용했고 중국에서는 현재까지 사용되는 NEDC[***] 등이 있는데, 실연비에 가장 가까운 EPA 모드로 비교를 해보자. 대표적인 고연비 차량인 도요타의 프리우스 HEV는 도심과

---

[*] EPA(Environmental Protection Agency) 모드: 미국의 자체 테스트 기준을 적용하며 WLTP보 다 더 현실적이고 보수적인 기준.

[**] WLTP(Worldwide Harmonized Light Vehicles Test Procedures): 2017년부터 유럽에서 단계적으로 도입한 연비 모드.

고속도로 주행을 포함한 EPA 복합 연비가 57mpg(Miles Per Gallon), 킬로미터 기준으로는 24km/liter이다. 이에는 못 미치지만, 현대의 엘란트라 HEV는 54mpg, 혼다의 시빅 HEV는 49mpg로, 중소형 하이브리드 차량의 연비는 50mpg 근처에 자리한다. 가솔린 차량은 이에 비해 현저히 낮다. 소형 엔진을 장착한 차량은 33mpg~35mpg 이상을 보이기도 하나, 대부분의 차량 연비는 25mpg 정도이다.

반면 디젤 자동차의 연비는 우리가 생각하는 것보다 높다. 유럽에서 판매되는 차량의 연비를 WLTP에서 US EPA 기준으로 환산하면, 많은 차량이 40mpg 근처에 위치해 있다. 게다가 폭스바겐의 골프 2.0 TDI는 약 60mpg, 스코다(Skoda)의 옥타비아 2.0 TDI는 53mpg의 높은 연비를 자랑한다.

물론 이 연비의 절대치를 가솔린, 하이브리드 차량과 비교하기는 어렵다. 전문적인 이야기이기는 하나, 디젤과 가솔린의 밀도가 다른 데서 오는 복잡성이다. 디젤은 가솔린 대비 10% 이상 밀도가 높고 탄소 함량이 많다. 이 때문에 'mpg'나 'km/liter'로 표기되는 수치를 연료 중량 당 이산화탄소 배출 기준으로 환산할 경우, 그만큼의 연비 효과가 상쇄된다. 즉 디젤차의 연비가 상당히 높아진 것은 사실이지만, 연비 수치로만 친환경성을 판단하기는 어렵다. 다만 상용차나 일부 소형차 영역에서 디젤의 필요성과 효용성은 어느 정

*** NEDC(New European Driving Cycle): 1990년부터 2017년경까지 유럽에서 사용된 연비 및 배출가스 기준.

도 검증된 만큼 전기차가 모든 차종으로 전개되기 어렵다는 사실은 분명하다.

이처럼 여러 가지 정황을 볼 때, 우리가 '도심 환경 문제의 주범이라 여겨 철저히 배척해온 디젤 엔진이 정말 사장되어야 할 기술인가?'라는 질문에는 재고의 여지가 있다. 여러 차례 언급했지만, 기술의 상용화나 대량 보급은 자국의 산업 보호를 위한 정부 정책과 같은 요인에도 영향을 받는다. 이에 더해 소형 디젤 엔진의 연비가 (조작 없이도) 하이브리드 수준에 근접했다면, 더 이상 외면할 이유는 없다.

많은 자동차 기업이 엔진과 변속기 엔지니어들을 내보내고 전기차 위주로 연구개발 조직을 개편할 때 디젤 엔진은 가장 먼저 중장기 로드맵 상에서 사라진 기술이다. 그러나 상용차의 전동화가 어렵다는 사실을 이해하면, 오랜 기간 천대받던 디젤 엔진이 다시 관심의 대상이 될 수도 있을 것이다. 유럽의 디젤 기술이 건재하고 캐즘에 시달리는 전기차를 대체할 기술에 정부가 갈급해 있다는 사실은 분명하다. 이와 더불어 폭스바겐의 자숙 기간은 10년이면 충분하리라고 본다.

자동차 이야기

1900년대 초 미국에서는 전기차 비중이 30%~40%를 차지했다. 전기 택시의 도입은 1897년에 뉴욕에서 처음 시도된 후 1899년에는 100대의 택시 대부분이, 1900년에는 1,000여 대의 택시 가운데 600대 이상이 전기차였다. 전기차는 소음이 적고 냄새가 없어 큰 인기가 있었으나, 가장 큰 전기 택시 기업이던 일렉트릭 비히클 컴퍼니(Electric Vehicle Company, EVC)의 경영 문제와 내연기관차의 공세에 밀려 10년 만에 쇠락의 길을 걷게 된다. EVC의 배터리 운영은 현장 충전이 아닌(요즘의 스왑 방식과 같은) 교체식이었으며, 완충된 배터리로 30km~50km 주행이 가능했다.

자동차가 세상에 선보이던 초창기에는 지금 생각하면 우스꽝스러운 규제들이 적지 않았다. 1896년 미국 버몬트주에서는 자동차가 가는 약 30m 앞에 보행자가 먼저 가서 주변에 알려야 하는 법이 있었다. 영국에서는 1865년에 레드 플래그 법(Red Flag Law)이 발효되어 도시에서는 시속 2마일(3.2km), 시골에서는 4마일(6.4km) 이상 속도를 내지 못하도록 하였을 뿐 아니라, 차량 탑승자가 차보다 앞서 걸어가며 빨간 깃발을 흔들어 사람들에게 경고하도록 하였다. 이 법은 이후 30년가량 지속된 후 1896년에야 폐지된다.

| 5장 |

왜 골짜기에 빠졌는가 2

비기술적 요인

BEYOND
THE
ENGINE

정부 보조금 착시 효과

과거 하이브리드 자동차 가격을 책정할 때 판매 가격이 어느 수준이어야 하는가는 큰 이슈였다. 개발비를 그대로 가격에 반영할 경우 구매자가 감당할 수 없을 수준이 될 것은 분명했고, 그렇다고 손해를 보면서 자동차를 판매할 수 없기 때문이다. 하이브리드의 대명사인 도요타 프리우스는 1세대 차량의 미국 판매 가격이 1만 9,995달러였다(양산 초기 판매를 위해 제조원가의 50% 수준으로 판매가를 책정했다는 설이 있다). 비슷한 크기의 승용차이자 역대 베스트셀러인 코롤라의 기본 트림 가격이 약 1만 3,000달러였으니 54% 정도가 더 비쌌다. 혼다에서 개발한 1세대 인사이트(Insight) 하이브리드도 유사한 크기인 시빅(Civic) 대비 50% 전후로 높은 가격에 판매되었다. 하이브리드가 비쌌던 이유는 당시 사용되던 배터리의 높은 가격과 미미한 규모의 경제 때문이었다. 여기에 새로운 기술을 개발하기 위해 투자한 비용을 회수하기 위해서도 기업으로서는 어쩔 수 없는 선택이었다.

이런 가격차는 시간이 지나면서 점차 극복되었다. 2005년의 프리우스는 가격이 더 상승해 2만 1,000달러가 되면서 코롤라보다 여전히 약 7,500달러(54%) 더 비쌌으나, 2010년에는 가격 차이가 43%로 좁혀졌다. 2015년까지 비슷하게 유지되던 가격 차이 비율은 2020년에 접어들며 24% 정도로 줄어드는데, 이후에도 지속적으로 20% 이상의 차이를 보이고 있다. 기대만큼 가격 차이가 좁혀지지 않는 가장 큰 원인은 프리우스에 점점 고급 기능이 추가됐기 때문이다. 혼다도 다양한 종류의 하이브리드 차량을 선보이고 있는데, 2010년 인사이트는 시빅 대비 4,300달러(28%) 높은 가격이었고 2020년에는 이 차이가 2,300달러(11%)로 좁혀진다. 현대자동차의 1세대 소나타 하이브리드가 2011년에 처음 판매되었을 때 가격은 2만 5,800달러로 소나타 가솔린 차량 대비 6,600달러(34%) 더 비쌌다. 이 차이는 2022년에 3,200달러(13%)로 좁혀졌다.

전체적으로 2000년 이후의 가격 변화를 정리해보면, 2010년까지의 10년간은 하이브리드가 동급 내연기관 모델과 비교해 약 30%~50% 비쌌던 데 비해, 2020년 이후에는 10%~20%로 이 차이가 줄어든다. 배터리와 전기 모터의 원가 하락, 생산량 증가로 인한 규모의 경제 실현이 큰 이유였다. 또한 연비 향상에 따른 보유비용(Total Cost of Ownership, TCO) 저감을 감안해 소비자가 높은 가격을 감수한 측면도 있어 판매는 지속적으로 증가했다. 그러나 여기서 한 가지 더 주목해야 하는 부분이 바로 정부 보조금이다. 미국에서 시행된 친환경차 세액 공제 정책은 2006년 기준으로 최대 3,400달러의 세금을 공제해 주었다. 이로 인해 프리우스 구매자는 가솔린 차량 대비 4,100달러 정도만 추가로 지불하면 되었다. 이 보조금은 이후 단계적으로 축소되어 2010년 이후에는 하이브리드가 보조금 대상에서 제외됐다. 이후 PHEV와 순수 전기차(BEV)에만 지급되고 있다.

일본에는 에코카(Eco-car) 감세 제도와 구매 보조금 제도가 있었는데, 2009년에서 2011년까지는 확대 시행되다가 점점 축소되어 2020년 이후로는 전기차와 수소차 중심으로 혜택을 주고 있다. 한편 우리나라의 보조금 역사는 2005년 전후로 거슬러 올라간다. 초기에는 소나타 하이브리드와 프리우스 등을 대상으로 개별 소비세와 취득세 등 최대 310만 원의 세금 감면 혜택을 주었다. 하이브리드에 대한 혜택은 이후 점차 축소되어 보조금 지원은 2019년 이후 종료됐고 일부 세제 혜택만 남아있다. 현재는 BEV와 PHEV에 대해서만 국고나 지자체 보조금이 존재한다. 유럽의 일부 국가에서도 2010년을 전후로 보조금 정책이 시작되어 수년간 시행되다가 점차 전기차에 집중되고 있다. 많은 국가에서 하이브리드 보조금을 중단한 이유는, 간단하게는 보조금 없이도 가격 경쟁이 가능한 단계에 이르렀기 때문이다.

PHEV와 BEV는 차량 가격이 더 높은 만큼 보조금의 액수도 더 크다. 미국의 경우, 연방 세액공제는 2008년에 시작되어 2022년까지 최대 7,500달러의 혜택을 주었으나, 제조사당 20만 대 한도 초과시 보조금을 축소하는 정책이었다. 2023년부터는 제조사 한도를 폐지하는 대신 북미 조립 요건과 배터리 원산지 요건을 추가했다. 전기차는 최대 7,500달러, PHEV는 배터리 용량에 따라 3,750달러 ~7,500달러의 보조금을 지급했다. 단 중국산 모델은 제외됐다(결국 미국은 2025년 9월부터 보조금 지급을 종료했다). 우리나라에서는 전기차 보조금이 2010년부터 도입되었으며 지자체 중심으로 이루어지고 있다. 처음에는 PHEV에 대한 보조금이 없었다. 이후 2017년부터 3년간은 BEV의 경우 최대 1,400만 원, PHEV는 500만 원까지 보조금이 지급되었다가, 2021년부터는 다시 축소되었다. 2025년 7월 현재 BEV는 최대 580만 원의 국고 지원과 지방보조금이 지급되고 있다. PHEV는 국고 보조금 없이 세제 혜택과 일부 지자체의 지원금만 남아있다.

이와 같은 BEV 위주의 보조금 재편은 전 세계적으로 공통 현상이다. 또한 2020년 무렵까지도 적극적인 보조금 정책을 펴던 국가들이 2022년~2023년을 기점으로 정책을 바꾸고 있다. BEV를 주 대상으로 하면서도 자국산 배터리를 사용하는 차량에 우선적으로 지급하는 방향으로 재편 중인데, 이런 경향을 보일 수밖에 없는 데는 크게 두 가지 이유가 있다.

첫 번째는 보조금을 무한정 지급할 수 없다 보니, 제조 원가가 비싸고 미래 시장을 타깃으로 하는 BEV에 몰아주어야 하기 때문이다. 두 번째 이유는 앞서서도 언급한 국가산업 보호 정책이다. 특히 배터리와 같은 전략 부품은 가장 우선적인 보호 대상에 속하기 때문에 자국산 배터리를 사용하는 차량에 보조금을 지불하는 것은 피할 수 없는 선택이다. 같은 논리로, 수입 물량이 많은 국가의 입장에서는 자국의 배터리 산업을 보호하고 육성하기 위해 수입품에 고관세를 부과하는 정책이 중요하다.

그러나 보조금을 고려하더라도, 내연기관 자동차에 비해 전기차의 가격은 아직도 지나치게 높다. 2018년 코나 EV 출시 당시 내연기관 차량과의 가격을 비교하면 전기차 기본 트림은 3만 6,450달러로 가솔린 대비 약 1만 7,000달러가 더 비쌌다. 이런 가격 차이는 2020년 이후에도 크게 좁혀지지 않고 있다. 2025년 아이오닉5와 6을 동급 내연기관 모델 아반테, 투싼, 소나타와 비교해보자. 전기차 가격은 사양에 따라 3만 7,800달러~5만 8,000달러인데 비해, 내연기관은 2만 2,000달러~4만 달러로 그 격차가 아직도 45%~70% 수준이다. 보조금을 받아도 가격 차이가 꽤 크다. 이처럼 전기차 가격이 지속적으로 높게 유지되면 보급을 위해 정부가 부담하는 책임 역시 줄어들지 않는데, 문제는 보조금의 원천이 국민 세금이라는 점이다. 소수의 국민에게만 특혜를 주기는 어렵다. 실상 우리나라는 2.6%의 전기차 소유자를 위해, 미국은 1.4%를 위해 국민 전체의 세금이 사용되고 있는 셈이다.

각국 정부에서 전기차에 보조금을 지급한 가장 큰 이유는 전기차에 대한 낙관적인 전망이었다. 정치인들은 기본적으로 '표심'이 어떤 방향으로 움직이는가에 민감하다. 몇 년 전으로 돌아가보면, 글로벌 환경 이슈와 이산화탄소 저감 등 전기차가 필요한 이유는 이미 전 세계적으로 공유되었고, 많은 전문가들은 수년 내에 전기차가 자동차 시장을 석권할 것으로 보았다. 전기차와 관련된 정책을 시행하고 전기차 소유자들에게 보조금을 주는 것이 미래의 표심을 확보하는 방법으로 보였다. 테슬라의 인기가 치솟고, 모든 자동차 회사들은 전기차를 곧 다가올 미래로 홍보했다. 이런 환경에서는 어떤 정부 관계자도 전기차를 지원하지 않을 도리가 없었을 것이다. 다만 문제는 그런 긍정적인 시나리오가 예상대로 이루어지지 않는 경우이다. 이런 상황이 되면 내연기관 자동차를 소유한 납세자들의 불만이 증가할 것은 불 보듯 뻔하다.

지금까지 내용을 종합해보면, 20여 년가량 지급되었던 정부 보조금이 당장 중단되지는 않겠지만 점점 까다로운 조건들이 붙을 가능성이 많다. 중국에서도 2020년 이후 전기차 보조금을 없애겠다고 발표했다가 방침을 철회한 바 있다. 보조금 지급이 내키지는 않으나 이제 와서 당장 중단하여 전기차 시장을 위축시킬 수 없다는 고충이 단적으로 드러난 예다. 많은 국가들이 보조금을 줄이고 있고 폐지하겠다고 공언하고 있지만, 그 시점은 예단하기 어렵다. 다만 확실한 것은, 정부가 생각하는 시한까지 전기차의 가격이 현실화되지 않는다면 전기차 캐즘은 훨씬 더 오래 갈 수도 있다. 보조금 없이도 내연기관과의 가격 격차가 10%~20% 정도로 낮아지는 시점을 잘 파악해야 한다.

고용 불안

흔히들 전기 자동차의 진입장벽이 낮다고 하는 데에는 몇 가지 이유가 있다. 우선 전기차에 사용되는 부품인 모터, 배터리, 전력변환장치(제어기)가 이미 비(非)자동차 분야에서도 오랜 기간 동안 발달되어 온 데다, 내연기관 자동차의 엔진과 변속기에 비하면 기술 난이도가 낮기 때문이다. 구조적으로 전기차의 원리는 장난감 전기차와 크게 다르지 않다. 작은 건전지 대신 에너지 용량이 큰 고전압 배터리가 들어가고, 소형 모터 대신 큰 구동 모터가 들어갈 뿐이다. 실제 차량의 제어기를 장난감 자동차의 리모컨이라고 보면, 장난감을 뻥튀기해 놓은 것이 전기차라고 봐도 무방하다. 그러나, 이런 단순함이 고용시장 관점에서 볼 때 반드시 장점만 있는 것이 아니다. 부품 수가 줄어들고 조립 라인이 단순해지면, 필요한 노동력 역시 줄어들게 된다. 그리고 부품 수가 적어지면, 완성차를 위해 부품을 공급하는 협력사의 수도 그만큼 줄어든다.

전기차가 자동차의 미래라고 생각되던 수년 전, 이런 이유로 많은 자동차 부품사들이 전기차와 관련된 부품을 수주하려고 각고의 노력을 기울였다. 전기와 조금이라도 관련된 기업들은 모두 모터 사업을 해보고 싶어했고, 연료 탱크를 만드는 회사는 배터리 케이스를 사업 분야에 추가했다. 사업 관련성이 적거나 없는 곳들조차 전기차 사업에 뛰어들려고 했던 것은 그만큼 절박했기 때문이다. 안 그래도 완성차에 부품을 공급하는 협력사 되기가 힘든 판에, 부품 수가 3분의 1이나 줄어들면 경쟁이 더 치열해질 것은 자명했다. 또한 전기차 관련 기술을 미리 대비하지 못하면 자동차 산업에서 영구히 도태되리라는 염려도 있었다. 내연기관에 특화된 기업을 운영하는 사람들이 이제 무슨 부품을 생산해야 기업이 존속할 수 있을지를 걱정하는 소리가 여기저기서 들려왔다.

완성차의 입장도 편한 것만은 아니었다. 부품 수가 줄어들고 조립 공정이 단순화되는 만큼, 필요한 인력이 줄어들기 때문에 노동자 입장에서는 실업에 대한 염려가 쌓이기 시작했다. 이런 우려는 한국이나 미국이나 큰 차이가 없었다. 전기차로의 전환이 가속화된다고 모두가 이야기할 당시, 노동조합이 가장 우려하는 부분이 고용 불안이었다. 여기에 공장 자동화가 급속히 진행되면 일자리는 더 줄어들 수밖에 없다. 비록 이런 문제들이 전기차로 가는 길목에 직접적인 허들로 작용하지는 않겠으나, 자동차의 생태계에 큰 변화가 생기면 그 여파 역시 상당히 클 수밖에 없다. 산업의 발전이 국가 경제에 기여하고 이렇게 형성된 국가의 부가 국민들에게 재분배되는 과정은 중요하다. 막상 고용 불안으로 인해 국민의 소비 능력이 감소된다면, '그 산업이 누구를 위해 존재하는가?'라는 의문이 제기될 수 있다. 전기차로의 변환이 모든 사람들에게 달가운 것만은 아니다.

과연 친환경인가

전기차가 부각된 가장 큰 이유는 친환경성이다. 가솔린이나 디젤을 사용하는 내연기관 자동차가 도심 공해의 주범으로 지목되는 데 반해, 전기차는 공해 배출이 전혀 없기 때문에 지구 환경을 보호하는 관점에서 이처럼 좋은 대안은 없어 보인다. 하이브리드는 연비가 상승하는 만큼 상대적으로 공해 배출이 줄어드는 장점이 있지만 전기차에 비할 바는 아니다. 전기차처럼 공해를 전혀 배출하지 않는 또 다른 자동차는 수소연료전지 자동차다. 이런 이유로 미래 환경차의 궁극적인 솔루션이 전기차와 수소차라고 하는 것이다. 그러나 한편에서는 수년 전부터 전기차가 우리가 믿는 만큼 친환경적인가에 대한 논란이 일고 있다. 자동차 단위에서는 분명 무공해차가 맞지만, 자동차가 생산되는 전 과정을 고려한 LCA* 관점에서도 공해 배출이 없는가를 따져보면 이야기가 달라진다.

현시점에서 전기차에 가장 많이 사용되는 배터리는 리튬이온 배터리이다. 리튬을 캐는 방식은 크게 두 가지다. 지하의 염수를 끌어올려 증발시키는 염호(Brine) 방식과 광석을 채굴해 고온에서 정제하는 경암(Lithium-Bearing Rock) 방식이 그것이다. 염호 방식은 남미의 리튬 삼각지대라고 하는 ABC 3국(아르헨티나, 볼리비아, 칠레)에서 사용하는 방법으로, 막대한 양의 지하수가 필요하다. 이로 인해 농업용수와 식수 부족을 야기한다. 1톤의 리튬을 생산하는데 필요한 물이 500톤에서 최대 2,000톤이나 되기 때문에 친환경적인 관점에서 많은 우려가 있다. 호주, 중국, 캐나다 등에서 사용하는 경암

---

* LCA(Life Cycle Assessment): 전과정 평가 혹은 전 생애주기 평가. 생산부터 폐기까지 환경에 미치는 영향을 정량적으로 평가하는 방법이다.

방식은 스포듀민(Spodumene)과 같은 광물을 정제하는 방법이다. 직접적인 수자원 고갈은 염호 방식보다 덜하나 폐수 유출과 화학 약품 사용에 따른 채광지역 주변의 수자원 오염 가능성이 존재한다.

리튬 생산으로 인한 물 부족이나 수질 오염 문제가 실제로 발생한 사례는 상당수 있다. 한 예로 칠레 아타카마 사막에서는 리튬 염수 채굴로 인해 지하수위가 급격히 하락하여 문제가 되었다. 이 결과 플라밍고와 같은 지역 생태계에 영향을 끼쳐, 원주민 공동체가 정부와 기업을 상대로 소송을 제기하기도 했다. 일각에서는 이런 문제들 때문에 전기차의 친환경성에 대해 이의를 제기한다. 심지어 하이브리드가 더 친환경적이라는 주장도 있다. 이 주제에 대해서는 다양한 연구 결과가 있는데 제조 단계와 운행 단계, 폐기 및 재활용 단계로 나누어 평가하는 경우가 많다. 결론적으로, 전(全) 단계에서 온실가스 배출을 따져보면 전기차는 내연기관이나 하이브리드에 비해 훨씬 더 친환경적이다. 그러나 제조 단계에서의 환경 오염이나 폐기, 재활용 단계의 유해물질 방출 등을 고려하면 우리가 생각하는 것만큼 전기차가 친환경적이지 않다는 지적은 어느 정도 타당하다.

친환경성은 전기를 생산하는 방법에도 영향을 받는다. 석탄 발전의 비중이 높으면 아무래도 온실가스 배출이 많아지기 때문이다. 이런 이유로 미국과 유럽에 비해 중국이나 인도는 전기차의 친환경성 우위가 낮아진다. 이처럼 자동차의 친환경성은 단순히 차량에서 배출되는 공해 물질의 여부로만 판단할 수가 없다. 이 분야의 연구 논문이나 자료들을 보면, 다양한 지표들에 대해 분석하여 각 항목별로 비교한다. 2025년에 〈Renewable and Sustainable Energy Reviews〉에 발표된 한 논문에서는 전기차와 내연기관차의 LCA 영향 지표로 7가지를 제시했다. 분석 결과 전기차는 온실가스 배출, 에너지 수요, 화석자원 고갈, 오존 형성 등 더 많은 지표에서 우세하지만, 인체 유해성, 미세먼지, 금속자원 고갈에서는 오히려 내연기관차보다도 부정적 영향이 큰 것으로 나타났다.*

 이 책에서 깊이 다루지는 않지만, 모터에 들어가는 영구자석 소재인 희토류 금속을 채굴하고 가공하는 과정에서도 환경 오염이 발생한다. 희토류가 포함된 암석과 토양의 원소재 함량이 낮기 때문에 많은 양을 파내야 하며, 광석에서 희토류를 추출할 때 사용하는 황산, 질산과 같은 물질로 인해 산성폐수와 중금속이 발생한다. 또한 제련 과정에서도 다량의 먼지와 이산화황 등이 배출되고 불용성 찌꺼기에 중금속과 방사성 물질이 남아 토양과 수질을 오염시킨다. 환경차는 종류를 불문하고 모터를 사용하므로, BEV만 모터의 LCA 관점에서 문제가 있다고 말하기는 어렵다. 그러나 모터 출력 범위가 몇 배 더 큰 BEV에 필요한 영구자석 사용량이 비례해서 많은 만큼, (배터리와 마찬가지 이유로) 불리함은 존재한다.

 아헨 콜로퀴엄에 참석했던 당시에 있었던 일이다. 참석자 중에는 EU에서 친환경차를 담당하는 공무원도 있었다. 그래서인지 전기차 배터리의 환경성 논란에 대해 많은 질문이 있었다. 대답은

---

* 네오디뮴 산화물(Nd2O3) 1톤 생산시 발생하는 오염: (1) 광석 1톤당 폐석 200톤~300톤, (2) 폐수 75톤~100 톤, (3) 고체 슬러지 1톤~1.5 톤

상당히 명확했다.

"그런 이슈들이 있는 것은 알지만, 지금 우리는 도심 공해를 줄이는 것이 최우선 목표입니다."

결국 우선순위의 문제였다. 그렇다면 배터리로 인한 환경 문제들이 당장은 큰 장해 요인이 되지 않더라도 전기차가 자동차 연간 생산의 30%, 50%를 차지하는 미래에는 시각이 바뀔 수 있다. 자동차 생산과정만 따지면, (배터리로 인해) 전기차가 내연기관차 대비 40~60%의 온실가스를 더 발생시키는 것으로 알려진 만큼, '완전무공해차'라는 인식이 깨지면서 전기차 비중을 조정하려는 시도가 있을 수도 있다. 또한 전기차의 부흥을 위해서는 전기 생산 방식도 수력과 원자력 발전의 비중을 높이는 방향으로 선회해야 한다.

배터리 생산의 LCA 관점에서 볼 때 또 하나 문제가 되는 요소는 재활용이다. 배터리 재활용은 몇 가지로 구분되는데, 성능 저하는 있지만 안전할 경우 채택하는 방식인 재사용(Reuse), 일부 셀이나 모듈을 교체하여 사용하는 재제조(Remanufacture), 소재를 회수하는 리사이클(Recycle) 등이다. 재사용할 수 없는 부품이나 소재들은 폐기 처리를 해야 하고, 이에 대한 각국의 규제가 점차 강화되는 만큼 완성차 기업이나 배터리 제조사의 부담은 커지고 있다. 이를 극복하기 위해 많이 논의되는 분야 중 하나가 ESS(Energy Storage System)이다. 에너지 저장용 배터리는 자동차만큼 고성능이나 고출력을 요구하지 않기 때문에, 자동차용으로 더 이상 효용가치가 없는 배터리라 하더라도 사용이 가능하다. 유사한 용도로 비상전원공급장치(UPS)*나 소형 이동전원에 자동차용 배터리를 재사용하는 모델도 많은 연구가 진행되고 있다.

테슬라와 중국 전기차 기업의 함정

2020년대 들어 전 세계적으로 가장 관심을 많이 받은 자동차 기업은 단연 테슬라다. 일론 머스크가 심심치 않게 터뜨리는 뉴스거리도 흥미로웠고, 테슬라 전기차가 전하는 신기술이 주가에 반영되는 모습도 투자자들에게는 반가운 소식이었다. 비트코인을 대장으로 하는 가상화폐에 비할 만한 수준은 아니겠으나, 테슬라 주식으로 큰돈을 벌었다는 소문은 주변에서 어렵지 않게 들을 수 있었다. 상장 초기이던 2010년 6월, 1주당 17달러였던 주식은 연말에 26.70달러로 마감되었으며, 이후 4년간 급등하였다. 2019년 7월에서 2020년 6월까지는 회사가 유래 없는 연속 4분기 흑자를 기록했고, 이에 힘입어 S&P500 지수에 편입이 되면서 2020년 한 해에만 주가가 7배 이상 상승한다. 이에 따라 2021년 10월 테슬라의 시가 총액은 처음으로 1조 달러를 돌파했다.[**]

2022년 들어 주가는 65% 급락하는 위기를 맞게 된다. 트위터 인수, 금리 인상과 경기 불확실성에 더해 치열해진 전기차 시장 경

---

[*] UPS(Uninterruptible Power Supply): 비상전원장치 혹은 무정전 전원공급장치. 정전이나 전원 이상이 발생했을 때 짧은 시간동안 전력을 공급하는 장치이다.

[**] 2021년 10월 기준 코스피와 코스닥 전종목 시가 총액 합은 2.2조 달러, 삼성전자는 3,200억 달러였다.

쟁이 그 이유였다. 그러나 2023년과 2024년에 다시 회복되는 기미를 보이면서 결국 2024년 12월 17일, 종가 479.86달러로 사상 최고치를 기록한다. 2020년 8월에 5대 1의 주식 분할, 2022년 8월에 또 한번 3대 1의 분할이 있었던 점을 고려하면, 2024년 연말 가격은 상장 초기 대비 423배가 오른 7197.9달러가 된다. 이런 기업이다 보니 세간의 이목이 집중되지 않을 수 없었는데, 기업의 가치가 급등한 데는 남다른 이유가 있었다. 테슬라만의 독보적인 철학과 기업 이념이 제품에 녹아 있었고, 그 점을 소비자들이 인정했기 때문이다. 철저하게 원가 절감을 하겠다는 철학이 첨단 기술과 접목되어 태블릿에서 모든 동작 기능을 수행할 수 있게 한 것이나, 내연기관차의 엔진이 들어갈 공간을 트렁크로 활용한 혁신적인 아이디어가 대표적이다.

  테슬라의 전기차 기술이나 최근 부각되는 자율주행 기능에 대해서는 다른 장에서 다시 상세히 다룰 것이므로 여기서는 테슬라가 전기차 시장에 끼친 영향력에 대해서만 논의하기로 한다. 무엇보다도, 대표적인 자동차 기업으로 부상하면서 제조업 쇠락의 늪에서 다시 한번 미국의 자존심을 세우는 역할을 했다. 또한 CEO인 일론 머스크가 추진하는 또 다른 사업인 스페이스X, 뉴럴링크(Neuralink), 하이퍼루프(Hyperloop), xAI, 로봇 등에 대해서도 대중들이 관심을 갖게 만들었다.

  이제 테슬라는 단순히 전기차를 생산하는 회사가 아니라, 미래 기술을 발굴하고 이를 성공적으로 사업화하는 기업이라는 위상을 가지고 있다. 최근에는 레이더나 라이다 없이 카메라만으로 자율주행 기능을 구현하면서 다시 한번 '불가능을 가능케 하는 기업'이라는 이미지를 각인시키고 있다.

그러나 테슬라가 가진 큰 문제점 중 하나는 이 회사 내부의 이슈가 아니고 후발 주자와 관련이 있다. 22년이란 긴 시간 동안 부침을 겪으면서 현재의 위상을 확보하는 동안, 그 레거시(Legacy)를 이어갈 만한 기업이 미국에서 등장하지 않은 것이다. 빅3 뿐 아니라 여러 스타트업 기업들이 테슬라와 경쟁하기 위해 출사표를 던졌으나, 테슬라를 넘어서기는커녕 지금까지 생존한 기업을 찾기도 쉽지 않다. 많은 기업들이 이미 파산하거나 소리소문 없이 사라졌고, 일부는 파산 직전에 자금을 수혈 받아 다시 한번 도전을 꾀하고 있다. 유럽에서도 사정은 다르지 않아, 크로아티아 기업인 리막(Rimac Automobili)을 제외하고는 성공적인 전기차 스타트업이라고 할만한 곳이 없다.* 이렇듯 후발주자의 부재는 전기차 산업 전체에도 영향을 준다. 일단 규모의 경제를 형성하는 데 어려움이 있고, 소비자들에게는 전기차가 문제가 많다는 인상을 주기도 한다.

미국이나 유럽의 전기차 기업들이 고전하는 동안 이 틈을 파고들어 전 세계를 놀라게 하는 나라가 중국이다. 이전 장에서 다룬 바와 같이, 배터리 사업으로 시작해 전기차와 PHEV까지 생산하면서 2024년 한 해에만 427만 대 이상을 판매한 BYD가 그 대표주자

---

* 리막은 2009년에 크로아티아의 마테 리막(Mate Rimac)이 설립한 전기 슈퍼카 및 고성능 EV 기술 개발 기업이다. 자동차 부문은 현재 폭스바겐 그룹의 포르쉐와 합작하여 부가티-리막(Bugatti- Rimac)으로 유지되고 있다.

이다. 이 밖에 프리미엄 전기차 분야에서 두각을 나타내는 스타트업 중 하나인 리샹은 2025년에 80만 대 판매를 목표로 하고 있고, 지리자동차가 자사 브랜드 지커를 통해 출시하는 고성능 전기차도 상품 경쟁력이 있다. 지리는 또한 대만 폭스콘의 개방 플랫폼 MIH Tech를 통해 개발과 생산을 가속화하고 있는 만큼 귀추가 주목된다. 최근에는 중국을 대표하는 전자 기술 기업인 샤오미와 화웨이도 전기차 시장에 도전장을 던졌는데, 특히 샤오미는 차량까지 직접 개발하고 제조하는 전략을 택해 많은 관심을 받고 있다.

이렇듯 자동차 업계의 후발주자인 중국이 전기차에 대해 우선적으로 경쟁력을 확보하겠다는 전략을 가지고 있는 만큼 전 세계 자동차 기업과 생산 국가에서 촉각을 곤두세우고 있지만, 그렇다고 중국 기업의 미래가 마냥 밝은 것만은 아니다. 자동차 제조 능력이나 자율주행에 필요한 소프트웨어 등 기술적인 부분은 선진국을 거의 쫓아왔거나 심지어 앞선 부분도 있으나, 기술 외적인 부분, 특히 정치외교적 측면에서 걸림돌이 있다.

대표적인 예가 화웨이다. 화웨이는 스마트폰 시장의 경쟁자인 샤오미보다 23년 더 일찍 설립됐다. 스마트폰 외에도 통신장비를 주요 제품으로 가지고 있어 빠르게 성장하였는데, 트럼프 대통령 1기(2017~2021) 당시 미국의 대중국 제재 일환으로 미국 기업에 제공하던 서비스가 중단된다. 또한 퀄컴의 반도체 칩과 구글 앱을 사용하지 못하게 되면서 스마트폰의 글로벌 점유율이 하락하며 고전하기도 했다.

이와 유사하게 샤오미의 전기차 또한 국제적으로 제재를 받을 가능성이 없지 않다. 대표적인 전기차 모델인 SU7은 테슬라 모델 S와 포르쉐 타이칸을 벤치마킹한 것이 표면화되어, 일부에서는 이미 특허 침해나 디자인 도용 논란 가능성이 제기되고 있다(샤오미는 공식 입장을 통해서도 모델 S와 타이칸을 벤치마킹했다고 밝힌 바 있다). 아직까지 법적으로 소송이 발생한 경우는 없으나, 기존 자동차 기업들이 위협을 느끼게 되면 언제든지 꺼낼 수 있는 카드가 되기에는 충분하다. 이뿐 아니라 최근 터진 샤오미 SU7의 16중 연쇄충돌과 같은 사고 소식은 중국 전기차의 품질 문제에 대해 소비자의 우려를 낳을 수 있다.

미국과는 달리 유럽은 아직 중국에 호의적이나 자국 산업이 위기에 처한다고 생각하면 IRA와 유사한 조치들을 취하려고 할 것이다. 유럽의 배터리 시장은 이미 중국과 한국 기업에 의해 좌우되고 있어, 전기차의 가장 큰 부분에 대한 통제권이 사실상 내부에 없다. 유럽에 기반을 둔 자동차 기업들이 여럿 있는 만큼 이들이 전기차 산업을 선도해 가길 바랐으나, 부족한 기술과 실패한 전략으로 인해 자립의 가능성은 점차 희박해지고 있다. 중국의 전기차가 점차 시장을 장악해 가는 모습을 그대로 지켜만 보고 있을 수 없는 각국 정부나 유럽연합이 강력한 통제 수단을 내놓을 것이라는 이야기는 이미 수년 전부터 들려오고 있다. 아직은 소극적이나, 적절한 시기가 되면 대중국 제재가 강화될 가능성이 얼마든지 있다.

그렇다면 중국 기업들에게 남은 곳은 중국 내부와 아시아, 중동, 아프리카 등이다. 하지만 중국은 동부 지방을 제외하면 아직까지 전기차 인프라가 충분하지 않거나 값비싼 전기차를 구입할 만한 경제적 여건이 되지 않는 지역이 많다. 저가의 노동력으로 값싼 전기차를 생산하기에 좋은 조건을 가지고 있지만, 한 때 500여 개의 전기차 스타트업이 난립하면서 미래를 대비한 데 비해 시장이 확대되지 않으면서 생산 능력이 수요를 초과하는 현상이 일어나고 있다. 이제 중국의 전기차 기업은 국제 사회의 견제와 전기차 시장의 축소라는 두 가지 장애물을 모두 극복해야 하는 난관을 맞이했다. 아시아와 아프리카 지역에서 중국과 정치외교적으로 가까운 국가들은 아직 전기차를 보급할 만한 여건이 되지 않았고, 전기차 캐즘이 언제 해소될지도 확신할 수 없다. 이 모두가 중국 전기차 기업에게는 위기 요소로 작용하고 있다.

중국에서 운행되는 전기차는 PHEV를 포함하여 2024년 말 기준으로 3,140만 대 정도이다. 순수 전기차는 2,200만 대로 전체 차량 등록 대수인 3억 5,300만 대의 6.2%를 차지해 다른 나라에 비해 높다. 충전 인프라도 잘 갖추어진 편이다. 전체 충전기 1,282만 대 중 공공 충전기가 약 358만 대로 전체의 28%, 사설 충전기는 924만 대로 72%를 차지한다.* 중국이 운영하는 공공 충전기는 전 세계 공공 충전기의 약 70%에 해당할 만큼 중국의 전기차 산업 전략은 공격적이다. 최근에는 사설 충전기 보급이 빠르게 진행되며 전기차 보급을 촉진하고 있는데, 동부와 동남부에 비해 서부나 북서부는 아직까지 전기차 취약 지구로 남아있다. 15억 인구와 광활한 국토를 생각하면 중국 전기차의 내수 시장 또한 무한할 것 같지만, 발전

---

*　충전소 수는 2025년 1월 발표한 중국정부의 공식 통계를 참고하였다.

시설이나 충전인프라가 전 국토로 확장되기까지는 상당한 시간이 걸릴 것이다.

지금까지 10여 년간 전 세계 전기차 산업을 주도해온 테슬라, 그 바통을 이어받은 중국의 전기차 기업들이 전기차 부흥에 기여한 바는 상당히 크지만, 이로 인한 리스크 또한 존재한다. 테슬라의 약점은 CEO 한 사람의 영향력이 너무 크다는 것이다. 기업의 방향성과 비전보다 개인의 일거수일투족이 주가의 향방을 가른다면 안정성을 기대하기 어렵다. 애플의 스티브 잡스(Steve Jobs)가 팀 쿡(Tim Cook)에게 자리를 물려준 뒤 후임 CEO는 애플이 잡스의 개인 기업이 아님을 전 세계에 알렸다. 이처럼 테슬라도 기업 자체의 영향력을 입증함으로써 CEO 한 사람의 후광에 기대지 않는 모습을 보여야 할 시점이다. 마찬가지로 중국 기업도 당면한 국제적 이슈들을 어떻게 극복하는지가 향후 전기차가 주도하는 자동차 시장에서 어떤 위치를 차지할지 결정하게 될 것이다. 이들의 성장이 호재로 작용했던 만큼 위기를 제때 극복하지 못하면 악영향 또한 클 수밖에 없다.

중국발 리스크

중국은 21세기 들어 굴기(崛起)라는 표현을 사용하면서 경제적, 군사적, 정치 외교적으로 세계 최강대국으로 부상하고자 하는 야망을 감추지 않았다. 굴기라는 단어 자체의 의미는 '우뚝 일어섬'

이라는 의미로 서양에서는 종종 'China Rise'로 번역된다. 중국의 이런 야심에는 역사적 배경이 존재한다. 그들에게는 19세기 중반 아편전쟁 이후 국력이 크게 쇠퇴하며 서구 열강과 일본에 의해 반식민지 상태로 '백년의 굴욕'을 맛본 상처가 있다. 1949년에 수립된 지금의 중국은 1976년 마오쩌둥 사후 덩샤오핑의 개혁 위주 시장 개방 정책으로 재기를 노리고, 점차 다시 세계의 주목을 받게 된다. 2001년 WTO 가입에 힘입어 제조업이 급속도로 발전하게 되면서는 경제력에 더해 군사력과 과학기술력을 겸비하며 단숨에 세계 열강으로 부상한다. 이들의 굴기는 경제적 굴기 뿐 아니라 군사, 외교, 기술 분야 등 상당히 넓은 영역에 적용되며, 단순한 경제 성장을 넘어 종합적 국력 향상을 의미한다.

기술 분야를 살펴보면, 단순 조립 공장에서 벗어나 첨단기술 강국으로 전환하겠다는 시도를 볼 수 있는데, AI 굴기나 우주 굴기 등이 대표적인 예다. 이 밖에도 드론, 바이오, 디지털 화폐, 에너지, 철도에 이르는 다양한 영역에서 굴기를 선언한 이들이 현시점에서 가장 중요하게 생각하는 굴기가 바로 전기차와 반도체이다. 전통 내연기관차에서 열세였던 점을 단번에 만회하기 위해 진입장벽이 낮은 전기차에 중국이 승부를 걸었던 사실은 잘 알려져 있다. 또한 미국 등 서방 국가에 의존해온 반도체 분야를 국가 전략 산업으로 지정하고, 자립형 반도체 생태계 구축을 목표로 '중국제조 2025(中国制造2025)'라는 슬로건 하에 반도체를 10대 핵심 산업으로 선정한 바도 있다. 이런 정책들로 인해 현재 중국의 전기차와 반도체는 급속도로 발전한 상태이며, 미국을 비롯한 서방 진영의 경각심을 불러 일으키기에 충분한 수준에 도달하였다.

그러나 전기차의 상황을 살펴보면 미래의 불확실성은 여전히 존재한다. 세계 시장에서 경쟁국의 견제를 받는 이슈 외에, 내부적으로도 산적한 문제가 있다. 특히 중국의 내수 경기가 불안정한 것이 전기차 경쟁력을 약화시키는 요인이 되고 있다. 빈 아파트가 1억 채를 넘었다는 소식은 익히 알려진 것이지만, 거대 부동산 기업들이 무너지고, 대도시에서 청년 실업이 급증하는 현상은 경제 전체에 심각한 악영향이다. 경기가 침체될 때 소비자들은 기본적인 수요 외에는 관심이 멀어지게 되며, 자동차 산업에서는 고가의 차종 선호도가 떨어진다. 특히 전기차처럼 고가이면서 신기술이 접목된 제품은 젊은 층, 고학력자들이 주 고객인데, 대졸 청년 실업이 증가하는 상태에서는 고객층을 추가로 확보하기가 어렵다. 이런 문제를 수출로 극복해야 하지만, 앞서 설명한 정치외교적 이슈로 인해 제한된 지역에서만 판매가 가능해 이 역시 수월하지는 않다.

자본주의 국가에서는 경제 침체로 공급이 과잉되는 경우, 생산을 줄이거나 공장 운영을 일시적이라도 멈춘다. 그러나 중국의 정책은 상이하다. 현금이 가장 활발히 통용되는 부동산 건설 경기가 안 좋은 상황에서 제조업 공장까지 문을 닫으면 국민들의 생활이 피폐해질 것이 자명하기에, 이들은 손실을 감내하고 공장을 운영한다. 이렇게 생산된 제품은 저가에 수출하거나 재고로 쌓아 둔다. 산업 자체가 멈추는 것보다 낫기 때문에 취하는 방법이고, 사회주의 계획경제 국가이기에 가능한 정책이다. 전기차도 다르지 않다. 원가 분석을 해보면 도저히 불가능한 수준의 가격으로 중국의 전기차가 해외에서 판매되는 것을 볼 수 있는데, 그 이유는 저가로라도 밀어내기 수출을 하지 않으면 버티기 힘들 정도로 침체된 내수 경제 때문이라고 보는 시각이 많다.

중국은 한 때 자동차 업종 외의 기업들도 전기차 사업을 하려는 시도가 많았다. 대표적으로 부동산 기업인 헝다가 2018년 전기차 산업 진출을 시도한 예가 있다. 당시 헝다는 스웨덴, 미국, 독일의 여러 기업들과 전략적 투자 및 협력 체계를 구축했다. 배터리 내재화를 위해 한국과 일본의 고급 기술 인력을 상당수 영입하기도 했다. 광저우, 난사, 상하이 등에 생산기지를 마련하는 등 총 64억 달러의 대규모 투자를 감행한 이 기업은 2022년 첫 양산 모델 헝치(Hengchi)가 생산 판매되어 많은 이들의 기대를 받았다. 그러나 막대한 부채로 인한 자본난과 전문 분야의 경험 부족으로 그룹 전체가 파산하게 된다. 역시 거대 민영 부동산 기업 중 하나인 컨트리가든(碧桂园)도 한 때 'EV Town'을 목표로 개발에 나선 적이 있으나, 수요 실종, 입주 지연 및 주요 기업 이탈 등으로 인해 사업이 지연된 상태다.

반면 부동산에 비해 전기차와 유사한 업종인 배터리 사업으로 시작한 BYD가 중국 전기차 생산을 이끌어 가고, 이 밖에도 수많은 전기차 스타트업이 있다는 사실은 긍정적인 신호다. 그러나 대표적 기업인 BYD조차도 여러 가지 문제로 고전하고 있는 것으로 알려져 있다. 부품사에 지급해야 하는 비용의 미정산을 포함한 각종 부채성 금액이 상당하다는 소문이 돌고 있을 뿐 아니라, 대규모 리콜을 포함한 품질 문제, 화재 사고가 빈번하게 발생하여 기업의 이

미지가 실추되고 있다. 중저가 시장을 노리는 150여 개의 스타트업들도 이미 포화상태에 이른 내수 시장에서 벌어지는 과도한 경쟁의 피해자가 되어가고 있다. 상당수가 부실기업화 되었고, 한 개 모델을 1,000대도 못 팔고 망하는 기업이 대부분이라고 한다. 2022년 말 시행된 국가 보조금 종료와 지방정부 보조금 축소로, 자생력이 없는 기업의 파산은 앞으로도 상당수가 발생할 것으로 보인다.

내수와 수출이 조화를 이룰 수 있을 때 성장 가능성이 컸던 중국 전기차 산업은, 이처럼 두 가지 모두가 장벽에 막히면서 딜레마에 봉착해 있다. 국제적인 현안을 어떻게 외교적으로 풀어나갈지, 침체된 내수 경기를 어떻게 살릴지는 자동차 기업이 스스로 해결할 수 있는 문제가 아닌 만큼, 국가의 효율적인 개입이 중요한 시점이다. 전 세계 전기차 생산과 판매의 절반 이상이 중국에서 이루어진다. 이제 중국 전기차의 이슈는 글로벌 전기차 시장에 충격을 줄 만큼 영향력이 커졌다. 중국 기업들의 부진이 지속되면, 이는 단지 중국 전기차 시장 뿐 아니라 세계 시장에도 악재로 작용한다. 판을 크게 벌였던 만큼 정돈하는 과정도 힘든 시간이 되겠지만, 전 세계는 중국 내부 리스크가 어떻게 봉합되어 가는지를 긴장된 마음으로 지켜볼 수밖에 없게 되었다.

트럼프는 전기차를 싫어해

트럼프 대통령이 전기차에 대해 적대적이라는 사실은 이미 대선 후보 시절부터 알려져 있었다. 최근 들어서는 이런 정책을 법적 조치를 통해 본격화하고 있다. 2025년 6월 12일, 미국 신문에는 캘리포니아주가 차량 배출가스 규제 및 휘발유 차량 퇴출 계획을 무산시키려는 트럼프 대통령의 시도에 소송을 제기했다는 기사가 게재됐다. 이는 트럼프 대통령이 2035년부터 시행 예정인 캘리포니아주의 전기차 의무화 조치를 폐지하는 결의안에 서명한 데 따른 것이다. 캘리포니아주는 미국의 50개 주 중에서 친환경차와 관련한 각종 법규와 기준을 선도하는 곳이다. 대기오염을 줄이기 위해 연방법과 별도로 더 강화된 독자적 배출가스 기준을 오래 전부터 시행해왔으며, 이에 따라 단계적인 조치를 통해 2035년부터는 전기차의 신규 등록만 허용할 계획이었다.

대통령의 제재에 따라 '2035년까지 신차의 80% EV/PHEV 판매'를 포함한 환경차 규제가 폐기되고, 이와 유사한 11개 주의 규제도 무력화됐다. 이런 조치에 대해 캘리포니아와 10개 주는 즉각 소송을 제기했다. 대통령과 캘리포니아주의 갈등은 이번이 처음은 아니다. 특히 최근 LA 지역의 불법 이민자 진압에 항의하는 시위 장소에 군대를 투입한 것에 대해 개빈 뉴섬(Gavin Newsom) 캘리포니아 주지사가 "폭군처럼 행동하고 있다"고 비난하면서 갈등의 골이 깊어진 바 있다. 그러나 이런 일시적인 감정 싸움과는 달리 법적 조치는 장기간 큰 영향을 미친다는 관점에서 전기차의 미래에 그림자가 드리우리라는 것은 분명하다.

 이 밖에도 트럼프 행정부가 내연기관을 살리기 위해 시도하는 정책은 다양하다. 2025년 3월에는 연방정부의 전기차 주문을 중지하고 일부 충전소에 대해 전원을 내리라고 지시한 바 있다. 결과적으로 정부에서 사용하는 차량의 전기차 전환이 급속히 후퇴하고 관련 충전 인프라 구축도 정지되었다. 또한 '전기차 강제 판매'로 이어질 수 있는 EPA의 배출 기준 및 각 주별 배출 면허 프로그램 자체를 철회하겠다고 발표했다. 이 때문에 고유 권한을 행사하고 있는 캘리포니아주 뿐 아니라 환경차에 우호적인 지자체의 큰 반발을 사고 있다. 정치적 이유로 중국산 배터리나 전기차 부품에 대규모 관세를 부과하는 계획은 우리나라 기업들에게 호재로 작용하겠으나, 현재 진행 중인 정책의 방향성이 거시적으로 전기차에 불리하다는 점을 고려하면 마냥 반가운 일이라고 할 수는 없다.

 트럼프 대통령이 지자체나 정적들과 갈등을 빚는 사례는 수시로 들려오는 이야기라 놀랄 일이 없지만, 불과 반년 전까지만 해도 최측근으로 분류되던 일론 머스크와의 사이에서 최근에 벌어졌던 일들은 다소 충격적이다. 한 때는 최고의 권력자와 최고의 부지가 '브로맨스'를 빌인나며 여러 매체에서 두 사람 사이를 보도하기 바빴는데, 2025년 6월에 들어서면서 관계가 악화되는 모습을 보인 것이다. 사건의 발단은 6월 초에 벌어진다. 트럼프 대통령이 주도한 대규모 감세-지출 조정 법안(Big, Beautiful Bill)을 머스크가 "역겨운 흉물(Disgusting Abomination)"이라고 공개 비판하면서 갈등이 시작되었다. 여기에 트럼프의 과거 스캔들까지 들먹이자, 트럼프는

격하게 반응하며 전기차 보조금 삭감, 머스크 추방 같은 강경 발언으로 대응했다. 테슬라 주가가 하루만에 15% 급락하며 시가 총액 1,300억 달러 이상이 증발한 것도 이 무렵이다.

　2025년 6월 11일과 12일에 머스크는 밴스 부통령, 백악관 비서 등과 전화 통화 후 엑스(X)에 "I went too far(내가 너무 지나쳤다)"라는 사과문을 게재했고, 트럼프는 이에 긍정적으로 답하면서 갈등은 다소 해소되는 듯했다. 그러나 머스크가 새로운 정당을 창당하겠다는 의지를 내비친 것과, 그가 민주당 후보를 지원할 경우 '심각한 여파'가 있을 것이라고 한 트럼프의 경고가 있는 데 이어, 실제로 머스크가 아메리카당(America Party)이라는 신당 창당을 선언하며 사태는 한 치 앞을 모르게 심각해지고 있다. 두 사람의 관계는 어쩔 수 없이 전기차 정책의 향방에 큰 영향을 끼친다. 머스크 입장에서는 전기차 사업이나 그가 최근 들어 관심을 쏟고 있는 화성 탐사 계획 등이 국가의 보조 없이는 불가능하기에 권력에 의지할 수밖에 없다. 트럼프 역시 머스크의 사업 영역, 특히 테슬라 전기차가 가지는 상징성과 국가 경제 기여도가 크기 때문에 그를 가볍게 대할 수 없다.

　이처럼 전기차의 성패는 단순히 기술적인 문제의 해결에만 있지 않다. 배터리의 가격, 충전인프라, 화재안전성, 전기에너지 공급 등이 모두 해소되어 정부의 협조가 필요 없이 독립적으로 산업이 성장할 수 있는 단계가 오기까지는, 기술 외적인 요소들이 직간접적으로 전기차 도래 시기에 영향을 끼친다. 여기에 미중간의 갈등, 유럽의 중국전기차 견제 조치 등 국제정치학적인 요소들이 개입되면 캐즘의 기간을 더욱 예측하기 어렵게 만든다. 물론 장기적인 방향성을 보면 순수 전기차의 미래는 밝다. 다만 그때까지 얼마나 많은 기업들이 세워지고 사라질 것인지, 지금 개발된 기술들이 얼마나 많은 시행 착오를 겪으면서 양산화 시점을 당길지는 좀 더 두고 봐야 한다.

그런 의미에서 다음 장에서는 하이브리드나 전기차와 관련된 기술의 동향은 어떤지, 또 향후 5년, 10년간 자동차 산업은 어떤 방향으로 흘러갈 것인지를 예측해 보기로 한다.

자동차 이야기

가솔린을 연료로 하는 자동차의 시초는 1863년 프랑스 발명가 장 요제프 르누아르(Jean Joseph Lenoir)가 발명한 1기통 엔진이며, 실제로 이런 엔진을 자동차에 연결하여 구동한 사람은 오스트리아의 지그프리드 마르쿠스(Siegfried Marcus)이다. 우리가 잘 아는 이름인 카를 벤츠(Karl Benz)와 고틀리브 다임러(Gottlieb Daimler)의 자동차 회사는 이보다 훨씬 뒤인 1883년, 1890년에 각각 설립된다. 이 두 기업은 1926년에 합병하여 다임러-벤츠(Daimler-Benz AG)가 되었다. 메르세데스-벤츠(Mercedes-Benz)는 원래 1926년부터 사용되던 자동차 브랜드명이었으나, 2022년부터는 그룹명으로도 사용되고 있다.

도요타는 원래 자동직기(베틀)를 만들던 회사였다. 자동차 산업 진출은 창업자의 아들 도요타 키이치로(豊田喜一郎)의 결단이었다. 최초의 자동차는 1935년에 제작된 A1 세단이다. 스웨덴의 자동차 회사 사브(SAAB)는 'Svenska Aeroplan Aktiebolaget'이라는 이름의 항공기 제조사였다. 제2차 세계대전 중 스웨덴 공군용 항공기 제조를 위해 설립되었고, 1945년에 민수사업 다각화의 필요성으로 인해 자동차 사업에 진출했다. BMW 역시 원래 사업은 항공기 엔진 분야였고, 전쟁 이후 베르사유 조약에 의해 비군수 분야인 오토바이와 자동차 엔진으로 사업을 전환했다.

| 6장 |

왜 하이브리드인가

BEYOND
THE
ENGINE

2000년대 초중반 환경차 개발이 활발히 이루어지던 시기에는 궁극적인 친환경차가 어떤 차종이 될 것인가에 대한 논란이 많았다. 국내의 전문가들 사이에서는 전기차와 수소차가 대안이 될 것이라는 의견이 대세였다. 시장을 점유하는 비율과 시기에 대해서 이견이 있을 뿐이었다. 그러나 일부 전문가들은 그런 시대가 오기 전에 '다리' 역할을 할 하이브리드에 관심을 가졌다. 이때 하이브리드는 일반적으로는 충전 기능이 없는 풀하이브리드(HEV)를 의미했으나, 전기차처럼 배터리를 외부에서도 충전할 수 있는 플러그인 하이브리드(PHEV), 400Wh~500Wh의 소용량 배터리를 사용하여 최소한의 전기차 주행거리를 확보하는 마일드 하이브리드(MHEV)도 이 범위에 속한다. 다만 수많은 완성차 기업은 하이브리드 시대가 짧을 것에 '베팅'을 했고, 그 결과 전기차로 방향을 선회하게 된다. 예외적으로 현대자동차그룹, 도요타, 혼다, 포드 정도가 하이브리드의 미래에 어느 정도 긍정적이었다.

　전기차 캐즘이 오면서 가장 많은 주목을 받은 기업은 당연히 도요타였다. 글로벌 하이브리드 시장 점유율이 45%나 되는 회사이기 때문이다. 한동안은 전기차를 등한시하는 도요타가 몰락할 것이라는 이야기도 돌았으나, 이제는 '역시 도요타'라는 말들을 한다. 그렇다면 도요타는 무엇을 보았기에, 모든 경쟁사들이 전기차에 몰입할 때 여유 있게 하이브리드에 집중할 수 있었을까? 그리고 하이브리드 기술을 유지했던 다른 회사들은 어떤 생각을 하고 있었을까? 그 속내까지 살펴볼 수는 없으나, 여러 가지 요인을 생각해보면 그들의 결정이 합리적이었다는 결론에 어렵지 않게 도달할 수 있다. 바꿔 말하면, 앞서 언급한 '전기차가 넘어야 하는 장애물'을 하이브리드차에 대입해 볼 때, 생각보다 하이브리드가 장점이 많다는 것을 알 수 있다. MHEV는 논란의 중심이 되는 배터리가 상당히 작은 관계로, 이 책에서는 비교 대상에서 제외하기로 한다.

　PHEV는 HEV와 BEV의 장단점을 모두 가지고 있어 분석에 포함되기는 하나, 여기에서 별 다른 언급 없이 하이브리드로 묘사되는 차종은 풀하이브리드, 즉 HEV임을 밝혀둔다. PHEV를 별도로 다루는 이유는, 전기차 캐즘이라는 예상치 못한 상황이 발생하지 않았다면 미래차 시장에서 크게 주목받지 못할 불리한 요소들을 가지고 있기 때문이다. 우선 내연기관과 전기차의 파워트레인을 모두 탑재하므로 기술적으로 복잡성이 증가하고, 제조 비용과 소비자 가격이 모두 높다. 또한 엔진과 배터리의 무게 때문에 전기차 모드 주행이 적을 경우에는 연료 연비가 현저히 떨어지는 단점이 있어, 총소유비용(TCO)에도 영향을 미친다. PHEV의 연비를 높이려면 자주 충전을 하면서 연료 사용은 줄여야 하지만, 일반 소비자들은 충전보다 편한 주유를 선호한다. 한편 장시간 충전으로만 주행할 때는 사용 빈도가 적은 연료탱크나 연료계통에 문제가 생길 수도 있다.

    PHEV는 비용 면에서 고가 사양인데다 사용자의 운영 방식에 따라 연비나 효율이 천차만별이다. 따라서 HEV나 BEV처럼 장점을 명확하게 설명하기가 어렵다. 제조사나 소비자, 정부 등 자동차의 생산, 소비와 보급을 위한 이해당사자들 중 어느 누구에게도 최선의 솔루션이 아닌 차종이기도 하다. 그럼에도 불구하고 PHEV를 논의 대상에서 뺄 수 없는 이유는, BEV의 시장 축소를 해결할 대안으로서의 가치가 있기 때문이다. 셀 제조업체 입장에서는 BEV만큼은 아니지만 HEV에 비하면 몇 배의 셀을 공급할 수 있다. 소유자는 전기 충전과 주유가 모두 가능하기에 인프라에 대한 우려가 적다. 또한 정부는 BEV에 비해 보조금 부담이 없거나 줄어든다. '계륵' 같았던 PHEV의 특성들이 전기차 캐즘이 오면서 적어도 차선책으로서의 충분 조건이 된 것이다. 이 부분에 대해서는 뒤에서 좀 더 자세히 살펴보기로 한다.

하이브리드의 일석이조

    우선 배터리 가격부터 살펴보자. HEV나 PHEV의 배터리 용량은 BEV에 비해 작다. 60kWh 배터리를 장착한 BEV와 비교하면 HEV는 1/30~1/40 정도의 셀이 필요하고, PHEV도 1/4~1/5이면 충분하다. 셀 자체의 수가 적은 것 외에도, BEV의 대형 배터리 케이스에 비해 HEV와 PHEV는 케이스가 작기 때문에 전체적인 재료비나 생산단가 역시 낮아진다. 두 번째 장점은 화재 안전성이다. 배터리 셀이 존재하는 한 화재에서 완전히 자유로울 수는 없다. 그러나 소용량 배터리가 사용되는 만큼 화재 위험성은 그만큼 줄어든다. 특히 2kWh 미만의 배터리가 들어가는 HEV의 경우 화재 발생 가능성은 거의 없다고 봐도 무방하다. 즉 배터리와 관련된 이슈에 대해서는, HEV와 PHEV 배터리의 용량이 작은 것이 가격과 화재 안전성 측면에서 도움이 된다.

BEV를 위한 충전 인프라가 부족하다는 것도 HEV와 PHEV의 경우에는 큰 문제가 아니다. 우선 HEV는 배터리 충전이 엔진과 회생제동에 의해서만 이루어지며 외부로부터 충전하는 기능이 아예 없다. PHEV는 순수 전기차와 마찬가지로 충전이 필요하지만, 배터리 용량이 크지 않아 집에서 충전하는 데 큰 불편이 없다. 실제로 현재 운행되는 PHEV의 자가 충전 비율은 미국이 80%~85%, 유럽은 60%~80%에 달하며, 유사시에는 인근의 주유소에서 연료를 주입할 수 있기 때문에 '충전 불안'이 생기지 않는다. 전기에너지 공급과 공급망 이슈를 살펴보아도, PHEV 충전을 위한 전력량은 상대적으로 적기 때문에 그 심각성이 덜하다. 다만 우리나라의 경우, 집에서 충전할 수 있는 여건이 미국이나 유럽에 비해 안 좋기 때문에 전기차 모드를 선호하여 자주 충전하는 PHEV 소유자의 불편함은

BEV와 유사할 수도 있다.

정부의 입장에서도 HEV나 PHEV를 위한 보조금은 이미 폐지되었거나 줄이고 있는 상황이라 큰 부담이 되지 않는다. 미국에서는 PHEV 보급 초기에 다양한 혜택을 주기도 했다. 세금 혜택, 공공 주차장 할인뿐 아니라, 승객 여러 명이 탑승한 차량만 통행할 수 있는 HOV(High Occupancy Vehicle)* 차선을 이용할 수 있는 특혜도 있었다. 그러나 캘리포니아주에서 2017년 PHEV 소유자들이 한 달에 몇 번 충전하는지를 조사해보니 3~4회라는 충격적인 결과가 나왔다. 오래 전의 이야기이기는 하지만, 이런 요인들이 정부로 하여금 보조금 정책을 고민하게 만든 것만은 분명하다. 최근 들어서는 정기적으로 자주 충전하는 PHEV 소유자가 많아졌으나, 정부가 보조금을 주기 위해 세금을 무리하게 사용하지는 않을 것이다. 부품 수 감소에 따른 실업이나 부품사 이슈도 (내연기관보다 오히려 시스템이 더 복잡해진) 하이브리드 자동차와는 무관하다.

친환경성 논란에 있어서는, HEV나 PHEV가 BEV에 비해 불리한 것은 맞다. 엔진을 장착한 차량은 온실가스를 배출하지 않을 수 없기 때문이다. 그러나 앞서 언급한 것처럼, 배터리의 소재를 채취하는 과정에서 일어나는 다양한 환경 문제를 따져보면 배터리 크기가 상대적으로 작은 하이브리드 차량이 생산 과정에서의 친환경성은 더 좋다고 할 수 있다. 즉 엔진에 필요한 화석연료 사용에서

---

*   HOV(High Occupancy Vehicle): 2명 혹은 3명 이상이 탑승한 차량. 고속도로에 인원 규정에 대한 안내 표지판이 있다.

오는 감점을 다소 만회할 공간이 있다. 특히 PHEV는 완전 충전 시 50~60km의 거리를 배터리의 전기 에너지만으로도 주행 가능하기 때문에, 운행 모드에 따라 전기차와 내연기관차의 장점을 모두 누릴 수 있다. 그리고 하이브리드는 디젤 엔진이 다시 부흥한다고 해도 전기차처럼 대책이 없는 것이 아니다. 비록 가격 대비 연비 효과는 떨어진다고 해도, 디젤 엔진과의 연합이 가능하기 때문에 오히려 디젤 하이브리드까지 영역을 넓힐 수 있는 조건을 가진 셈이다.

테슬라와 중국 전기차 기업들의 후발주자가 적시에 등장하지 않을 경우 서서히 전기차 '약효'가 떨어진다는 앞선 장에서의 지적에 대해 생각해보자. 여기서는 '하이브리드의 강자들을 따라올 만한 차세대가 존재하는가'의 질문이다. 사실 앞서 언급한 4개 기업(현대차, 도요타, 혼다, 포드)의 하이브리드 기술을 능가하거나 따라올 만한 기업이 현재로서는 눈에 띄지 않는다. 그러나 2024년 이들의 자동차 시장 점유율을 살펴보자. 도요타가 1위, 현대자동차그룹이 3위, 포드가 8위, 마지막으로 혼다가 9위다. 4개사의 총 판매량은 2,574만 대에 달해 전 세계 판매량 9,250만 대의 28%나 된다. 즉 하이브리드에 강점을 지닌 기업들의 위상이 탄탄한 만큼, 이들의 후발주자가 없다고 해도 하이브리드차 시장에 큰 문제가 생기지는 않을 것이다. 또한 4개 기업은 모두 전기차에 대한 대비책도 가지고 있다.

이와 유사하게 중국 내부의 리스크도 하이브리드와 큰 연관성은 없다. BYD를 비롯한 몇몇 기업들이 PHEV나 EREV 위주의 NEV(New Energy Vehicle, 신에너지차. 중국에서 친환경차를 분류하여 사용하는 명칭)를 판매하고는 있으나, 전 세계 시장에서 차지하는 비중이 낮아서 중국의 하이브리드 시장이 자동차 산업 전반에 영향을 줄 가능성은 낮다.

마지막으로 미국의 트럼프 2기 정부가 내연기관 자동차를 장려하는 정책을 펴는 한 하이브리드는 크게 문제가 되지 않는다. 오히려 내연기관을 가지고 있으면서도 연비가 좋은 하이브리드는 미국 정부가 장려할 가능성이 많다. 환경 문제를 이유로 전기차를 옹호하는 세력과 러스트 벨트의 자동차 제조업을 지키기 위해 내연기관 자동차가 필요한 정부 사이에서 적절한 타협안이 될 수 있기 때문이다. 더군다나 이미 보조금을 안 주거나 적게 주어도 되는 하이브리드를 트럼프 행정부에서 시비 대상에 넣어야 할 이유는 사실상 없다.

하이브리드의 강자들

그렇다면 하이브리드 시장에서의 강자로는 어떤 기업들이 있을까? 크게는 도요타, 혼다, 현대자동차그룹과 포드가 '1강 3중'의 구도를 유지하고 있다. 하이브리드 자동차 누적 판매가 2,000만 대를 돌파한 도요타는 현재 글로벌 하이브리드 시장의 절반 가까이를 장악하고 있다. 실제 미국이나 유럽의 어느 대도시를 가도 볼 수 있는 차가 도요타의 베스트셀러 하이브리드인 프리우스다. 이미 1990년대 말부터 전차종 하이브리드화를 목표로 THS(Toyota Hybrid

System)를 개발해온 도요타는 2003년 출시된 2세대 프리우스에서는 개선된 시스템인 THS2를 선보였다. 1세대에 비해 성능과 연비가 크게 향상된 새로운 시스템은 브랜드 마케팅을 위해 HSD(Hybrid Synergy Drive)로 명칭을 변경하면서 지금까지 이어지고 있는데, 그 덕에 이제는 자사 브랜드의 40%~45%가 하이브리드일 정도로 경쟁 기업을 압도하고 있다.

도요타의 HSD 시스템은 '파워 스플릿'이라고 불리는 병렬형 구조를 가지고 있다. 엔진, 구동 모터와 발전기 역할을 하는 모터가 유성 기어로 연결이 되어 기계식 변속기 없이 자유롭게 동력 분배가 가능한 것이 특징이다. 저속 주행이나 출발 시에는 전기 모터만 구동하는 EV 모드로 운전이 되고, 일반적인 HEV 모드에서는 엔진과 모터가 동시에 사용된다. HSD의 변속 개념은 e-CVT로 불리는 무단 변속*이다. 일반 변속기처럼 기어 박스, 유압 클러치 등이 있어 기어 간에 물리적 전환으로 변속하는 것이 아니고, 모터와 발전기의 회전수를 통해 속도를 조절한다. 덕분에 부품의 수가 적어 유지 보수가 쉽고 변속 충격이 거의 없다는 장점을 가지고 있다. 이 기술의 핵심은 각 구성 요소의 회전을 정밀하게 제어하여 마치 변속기를 쓰는 것처럼 속도와 토크를 조절하는 것이다.

도요타의 강력한 경쟁자인 혼다는 한때 '기술의 혼다'라는 별명을 가지고 있을 정도로 자체 기술력 확보에 힘을 쏟는 기업이

---

* CVT(Continuously Variable Transmission): 무단 변속기. 기어 단수가 없이 연속적으로 변속되어 충격 없이 부드럽고 연속적인 가속이 가능하다.

다. 단순한 자동차 회사가 아니라 '종합 기술 기업'을 추구하는 회사답게 항공기, 로봇, 모터사이클 등 다양한 영역에서 독자적인 기술과 사업을 전개해왔다. 혼다는 세계 최대의 이륜차 제조사로 연간 1,500만 대 이상의 모터사이클을 생산할 뿐 아니라 2000년에 처음 공개한 휴머노이드 로봇 아시모(Asimo)는 양다리로 자연스럽게 걷는 세계 최초의 이족 보행 로봇이었다. 혼다의 하이브리드는 i-MMD(intelligent Multi-Mode Drive)로 불린다. 대부분의 운전 상황에서 전기모터 기반의 구동을 하며, 승차감이 정숙하고 매끄러운 것이 장점이다. 모터는 두 개가 사용되나 하나는 구동용, 다른 하나는 발전용으로, 도요타의 파워스플릿 방식과 달리 직렬과 병렬이 혼합된 구조이다.

혼다의 i-MMD 알고리즘은 이름 그대로 운전 상황에 따라 자동으로 모드 전환이 되는데, 크게 EV 드라이브, 하이브리드 드라이브, 엔진 드라이브 모드로 구분된다. 이 중 하이브리드 드라이브 모드에서는 엔진이 발전기를 돌려 전기 모터를 구동시킬 뿐 직접 구동축과 연결되지 않는다. 엔진은 고속 주행시 사용되는 엔진 드라이브 모드 시에만 바퀴와 직접 연결되어 효율을 높이도록 설계되어 있다. 혼다의 특징은 도요타와는 달리 저속뿐 아니라 고속에서도 모터 주행 비중이 높다는 것이다. 이로 인해 출발 시뿐 아니라 시내 가속 시에도 엔진 소음이 적어 주행 감각이 전기차에 가깝다는 평을 듣는다. i-MMD가 적용된 차종으로는 어코드(Accord) 하이브리드, CR-V 하이브리드 등이 있다. 한 때 하이브리드 대표 차종이었던 인사이트는 단종되었다.

도요타, 혼다의 하이브리드 시장 점유율과 비교할 수준은 아니지만, 미국 빅3 중에 유일하게 내재화된 하이브리드 기술을 보유한 곳은 포드다. 초기에는 도요타와 특허 교환을 통해 HSD와 유사한 구조를 사용했고, 현재는 자체 시스템을 개발해 포드 하이브리드 파워스플릿 시스템(Ford Hybrid PowerSplit System)이라는 이름으로 운용하고 있다. 대표적인 차종으로는 승용차로 퓨전(Fusion) 하이브리드, SUV로는 이스케이프(Escape)와 익스플로러(Explorer) 하이브리드가 있다. 포드는 PHEV 모델도 판매하고 있는데 이를 위해 별도로 에너지(Energi)라는 이름을 사용한다. 대표적인 모델은 퓨전 에너지(Energi)가 있으며, 전기주행거리인 AER(All Electric Range)*이 약 40~50km로 알려져 있다. 포드의 고급 브랜드인 링컨(Lincoln)에서는 코르세어(Corsair)와 에비에이터 그랜드 투어링(Aviator Grand Touring) 차종이 PHEV로 생산되고 있다.

도요타와 마찬가지로 병렬형 HEV 시스템을 채택하는 포드의 구동계 구조 역시 e-CVT를 포함한다. 도요타에 비해 전동화 라인업이나 기술 범위는 좁으나, 전용 플랫폼이 아님에도 실용적인 구성을 통해 우수한 연비를 자랑한다. 특이한 점은 배터리 사양이 최근까지도 니켈수소(Ni-MH)였다는 사실인데, 이는 도요타의 영향을 받은 결과일 수 있다. 잘 알려진 바와 같이 도요타는 니켈수소를 위해 투자한 비용을 회수할 때까지 구사양을 유지하는 '뚝심'을 보여

---

* AER(All Electric Range): 내연기관 개입 없이 배터리에 충전된 전기만으로 주행 가능한 거리. PHEV에서 주로 사용되는 용어이다.

주고 있다. 지금도 소형 차량에 니켈수소, 중대형 차량에는 니켈수소와 리튬이온 두 가지를 병행하여 사용한다. 반면 포드는 2013년 일부 PHEV 차종에 리튬이온을 사용한 데 이어 2019년 퓨전 4세대부터는 HEV와 PHEV 대부분에 리튬이온 셀을 쓰고 있다. 가장 큰 이유는 에너지 밀도를 향상시키려는 것으로, 미국 차종에 필요한 셀은 SK온과의 합작사인 블루오벌 SK(BlueOval SK)를 통해 대부분 공급받고 있다.

최근 다양한 차종을 전기차화 하며 전 세계 소비자들에게 호평을 받고 있는 현대자동차그룹도 하이브리드 시장의 강자 중 하나이다. 현대의 시스템은 TMED(Transmission Mounted Electric Device)**로 알려진 병렬형으로, 전기모터와 엔진이 동시에 차량을 구동할 수 있다. 이 방식은 엔진 클러치와 변속기 사이에 구동 모터가 위치한 특이한 형태의 구조를 가지고 있는데, 변속기 타입은 과거에 DCT(Dual Clutch Transmission)***로 시작해 지금은 대부분 자동 변속기로 대체되었다. 2016년 프리우스를 능가하는 연비를 달성해 세상을 놀라게 한 아이오닉 HEV는 고연비를 달성하는 것이 최고의 목표라 건식 DCT를 사용한 바 있다. TMED의 장점으로는 다단 기어를 사용하여 고속 연비를 향상할 수 있다는 것과 가속시 토크 전달이 빠르다는 점을 들 수 있다. 그러나 도요타의 e-CVT에 비

**   TMED(Transmission Mounted Electric Device): 현대자동차그룹의 병렬형 하이브리드 시스템.

***   DCT(Dual Clutch Transmission): 듀얼 클러치 변속기. 두개의 클러치로 홀수단과 짝수단을 각각 제어하여 변속 충격 없이 빠르게 전환하는 방식이다.

해 구조가 복잡하고 엔진과의 연계 제어에서 정밀한 튜닝이 필요하다는 단점이 있다.

현대자동차그룹의 하이브리드는 가격 대비 성능과 연비가 우수하다. 차종은 HEV뿐 아니라 PHEV도 다양하게 개발하여 출시하고 있으며, 승용차와 SUV 모두 하이브리드화 되어 있다. 자사 브랜드의 12%~15%가 하이브리드이고, 전 세계 시장 점유율은 10% 이하로 아직 높지 않지만 내연기관차의 인지도를 높이면서 하이브리드 시장에서도 점차 입지를 강화하고 있다. TMED에 이은 2세대 TMED2 시스템은 이전 사양에 비해 성능을 더 높이면서도 부피와 무게를 축소하여 효율을 높인 것으로 알려져 있는데, 이는 현대차와 계열사인 현대 트랜시스가 함께 개발한 작품이다. 도요타와 마찬가지로 중요한 시스템의 대부분을 수직계열화한 현대자동차그룹은 현대모비스, 현대트랜시스 등이 전동화의 주요 파트너로서 모터와 변속기, 배터리 시스템을 공급하고 있다. 배터리 셀은 LG엔솔과 SK온이 주 공급사다.

앞으로 5년, 하이브리드가 패권을 결정한다

전기차 시대가 빨리 도래하기 어렵다는 내 입장은 하이브리드 자동차가 당분간 자동차 시장을 주도할 것이라는 이야기와 맥을 같이한다. 만약 그렇다면, 관심사는 '과연 언제까지 하이브리드가 메인스트림으로 남을 것인가?'이다. 테슬라나 중국 전기차 기업의 기술력이 전기차의 대량 보급을 앞당길 수 있다면, 혹은 각국 정부가 현재보다 더 적극적인 전기차 보급 대책을 내놓는다면 아마 하이브리드 시대는 더 빨리 저물 것이다. 그러나 본격적인 전기차 캐즘이 오기 전인 2023년부터 이미 전기차의 상승세가 둔화되었다는 현실과, 트럼프 행정부가 전기차 부흥에 반하는 정책들을 쏟아내는 것을 보면, 그런 예측은 지나치게 낙관적으로 보인다. 오히려 하이브리드가 5년을 버틸지, 아니면 2040년까지도 시장을 선도해갈지를 묻는 것이 더 합리적이다. 당분간은 전기차에 대한 관심보다 하이브리드를 더 눈여겨봐야 한다는 것이 내 관점이다. 관심의 대상을 하이브리드에 둔다면, 과연 언제까지 이 기술이 유효할 것이며 어떤 기업들이 향후 자동차 시장을 이끌어 나갈지를 예측해 보는 것도 의미가 있을 것이다.

과거 증기차 시대를 거쳐 가솔린과 전기차가 혼재되던 시기를 보면, 가솔린 자동차는 1865년 벤츠의 기술이 등장한 이후 포드의 모델 T가 나온 1908년까지 40여 년 동안 안정적으로 시장에 정착했다. 반면 역시 19세기 말부터 상용화가 시작되었던 전기차는 20년 정도의 전성기를 거친 후 배터리나 인프라와 관련된 한계를 극복하지 못하고 시장에서 도태되었다. 짧으면 20년, 길어도 40년 정도의 기간에 성패 여부가 갈렸던 것이다. 하이브리드의 대명사 프리우스가 시장에 진출한 것이 1997년, 전기차의 대표주자 테슬라가 등장한 것이 2003년이다. 100여년 전 자동차 역사와 비교해 본다면, 2030년에서 2040년 사이에는 승부가 어느 정도 드러나리라고 본다.

20세기 초를 전후하여 미국에 있었던 많은 전기차 기업은 현시대에 존재하는 중국의 수백 개 스타트업과 비교해 볼 수 있다. 불행히도 미국의 전기차 회사들은 1920년대에 접어들면서 내연기관으로 종목을 바꾸거나 소리소문 없이 파산하고 합병되었다. 그렇다면 과연 중국의 기업들은 어떻게 될 것인가? 기존 자동차 기업과 스타트업 중에 정부의 보조에 힘입어 성과를 내는 곳이 있기는 하지만, 중국의 전반적인 경제 상황을 종합해서 관찰하면 그들의 미래가 밝다고 하기는 어렵다. 중국만이 아니다. 현재의 미국 빅3나 유럽 자동차 기업들도 전기차 캐즘 이후 방향성을 잡지 못하고 우왕좌왕 하는 느낌이다. 기대했던 전기차 시장은 주춤하고, 그렇다고 하이브리드 기술이 뛰어난 것도 아니다. 반면 내연기관으로 다시 돌아가자니 환경 이슈가 발목을 잡는다. 이런 관점을 가지고 2030년에 어떤 자동차 기업이 강자로 살아남을지를 예측해보자.

2030년까지는 불과 4년여가 남은 시점이라, 차종 개발 기간으로 치면 한 세대 정도의 추가 개발이 가능하다. 따라서 현재 보유하고 있는 기술이나 시장 점유율에서 큰 변동은 없을 것이다. 어떤 이유에서든 전기차 시대로 급변하는 계기가 있다면 모르겠으나, 그럴 가능성은 크지 않다고 보는 내 관점에서 판매량 1위는 도요타가 될 것으로 생각한다. 기존 내연기관 자동차의 높은 품질과 내구성으로 이미 수많은 고객층을 확보한 데다, 하이브리드의 선구자로서 그 효과를 톡톡히 누리고 있다. 2026년 출시 예정인 미라이 3세대 수소전기차가 추가로 파급 효과를 가져올 수도 있다. 그러나 이와는 무관하게 대표 차종인 하이브리드만으로도 당분간은 도요타의 입지를 흔들 만한 경쟁상대는 없다. 수직계열화를 통한 가격저감이나 TNGA(Toyota New Global Architecture)*를 통해 더욱 향상된 품질은 고객의 신뢰도를 공고히 하기에 충분하다.

도요타의 전기차 개발은 경쟁사에 비해 뒤쳐져 있으나, 앞서서도 언급한 바와 같이 그들의 배터리 기술 자체가 부족한 것이 아니기 때문에 필요하다고 판단하면 언제든지 전기차 생산이 가능하다. 확실하지 않으면 서둘러 뛰어들지 않는 도요타는 무리한 투자나 불필요한 변화를 최소화하여 기업의 이익을 극대화하는 특징이 있는데, 아직도 니켈수소 배터리를 사용하는 고집이 얼마나 오래 갈지 지켜보는 것도 흥미롭다. 반면에 이런 보수성은 2030년 이후의 자동차 시장에서 도요타가 어떤 위치를 차지하게 될지에 대해 의문을 자아내기도 한다. 점차 가시화되어 가는 자율주행 기술은 빠른 변화에 대응하는 유연성이 중요한데, 도요타의 DNA는 이와는 거리가 있기 때문이다. 결국 하드웨어가 기술의 중심이 되는 시기에서 소프트웨어로 주도권이 넘어갈 때 얼마나 빠르게 대처하는지에 따라 2030년 이후의 순위는 달라질 수 있다.

5년 후 자동차 시장의 판매량 2위는 현대자동차그룹이 될 것으로 예측한다. 이미 3위에 올라있는 만큼 2위로 한 계단 더 올라가는 것이 가시권 안에 있지만, 경쟁상대가 폭스바겐인 만큼 쉬운 목

---

* TNGA(Toyota New Global Architecture): 도요타의 차세대 통합 차량 플랫폼 및 개발 철학. 부품과 설계방식을 표준화하여 효율성을 극대화하고 차량 성능을 향상시키는 것이 목표이다.

표는 아니다. 그러나 최근 미국과 유럽 시장에서 상당한 호평 속에 판매량이 증가하고 있다는 사실과 중국과 러시아 시장을 대부분 포기하고도 현재의 판매량을 기록했다는 점을 고려하면 앞으로 더 성장할 것에 표를 던져도 큰 무리는 없다. 여기에 혼다, 닛산 같은 일본 기업이 수십 년 공을 들였어도 실패한 미국의 고급차 시장에 제네시스 브랜드로 성공적인 진입을 할 수 있다면, 도요타 판매량에 근접한 2위도 가능하다. 전기차와 수소차 시장에 대해서도 오랜 기간 준비를 해온 만큼, 앞으로 환경차의 방향성이 어느 쪽으로 정해지더라도 대응할 수 있는 위치에 있다.

그러나 한동안 전기차 위주의 정책을 펴면서 하이브리드 전용 엔진 개발에 소홀했다는 점은 극복해야 할 숙제이다. 다행히 전기차 캐즘이 예상보다 일찍 오면서 아직 내연기관 관련 연구 인력이 내부에 남아 있다는 사실은 고무적이다. 다만 도요타나 혼다가 지속적으로 하이브리드에 특화된 엔진, 변속기를 개발해 온 것과 비교하면 더 늦기 전에 역량을 다시 집중할 필요는 있다.

현대자동차그룹의 2030년 이후 관건은 역시 자율주행 기술 개발이다. 현재 AVP(Advanced Vehicle Platform) 본부와 모셔널(Motionall), 포티투닷(42dot) 등이 진행하고 있는 자율주행과 SDV 솔루션이 어떻게 진행되는가에 따라 2035년에도 현대자동차그룹의 영향력이 건재할 것인지가 결정될 것이다. 이는 비단 현대자동차그룹에만 해당되는 사항이 아니다. 하드웨어에 강점을 지닌 기존의 자동차 제조사가 소프트웨어의 전문성을 지닌 후발주자에게 주도권을 내줄 가능성은 얼마든지 있다.

한때 전 세계 판매량 1위를 차지하기도 했던 폭스바겐은 현대자동차그룹에게 2위 자리를 내주고 3위에 머무를 것으로 보인다. 하이브리드 기술이 없는 것이 큰 약점이지만 최근 전기차에 상당한 역량을 집중하고 있고 10여 개가 넘는 다양한 브랜드를 보유하고 있어서 수익성과는 별도로 매출은 일정 수준을 유지할 것이다. 하이엔드 스포츠카인 포르쉐나 람보르기니(Lamborghini)처럼 충성된 고객층을 확보하고 있는 브랜드들이 건재하고, 여기에 만, 스카니아 등의 대형 상용차 브랜드가 꾸준한 매출이 있어 그룹의 판매량을 지키는데 일조할 것이다. 반면에 폭스바겐의 약점은 중국시장에서의 부진이다. 몇 년 전까지도 판매량의 40% 이상이 중국에서 이루어지던 기업이라 최근의 약세는 기업의 미래에 부정적인 영향을 끼칠 수밖에 없다. 또한 유럽의 환경차 정책 방향도 디젤 엔진에 강점을 지닌 그룹의 미래를 좌우하는 요인이 될 것이다.

위에서 언급한 3강에 이어 탑5의 남은 두 자리를 누가 차지할 것인지 예상해보자. 우선 이 가운데 미국의 빅3가 포함될지를 고민해보면, 그렇지 않을 가능성이 더 크다. 빅3의 선두 주자인 GM이 2024년 판매량 5위로 턱걸이를 하고는 있으나, 전기차나 하이브리드와 같은 하드웨어 중심의 시장에서 주도권을 갖고 있지 못하고, 자율주행이나 SDV에서 앞서 나가는 것도 아니다. 2030년이나 2035년 시점에 경쟁력을 갖기 위해 절대적으로 필요한 요소들이 결핍되어 있어, 미국 시장을 제외하고는 소비자들의 관심을 끌만한 요소들을 찾기 힘들다. GMC나 쉐보레의 트럭 등 꾸준한 고객층이 있는 브랜드를 제외하고는 시장을 선도할 만한 특별한 강점이 보이지 않는다는 것이 GM의 한계다. 1931년 포드를 추월한 후 2007년까지 77년동안 글로벌 판매 1위를 자랑하던 기업도 시대의 변화에 순응하지 못하며 쇠락기를 맞고 있다.

포드와 스텔란티스도 크게 다르지 않다. 두 기업 모두 트럭 분야에서는 나름의 고객층을 확보하고 있어 외부 경쟁자들을 능가할 수 있다. 그러나 포드는 F-150을 제외하면 특별한 베스트셀러가 없고 스텔란티스 역시 램(RAM)이나 지프(Jeep)을 제외하면 주목할만한 차종이 없다. 스텔란티스는 14개 브랜드 대부분이 승용차인데, 각 브랜드가 다른 특성을 가지고 있다기보다 유사한 차종으로 지역에 따라 시장을 나누어 가지고 있다. 여러 개의 기업이 합병하여 생긴 조직의 특성이다. 2021년 FCA와 PSA가 합병할 당시만 해도 전 세계 시장을 확보한 거대 자동차 기업의 출현으로 주목을 받았으나, 이제는 25만 명의 직원을 거느리고도 판매량이 5위 바깥으로 밀려나는 신세가 되었다. 포드 역시 2022년에서 2023년으로 넘어가며 판매량이 상당 폭 줄어 8위에 머물렀는데, 환경차 기술을 갖추고는 있으나 내세울 만한 차종이 별로 없어 판매가 증가하기에는 어려움이 있다.

아직 혼란기에 있지만, 여기서 주목해 볼만한 기업은 중국의 BYD이다. 2024년에 427만 대의 자동차를 판매하였고 이들 대부분이 BEV와 PHEV인 만큼 하드웨어 측면에서 미래의 경쟁력은 갖추고 있다. 또한 자율주행 분야에서도 여러 연합을 통한 지속적인 개발로 소프트웨어가 주도하는 시기에 대비가 되어 있을 뿐 아니라 중국 정부에서도 많은 지원을 하고 있다. 이렇게 보면 3박자를 모두 갖춘 몇 안 되는 기업이 BYD이다. 그러나 BYD의 가장 큰 문제는 재정건전성이다. 숨겨진 부채가 실제로 어느 정도 있는지, 만약 있다면 해결이 가능한 수준인지가 미래를 결정하게 될 것이다. 최근 BYD의 딜러들이 파산하고 있다는 소식이 심심찮게 들려오는 것을 보면 분명 문제는 있어 보인다. 하지만 중국 전기차 기업 가운데 가장 규모가 크고 발달된 기술을 가지고 있는 만큼 2030년에 탑4가 가능하지 않을까 예측해본다.

BYD가 추격하고 있는 전기차 대표 기업 테슬라는 내가 생각하는 2030년 탑5에서 빠져 있다. 기술적인 문제가 있거나 재정 건전성에 문제가 있어서가 아니다. 판매량을 기준으로 하다 보니 전체 5위에 들기 위해 필요한 연간 판매 600만 대 이상을 달성할 가능성이 없다고 본 것이 이유다. 테슬라의 판매량은 지속적으로 성장하고 있으나 아직 200만 대에 미치지 못하는 만큼, 향후 5년 내에 판매량을 3배로 증가시키기는 사실상 불가능하다. 또한 전기차 분야의 경쟁자들이 하나 둘씩 등장하면서, 과거에는 큰 논란의 대상이 되지 않던 테슬라의 품질 문제들이 불거지고 있다. 사실 테슬라 차량의 품질 문제는 어제오늘의 일이 아니다. 그런 이슈들을 덮을 만한 새로운 기술과 뉴스거리를 가지고 시장을 지속적으로 이끌어 온 덕분에 지금까지는 가려져 있었던 것 뿐이다.

테슬라가 탑5에 가지 못하는 다른 이유는, 테슬라의 향후 비즈니스 모델이 자동차 판매에만 있지 않다는 것이다. FSD를 기반으로 하는 자율주행 소프트웨어는 지금도 8,000달러에 판매되고 있는데, 이미 경쟁사의 추격을 따돌릴 만한 기술 수준이다. GM이 크루즈(Cruise)를 통해 추진하던 로보택시 사업을 포기한 데 반해, 테슬라는 2025년 6월 텍사스를 중심으로 시범운행을 시작했다. 이 운행이 성공적으로 진행되면, 경쟁자이지만 중국 기업이라는 정치적 약점을 지닌 BYD나 바이두와 격차를 벌이면서 점차 소프트웨어 기업으로 변신할 가능성이 크다. 즉 수익의 대부분을 자율주행 소프트웨어에서 창출하고, 자동차는 굳이 무리하며 판매를 늘릴 필요가 없게 되는 것이다. 자율주행 레벨 2+ 단계에서 이미 소비자 만족도가 높은 FSD 사양을 내놓은 테슬라의 미래가 전기차 시장의 마이크로소프트처럼 될 가능성이 크다.

    이 밖의 기업 중에 판매량 상위권을 노릴만한 기업으로는 닛산-르노-미쓰비시 연합을 꼽을 수 있다. 최근 들어 닛산의 위기설이 뉴스에 나오고는 있으나, 3개 사의 2024년 판매량을 모두 합하면 655만 8,000대로 이미 4위권에 들어있다. 3개 사 모두가 판매량이 급격히 증가할 가능성은 많지 않고 3사의 연합이 얼마나 오래 지속될지 의문점이 있기는 하지만, 이 연합이 유지된다는 가정 하에 5위는 가능하리라고 보았다. 그리고 위에서 비록 GM의 미래에 대해 다소 부정적인 견해를 비추기는 했으나, 이 기업 역시 탑5의 경쟁자임에는 틀림없다. 오랜 기간 세계 자동차 기업을 선도해왔고, 기술 내재화가 잘 되어있는 기업인만큼, 지금부터라도 확실한 전략을 수립하여 다시 도전한다면 재도약의 기회는 있으리라고 생각한다. 그러나 짐 콜린스가 이야기한 몰락의 5단계 중 4단계인 '구원의 손길 찾기(Grasping for Salvation)'에 이미 진입한 만큼 시간은 많지 않다. 최근 GM 외부에서 임원진을 영입하는 것이나 현대자동차그룹과의 협업을 추진하는 일들은 모두 구원의 손길 찾기 일환이라고 볼 수 있다.

자동차 이야기

최초의 공기 주입식 타이어는 자전거용이었다. 영국의 수의사였던 존 던롭(John Dunlop)은 1887년에 아들이 타는 자전거의 충격을 줄이기 위해 공기 주입식 타이어를 최초로 개발했다. 이 기술은 1895년 미쉐린(Michelin) 형제가 개발한 최초의 자동차 타이어로 이어진다. 타이어 회사로 유명한 미쉐린은 여행을 장려하여 타이어 수요를 늘리기 위해 '미쉐린 레드 가이드(Michelin Red Guide)'를 만들었는데, 현재는 전 세계 고급 레스토랑의 평가 가이드로 더 알려져 있다.

디트로이트에서는 센트리 일렉트릭 컴퍼니(Century Electric Company)가 1912년부터 1915년 사이에 전기차를 생산했는데, 이들이 제작한 오픈 보디 로드스터(Open Body Roadster)는 1912년 당시 1,250달러에 판매됐다. 역시 단기간 존재했던 전기차 기업인 플랜더스 일렉트릭 컴퍼니(The Flanders Electric Company)는 미시간주 폰티액에서 전기차를 생산했다. 창업자인 월터 플랜더스(Walter Flanders)는 헨리 포드의 생산 담당 매니저였다. 회사는 전기차와 가솔린차를 함께 생산했다. 이 회사의 대표적인 차종인 플랜더스 50-Six는 1,775달러~2,500달러 사이에 판매되었다.

7장

배터리 세계대전

BEYOND
THE
ENGINE

배터리의 선구자, 파나소닉 그러나

휴대폰에서 리튬 배터리가 많이 사용될 무렵만 해도 전기차의 수요가 늘어 배터리 기업들이 전 세계적으로 관심의 대상이 되리라고 예상한 사람은 많지 않았다. 도요타가 하이브리드에 집중할 때는 차 한 대당 들어가는 배터리의 용량이 1kWh 미만이었다. 당시 협업 관계에 있던 파나소닉 정도가 주목을 받았을 뿐, 가끔씩 휴대폰에서 발생하는 화재 사건으로 부정적인 인식을 주기도 했던 배터리 기업은 많은 사람들, 특히 투자자들의 관심 밖이었다.

배터리의 대표 기업이라고 할 만한 파나소닉은 일본에서 '경영의 신'이라고 불리는 마쓰시타 고노스케(松下 幸之助)가 1918년에 설립한 마쓰시타전기기구제작소(松下電器具製作所)에서 시작됐다.

전후 성장기인 1945년부터 1970년대에 이르러서는 내쇼날, 파나소닉, 테크닉스 등의 브랜드로 TV, 오디오 기기, 가전제품을 생산했다. 1980년부터 20여 년간 글로벌 전자기업으로 도약하며 1996년에는 전 세계 TV 시장 점유율 1위를 달성하기도 했다. 마쓰시타의 전기 산업은 2000년대 후반 브랜드 통합과 변화 과정을 거치며 파나소닉 주식회사로 사명을 변경하였다.

마쓰시타는 1930년대부터 이미 망간을 사용한 1차전지를 생산했고, 1960년대에는 알카라인 전지와 니켈-카드뮴 전지도 생산하며 국내외 소형 전지 시장에 진출한 바 있다. 이후 1990년대에는 니켈수소 배터리 생산을 확대하며 도요타의 초창기 하이브리드 자동차용 배터리 공급 기반을 마련한다. 이어 1994년에는 리튬이온 배터리 개발에도 착수해 노트북, 캠코더용 소형 리튬 이온 배터리를 상업화하였다. 파나소닉의 본격적인 배터리 사업 진출은 2004년 테슬라와의 협력이 시작되면서이다. 2009년에는 당시 하이브리드 차 및 소형 배터리 강자이던 산요(Sanyo)를 인수하며 배터리와 에너지 사업 부문을 더욱 강화한다. 이어 2010년에는 테슬라 모델 S 배터리 공급을 공식 발표하고 1865 원통형 리튬이온 배터리의 대량생산을 개시했다.

테슬라가 미국 네바다주에 첫 번째 기가팩토리(Gigafactory)를 건설할 때도 파트너는 파나소닉이었다. 이 공장에서는 2170셀의 양산이 이루어졌으며, 파나소닉이 셀을 생산하고 테슬라가 팩을 조립하는 분업이 이루어졌다. 이후 2017년에 모델 3, 모델 Y 등에 이 사양이 적용되면서 파나소닉은 테슬라의 핵심 배터리 공급사로 자리

매김한다. 그러나 2020년에 배터리 내재화 계획을 테슬라가 발표하자 입지가 좁아진 파나소닉은 그 대책으로 경쟁력을 유지하기 위해 대형 4680 원통형* 셀 개발을 착수한다. 이듬해인 2021년에는 보유하고 있던 테슬라 지분을 전량 매각하면서 두 기업 간 자본 제휴는 종료된다. 다만 기술적 협력 관계는 지금까지도 유지되어, 테슬라의 배터리 주요 공급사로서의 위치에는 변함이 없다. 2022년에는 배터리 부문을 분사하여 파나소닉 에너지(Panasonic Energy Co., Ltd.)를 설립하고 캔사스주에 공장 건설을 발표하였다.

    자체적인 배터리 생산 능력에 더해 산요를 인수하면서 보강된 파나소닉의 배터리 부문은 불과 10년 전까지만 해도 전 세계 시장점유율 1위를 차지할 만큼 강자였다. 2013년~2015년까지를 살펴보면, 환경차용 배터리 셀 시장의 30% 정도를 점유하여 사실상 업계의 독보적인 1인자였다. 2016년경 중국의 CATL, BYD, 한국의 LG엔솔 등 후발주자가 급부상할 때도 테슬라 공급에 힘입어 시장 점유율 1위를 지켜냈다. 그러나 2017년 시장점유율 23%, 2018년 21%, 2019년에는 20%로 점차 하락하며 중국 기업에게 추월당하는 모습을 보이다가, 2022년에 접어들면서는 한국과 중국 기업에 밀려 4위로 내려앉는다. 여기에 테슬라의 배터리 셀 내재화 전략이 타격이 되어, 2023년에는 점유율이 6%~7%로 급감한다. 2024년에는 4% 수준까지 하락하며 SK온, 삼성SDI과 박빙의 승부를 펼치고 있다.

---

*   1865/2170/4680 배터리: 각 숫자의 앞 두 자리는 지름, 뒤 두 자리는 높이를 의미한다.

추적자에서 선두주자로, 한국의 배터리 3사

많은 산업 영역에서 그랬듯이, 일본 배터리 기업의 성장세가 누그러지면서 그 뒤를 이어 세계 시장을 장악한 곳은 한국 기업들이었다. 삼성SDI, LG엔솔, SK온은 모두 전자, 화학 관련 대기업의 배터리 부문에서 출발했다는 공통점을 가지고 있으며, 전기차 산업의 성장과 함께 글로벌 리더로 성장하였다. LG엔솔은 1992년 LG 화학이 리튬이온 배터리 개발에 착수하면서 이 사업에 뛰어들어 1999년 소형 리튬이온 배터리 양산에 성공했다. 현대자동차그룹과 다양한 프로젝트를 진행하다가, 2009년에 GM 쉐보레 브랜드의 PHEV인 볼트에 배터리를 공급하며 본격적으로 글로벌 전기차 배터리 사업에 진출하게 된다.* 2011년에 오창 공장에 중대형 배터리 생산 라인을 구축하면서 포드, 르노, 현대차 등과 본격적으로 배터리 사업을 확장했다. 2015년에는 원활한 공급을 위해 중국 남경에도 공장을 준공한다.

2016년 이후 5년은 GM과의 관계가 LG의 배터리 사업에 큰 역할을 했다. 2017년에 쉐보레의 전기차 볼트 EV에 배터리를 공급하면서 전기차 대량생산을 위한 준비를 시작했고, 2018년에는 폴란드 브로츠와프 인근에 공장을 가동하며 유럽 시장에도 대비한다. 이어 2019년에 GM과 얼티엄 셀즈(Ultium Cells)라는 JV를 설립할 계

---

* GM의 볼트는 우리말로는 동일하게 표기하나, PHEV 볼트(Volt)와 BEV 볼트(Bolt)의 두가지 사양이 있다.

획을 발표했다. 이듬해인 2020년에는 중대형 전지 세계 시장 점유율 1위를 달성하는 쾌거를 이룬다. 이에 힘입은 LG그룹은 2020년 12월에 LG화학의 배터리 사업 분사 계획을 발표한 후 이듬해 12월에 LG에너지솔루션을 공식 출범했다. 이후 GM, 현대차, 혼다 등과 연이어 JV를 설립한 LG는 원통형 배터리의 수요를 예상하며 2023년에 미국 애리조나에 4680 대형 원통형 셀 배터리 공장을 착공한다. 미국 외에도 폴란드, 중국에 공장을 보유하고 있고, 2024년 시장 점유율은 약 10.8%이다.

삼성은 국내 업체 중 유일하게 각형 캔 타입 셀을 생산하는 곳으로, 배터리 개발의 역사는 상당히 오래되었다. 1994년 종합연구소에서 본격적인 연구개발에 착수한 후 1997년에는 삼성전관 천안사업장에서 리튬이온 원형 배터리 파일럿 라인을 가동한다. 1999년 삼성전관에서 삼성SDI(Samsung Display Interface)로 사명을 바꾼 뒤 2000년대에 들어서면서 본격적으로 휴대폰과 노트북 배터리 시장에 진출했다.** 2008년에는 보쉬와 EV용 배터리 합작사인 SB 리모티브(SB LiMotive)를 설립, 전기차 배터리 사업을 본격화한다. 이를 통해 BMW, 피아트, 크라이슬러 등 몇 개 기업과도 공급 계약을 맺었다. 합작사는 불과 4년 후인 2012년에 해산하지만 삼성으로서는 이때 전기차 배터리 사업을 완전히 인수하는 계기를 맞게 된다. 이

** 삼성-NEC는 삼성과 일본 NEC(Nippon Electric Company)의 합작사로, 1970년에 설립됐다. 1974년에 삼성전관공업주식회사, 1984년 삼성전관주식회사로 사명이 변경됐다.

후 2017년에 헝가리 괴드에 전기차 배터리 공장을 준공하며 본격적으로 유럽 시장에 진출한다.

2020년대에 접어들며 형성된 전기차 붐에 힘입어 삼성SDI는 여러 기업과 계약을 체결하는데, 가장 눈에 띄는 협업은 스텔란티스와의 JV 사업이다. 2021년에 시작된 협의의 결과로 2022년에는 인디애나주 코코모에 합작 공장 건설을 발표하고 이어 같은 지역에 2공장을 짓기로 한다.* SDI의 2공장은 스텔란티스의 3공장이기도 한데, SDI에게 3공장을 맡기는 결정은 내가 스텔란티스의 배터리 프로그램을 맡고 있을 때 진행됐다. 당시 스텔란티스는 삼성과 LG를 주요 협상 대상으로 보았고, 내부적으로는 SK온, 파나소닉과 다른 기업도 후보군에 있었다. SDI로 결정한 가장 큰 이유는 미국 시장을 개척하기 위해 삼성이 보인 적극적인 자세였다. 한국과 유럽, 중국에 있던 실력 있는 인력을 미국 공장에 배치했고, 고객사와의 소통도 활발하게 진행했다. 또한 1공장을 위해 이미 자리 잡은 협력사 인프라를 그대로 이용할 수 있다는 것도 장점이었다.

최근 들어 스텔란티스의 전기차 프로젝트 규모가 축소되면서 2공장은 사실상 유명무실해졌다. 하지만 중대형 각형 캔 타입 배터리를 제조하는 경쟁사가 미국 내에는 없기 때문에 전기차 시장이 다시 활성화된다면 SDI는 가장 많은 혜택을 누릴 수 있는 위치에 있다. 원통형 배터리에도 강점을 지닌 만큼, 저가형 배터리를 원하는 완성차 기업의 요구에 응할 수 있는 다양한 포트폴리오를 갖추

---

* 스텔란티스의 배터리 1공장은 LG엔솔과의 JV이며 캐나다 윈저에 위치해 있다.

고 있기도 하다. 여기서 한가지 특이한 점은 스텔란티스와 한국 기업들 간의 조인트 벤처 이름이다. LG와의 1공장 JV는 넥스트스타 에너지(NextStar Energy), 2, 3공장을 운영하는 삼성과의 JV는 스타플러스 에너지(StarPlus Energy)로, 모두 스타(Star)가 들어간다. LG의 원래 명칭이 금성(Goldstar), 삼성(三星)의 '성'이 별(Star)인 이유도 있지만, 스텔란티스(Stellantis)의 의미도 라틴어 'Stello'에서 파생된 것으로 '별들로 빛나다', '별들로 가득한'이라는 뜻이다. 공교롭게도 세 회사 모두 사명에 별을 의미하는 글자가 있다 보니 JV의 이름에도 반영이 되었다.

SK의 배터리 사업은 1996년 당시 SK에너지에서 리튬이온 배터리 연구를 하면서 시작되었다. 2005년 전기차용 리튬이온 배터리 개발에 착수한 후 2006년에 배터리 개발 전담조직을 설립하고, 2010년에는 현대자동차 블루온(BlueOn)에 셀을 공급하였다. 이 시기에는 기술 축적과 파일럿 생산 중심으로 사업이 진행됐다. 본격적인 전기차 배터리 사업은 2011년부터 10여 년에 걸쳐 이루어진다. 결정적 계기는 2011년 기아의 레이(Ray) EV, 2014년 소울(Soul) EV에 배터리를 공급한 것이었다. 이후 NCM811 배터리 기술을 본격화하고 2017년 헝가리 코마롬 공장을 착공하며 유럽 진출 기반을 마련했다. 이후 유럽과 중국에서 공장을 가동하면서 포드, 메르세데스-벤츠, 폭스바겐 등을 글로벌 고객사로 확보하게 된다. 파우치형 배터리로 기술력을 인정받으며 견고한 입지를 다진다.

2020년은 SK에게 가장 기억할 만한 기간이었다. 미국 조지아 공장을 가동하며 미국 시장 진출의 교두보를 확보했을 뿐 아니라,

폭스바겐, 현대차, 포드 등과 수십조 원의 배터리 공급 계약을 체결했기 때문이다. 이 결과에 힘입어 2021년 10월에 경쟁사들과 마찬가지로 배터리 사업을 전담하는 조직을 신설하여 SK온을 공식 출범한다. 한때 LG엔솔과 배터리 특허 관련 소송으로 2조 원 이상의 합의금을 지급하며 위기에 처하기도 했으나, 이를 해소하면서 미국 시장을 확대하는 기반을 다지게 된다.

2022년 7월에는 포드와의 합작법인 블루오벌SK를 설립하여 켄터키, 테네시주에 배터리 메가팩토리를 계획하고, 폴란드, 중국, 한국의 공장을 증설하며 전기차 시장에 대비했다. 미국의 IRA 대응을 위해 현지 광물과 소재를 확보하는 등 다각도의 노력을 기울이고 있으나, 미국 생산 셀의 품질 문제와 전기차 캐즘의 영향으로 인해 어려운 시기를 지나고 있다.

중국 배터리 기업의 침공

한국의 배터리 3사가 생산 기술이나 품질 면에서 세계적 수준임에도 불구하고 시장 점유율이 후발주자인 중국 기업에 못 미치는 데는 이유가 있다. 중국 기업들은 기업 자체로도 시장 개척에 적극적이지만, 중국 정부의 자국 기업 보호 정책이 철저하기 때문이다. 중국 배터리 기업의 시장 진출은 파나소닉이나 국내 3사에 비해 10년 이상이 늦었다. 1990년대부터 2000년대 중반까지도 대부분 노트북이나 휴대폰용 소형 리튬이온 배터리 위주의 포트폴리오를 가지고 있었다. 그러나 2010년대 이후 적극적인 정부의 지원과 내수 시장 확대에 힘입어 점차 세계 시장을 주도하게 되는데, 그중 큰 역할을 한 정책이 바로 '화이트리스트' 정책이다. 자국산 배터리가 아닌 제품을 사용한 전기차에는 보조금을 지급하지 않는 제도이다. 2015년부터 2019년까지 시행된 이 조치로 인해 특히 우리나라 배터리 기업들의 타격이 컸다. 반면에 중국은 BYD와 CATL을 필두로 글로벌 시장을 공략하기 시작한다.

중국의 내수 전기차 시장 확대와 기술 축적은 2009년 정부가 신에너지차(NEV)에 대한 보조금 제도를 시행하면서부터 본격적으로 시작되었다. BYD는 이전 해인 2008년에 자체 배터리를 이용한 전기차 F3DM을 출시하며 이 혜택을 받을 수 있었다. CATL은 이보다 출발이 늦었다. 홍콩 기반의 소형 배터리 기업 ATL(Amperex Technology Limited)에서 2011년 분사해 LFP 중심의 저가 배터리를 만들던 CATL은 점차 자동차용 배터리로 방향을 선회한다. BYD와 CATL 양사는 모두 2015년부터 급부상하기 시작해 빠른 기간 내에 중국 시장 지배력을 강화했다. 또한 전 세계 전기차 생산과 소비의 절반 이상을 차지하는 자국의 경쟁력을 바탕으로 세계 시장에서도 빠르게 선두권에 진입했다. BYD는 배터리와 완성차 사업을 모두 보유한 유리함이 있고, CATL은 표준화된 배터리 셀 사양과 CTP 기술 등의 강점이 있어 글로벌 고객사를 확보하며 지속적으로 성장 중이다.

2024년 현재 두 중국 기업이 생산하는 전기차 배터리는 전 세계 생산량의 50%를 넘어섰다. CATL가 약 38%, BYD는 17%의 시장 점유율을 확보하고 있다. 이어 LG엔솔이 10.8%로 3위를 달리고 있지만, 불과 몇 년 만에 벌어진 순위 바뀜은 놀랄 만하다. 미국 시장이 막히면서 유럽 시장을 적극 공략한 중국 기업의 시도도 효과가 있었지만, 앞서 언급한 것처럼 자국 산업 보호를 위해 외국 기업을 철저히 견제한 중국 정부의 도움이 아니었으면 불가능한 결과였다.

중국의 이런 조치들은 비단 배터리에 국한된 것이 아니다. 친환경차는 대개 배터리, 모터, 제어기 등 3가지의 중요한 시스템이 필요한데, 중국은 이 중 한 가지는 자국산 제품을 이용하고 다른 하나는 기술을 이전하도록 압력을 가하면서 자국 기업에게 혜택을 주었다. 그런 이유로 현대차의 하이브리드를 중국에서 생산할 때 통합 제어기로 개발했던 사양을 분리하여 일부만 중국에 전수하는 전략을 사용하기도 했다.

왜 유럽은 실패했는가

이처럼 신기술이 발전하고 안정화 단계에 이르는 기간 동안에는 글로벌 대기업이라고 해도 정책적 도움 없이 스스로 모든 상황을 제어하지 못한다. 그리고 이런 정부 정책은 강대국의 주도 하에 이루어진다. 이런 중에 국내 배터리 3사에 희소식이라고 할 수 있는 소식은 중국을 제외한 다른 나라의 배터리 사업들이 성공적이지 못하다는 사실이다. 한때 완성차 기업들이 가격 저감을 목표로 배터리 사업에 뛰어들었지만 아직까지 성공한 사례는 없다. 미국, 아시아와 더불어 3대 자동차 시장이라고 할 수 있는 유럽에서도 자국의 배터리 기업을 일으키려는 다양한 시도가 있었으나, 실패했거나 파업 수순을 밟고 있다는 소식만 들려올 뿐이다. 특히 최근에 전해진 노스볼트(Northvolt)의 파업은 많은 사람들을 놀라게 했는데, 양산에 가장 접근했다는 평가를 받던 기업의 몰락은 배터리 셀 제조가 얼마나 어려운지를 간접적으로나마 대변한다.

유럽에서는 이미 2023년에 브리티시볼트(BritishVolt)라는 기업이 파산 절차를 밟은 바도 있다. 또한 스텔란티스와 독일의 메르세데스-벤츠, 프랑스 토탈에너지스(TotalEnergies)의 자회사 사프트(Saft)가 연합하여 만든 배터리 제조사인 ACC(Automotive Cells Company)는 많은 기대 가운데 출범했지만 성적표는 시원치 않다. 2026년부터는 스텔란티스 유럽산 전기차 배터리의 상당 부분을 책임질 것으로 기대했으나, 품질 문제로 인해 어려움을 겪고 있다. 2024년 5월에 스텔라 미디엄(STLA M) 플랫폼을 이용한 전기차에 첫 양산 셀을 공급하기로 되어있던 일정은 낮은 수율과 품질 문제로 인해 연기되었다. 스텔란티스에는 이 무렵 찾아온 전기차 캐즘이 다행이었을 수도 있다. 자동차나 배터리 업계에서는 ACC의 문제가 공공연하게 알려진 것이었지만, 최소한 일반 고객들에게는 캐즘으로 인해 어쩔 수 없이 생산이 연기되었다는 인상을 줄 수 있었기 때문이다.

유럽의 배터리 셀 기업이 실패하는 데는 여러 가지 원인이 있으나, 내가 보는 가장 큰 이유는 두 가지다. 먼저 전문 인력의 부족이다. 유럽의 배터리 개발은 대학교나 연구기관에서 시제품 수준으로 이루어지기는 했으나, 양산을 염두에 둔 배터리 개발을 해본 경험이 사실상 없다. 전기차로는 BMW, 폭스바겐, 르노 등이 꽤 인기 있는 차종들을 내놓기도 했지만 배터리는 전량 외국 업체에 의존한 탓에 유럽 내에 셀 기술이 누적될 만한 여건이 조성되지 않았던 것이다. 이후 2020년경 전기차 시대가 급격히 도래할 분위기가 조성되자 셀 제조업을 육성하기 위해 실제 양산 경험이 있는 해외 기술 인력을 영입하게 된다. 한국과 일본에서 기술자를 영입한 것까지는 좋았으나, 문제는 따로 있었다. 그들이 경영진으로 영입된 것이 아니라 현장의 기술직이나 관리직으로 들어와 경영상 중요한 결정에서는 배제된 것이다.

내가 스텔란티스에서 배터리 부분을 담당할 때 겪었던 ACC의 경우도 다르지 않았다. 3개 대기업이 합자한 회사라 경영진은 자동차나 화학 관련 사업에 오래 종사한 사람들로 구성되었다. 그러나 그 임원진들 중에 배터리 셀 제조사에서 경력을 쌓은 사람은 단 한 명도 없었다. 심지어 공장 건설을 책임지는 임원은 철강회사에서 수십 년을 근무한 사람이었다. 생산 공장에는 한국과 일본, 중국에서 실무 경험을 쌓은 사람들이 있었으나, 이들의 의견은 경영층에 전달되지 못하거나 무시되었다. 양산 시점이 다가오는데도 공장의 상황이 나아지는 기미가 보이지 않자 그들 중 다수가 퇴사를 하게 되고, 경영진은 경험이 부족한 소수의 낙관적인 견해에 의지하며 고객사들을 설득하게 된다. 나 역시 고객사의 책임자로서 많은 조언과 경고를 전달했지만, 양산 시점이 임박하여 여러 문제로 인해 스텔란티스와 ACC 모두가 당황하게 되기까지 개선책은 제시되지 않았다.

 2022년에 처음 시제품 제작 공장을 방문하고 나서부터 가지게 되었던 불안은 양산용 기가팩토리를 건설하면서도 수그러들지 않았다. 이때 느낀 또 다른 약점이 설비에 대한 이해도 부족이었다. 배터리 셀 공장에서는 생산 설비의 수준과 이를 튜닝하는 사람들의 실력이 상당히 중요하다. 기계나 전기전자 제품과는 달리 설비의 작동 조건이 조금만 차이가 나도 완제품의 품질이 달라지는 경우가 허다하다. 설계 도면에 아무 문제가 없더라도, 화학 조성에 차이가 생기든지 셀을 제조하는 과정 중에 장비의 영향을 받게 되면 예상한 완성품이 나오지 않는다. 실제 양산 경험이 많은 LG나 삼성도 유럽에서 2공장을 지을 때 목표하는 수율을 달성하기까지 2년 이상의 시간이 걸렸다. 같은 장비를 가져와 같은 조건으로 공장을 꾸미는 데도 이런 일이 생긴다는 사실을 경험이 없는 사람들은 쉽게 간과한다.

 ACC에서도 문제로 지적된 점들 중 하나가 바로 설비다. 배터리 셀 생산은 크게 전극 공정, 조립 공정과 활성화(화성) 공정으로 구분한다. 전극 공정은 양극재, 음극재의 소재를 커다란 용기에서 섞는 작업을 거쳐 이를 금속 호일에 도포하는 단계, 이후 건조, 압연한 제품을 설계된 크기로 절단하는 단계를 포함한다. 조립 공정은 양극/음극/분리막을 적층(Stacking)하거나 감아서(Winding) 셀 구조를 만드는 단계이다. 이 단계들은 셀의 성능과 품질을 크게 좌우하는데, 현재 이 공정의 설비를 가장 잘 만드는 곳은 우리나라 기업들이다. 스텔란티스의 제품 문제는 중국이 한국과 일본의 전문 인력을 영입하여 세운 업체의 설비 때문에 발생했다. 이미 검증받은 설비라고 생각해 도입해서 설치를 했는데 계속 불량품이 나왔다. 그러나 흥미로운 사실은 중국의 CATL이 이 설비업체의 최대 고객임에도 불구하고 별 문제가 없었다는 것이다.

CATL이 문제가 없는 이유는 간단히 말하면 내부에 그 설비를 다룰 인력들이 있기 때문이다. 이슈가 있더라도 이를 해결할 인력이 있으면, 저가(低價) 설비를 들여오는 것이 문제가 되지 않는다. 그러나 그렇지 못한 경우에는 사소한 이슈가 발생하더라도 설비 업체에 연락을 해서 해결을 종용해야 한다. 앞에서도 언급한 노스볼트는 중국 설비를 사용했다가 지속적인 품질 문제에 당면하자 뒤늦게 한국 장비로 대체하는 해프닝을 벌이기도 했다. 기술이 급변하는 시기에 핵심 기술을 내재화하는 것이 얼마나 중요한가를 단적으로 보여주는 예다. 완성차 기업이 신기술에 대처할 능력이 떨어지면, 설비 업체나 부품 업체 의존도가 커지고, 예상치 못한 상황이 발생할 때 대처가 어렵다. 유럽 배터리 기업들의 파산과 부진 원인으로 과도한 투자비용, 투자자 확보 실패, 글로벌 배터리 경쟁 심화 등이 거론되지만, 실상은 이런 문제들이 표면화된 것으로 봐야 한다.

앞으로 5년, 배터리 기업의 미래

현시점에서 전 세계 배터리 시장은 중국이 절대 강자로 군림

하고 있다. 한국의 3사와 일본의 파나소닉도 매출 기준 10대 기업에 포함되어 있으며, 10대 기업 중 중국은 1, 2위를 차지한 CATL과 BYD 외에도 CALB, EVE Energy 등 4개사가 더 포진해 있다. 결국 미래의 배터리 산업은 중국 대 한국, 일본 간의 경쟁이 될 것이 분명하다. 지역으로 본다면 중국 기업이 장악한 중국 시장, 여러 기업의 경쟁이 벌어지고 있는 아시아, 유럽 시장과 중국 기업 진출이 차단된 미국으로 크게 삼분된다. 또한 중국이 홍보하는 LFP 배터리와 한국, 일본이 강점을 가진 삼원계 사양 간의 경쟁이 될 가능성이 있다. 따라서 미래 배터리 사양의 변화를 미리 정확하게 예측하고 대비하는 기업이 성장할 가능성이 많다. 많은 사람들이 주시하는 전고체 배터리는 아직 양산성이 만족할 만한 수준이 아니지만, 이를 포함해 다른 어떤 형태의 차세대 배터리가 등장할 지는 주목해서 보아야 한다.

    5년 후인 2030년에 강자로 남을 배터리 기업을 예측하는 것은 자동차 기업에 대한 예측보다 어렵다. 한 가지 분명한 것은 중국 전기차 시장의 성장 혹은 쇠락 여부가 큰 역할을 할 것이라는 점이다. 기술적인 관점에서는 화재 안전성이 변수이다. 낮은 에너지 밀도로 인한 성능 감소를 감수하고 LFP에 대해 관심이 쏠리는 것이나, 설계적인 어려움을 무릅쓰고 액침 냉각을 논하는 이유가 모두 화재 문제와 관련이 있다.* 포괄적인 시각으로 배터리 시장을 볼 때,

---

*   액침냉각(Immersion Cooling)은 전자기기나 배터리, 데이터센터 서버 같은 장치 전체를 전기 절연성이 있는 냉각액 속에 직접 담그는 방식이다.

수많은 전기차 기업이 파산한다고 해도 중국의 시장 장악력은 막강할 것인 만큼 중국 배터리 기업이 독주할 가능성은 크다. 유럽 시장에서 한국과 일본 기업이 분발한다고 할지라도 현재 1, 2위를 차지하고 있는 CATL과 BYD를 능가하기는 어려울 것이다. 다만 캐즘의 영향을 가장 크게 받는 시장 역시 중국이기 때문에 두 기업의 성장세는 주춤해질 수 있다.

한국 기업 입장에서는 우선 수성(修城)이 중요하다. 안전지대라고 생각되었던 국내 시장에도 중국 기업 진출이 눈에 띄게 증가하고 있다. 우리 정부가 중국이나 미국처럼 강력한 자국 기업 보호 정책을 펴지 않는 한, 우리 기업은 설 자리를 잃게 될지 모른다. 중국이 국내 시장을 노리는 데는 이유가 있다. 시장 규모 자체가 커서가 아니고, 한국 소비자들의 제품에 대한 기대 수준이 높기 때문이다. 한국 시장에서 성공한 제품은 기타 지역에서도 판매하기가 쉽다. 특히 현대자동차그룹의 위상이 높아지는 만큼, '현대차가 사용한 배터리'는 큰 홍보 효과가 있다. 또한 중국 국적의 배터리 기업이 한국내에서 생산 기지를 확보할 경우, 미국의 대중국 견제 수위가 낮아지는 시점이 오면 우회 수출도 가능해진다. 이런 측면에서, 국내 배터리 3사도 국내 시장을 규모로만 판단할 것이 아니라, 시장 자체가 갖는 의미의 중요성을 이해하고 접근해야 한다.

국외에서 가장 중요한 시장은 당연히 미국이다. 테슬라의 배터리 내재화로 인해 파나소닉의 점유율이 줄어들면서 이제 국내 3사의 각축장이 되고 있다. 다만 국제 정세는 항상 변화한다는 역사적 교훈을 기억하면 이런 호의적인 환경이 오랜 기간 지속되리라는 기대는 접어야 한다. 유럽은 노스볼트나 ACC가 이미 경쟁에서 밀려난 상태이기 때문에 중국과 한국 기업 간 경쟁이 가장 치열하게 벌어질 지역이다. 현재의 판매량으로 보면 유럽에서 CATL이 선두, LG 엔솔이 2위를 달리고 있다. 아직은 한국 3사 비중의 합이 CATL보다 높지만, BYD나 EVE Energy 등 중국 기업의 추격도 만만치 않다. 전 세계의 한중 배터리 경쟁에서 유럽이 캐스팅 보트의 역할을 할 수 있는 이유는 크게 두 가지다. 첫 번째는 아직까지 균형을 이루고 있는 시장 점유율이고, 두 번째는 유럽연합의 중국 배터리 견제 정책이다. 대중국 정책의 방향에 따라 무게추는 한국과 중국 중 어느 한쪽으로 기울게 될 것이다.

유럽과 미국을 막론하고 대중국 견제가 강할수록 우리 기업들에게는 유리하지만, 그렇다고 국내 기업의 미래가 밝은 것만은 아니다. 지난 몇 년간 과도한 투자를 감행하며 전 세계에 공장을 지은 역효과가 분명히 있는 만큼, 현재의 손실을 어떻게 만회할지 고민해야 한다. 또한 JV를 만든 완성차 기업과 어떤 협상을 통해 미래를 보장받을 수 있을지 전략을 수립해야 한다. 일반적으로 완성차 기업은 부품 공급사에 손실을 끼칠 경우 이를 보상하는 방법이 있다. 손실을 현금으로 지급하기 보다 그만큼의 부품을 차기 차량 프로젝트에서 구매해 주는 방식이다. 그러나 JV에 투자한 완성차 기업의 지분도 있는 만큼 손실은 각자 알아서 해결하자는 입장을 취할 수 있고, 미래의 전기차 시장 또한 불확실하기 때문에 차기 프로젝트를 약속하기도 어렵다. 어떤 상황이든, 배터리 기업의 상황이 캐즘 이전과 이후로 극명하게 대립되는 것만은 분명하다.

이런 내용들을 고려하여 2030년 배터리 기업의 순위를 예상한다면, 현재와 크게 다르지 않을 것으로 보인다. CATL, BYD, LG엔솔, SK온, 삼성SDI와 파나소닉의 6개 기업은 안정적으로 탑10 안에 존속할 것이며, CALB도 이들과 순위 경쟁을 할 것이다. 자동차 기업에 비해 배터리 기업들은 전기차 시장의 환경 변화에 영향을 많이 받는다. 완성차 기업은 전기차 외에도 내연기관이나 하이브리드라는 대안이 있고, 아직까지는 이런 차종들로부터 수익 대부분이 창출되므로 전기차가 부흥하지 못한다고 해도 영향이 크지 않다. 반면 배터리 기업들은 전기차에 대한 의존도가 크기 때문에 시장의 위축이 사업에 영향을 줄 수밖에 없다. 완성차 기업의 PHEV나 EREV 관련 로드맵을 분석하여 고객이 원하는 사양을 예측하고 대응하는 잰걸음이 어느 때보다도 요구되는 시점이다.

다만 빠르게 성장하고 있는 ESS 시장 등에서 탈출구를 찾을 가능성이 있는 만큼, 사업의 다각화는 적극적으로 검토해야 한다. 최근의 동향을 보면 ESS는 배터리의 차원을 넘어 시스템 인티그레이션이 중심이 되어 가고 있다. 셀 차원에서는 저가의 LFP에 초점이 맞추어져 있고, 시스템 측면에서는 수냉 방식을 통해 냉각 효율을 올리고 AI를 이용해 화재를 미연에 방지하는 방향으로 개발이 진행중이다. LFP에 약점을 보이는 국내 3사는 ESS 시장에서 셀 판매만으로 경쟁력을 확보하기 어렵다. 제어 기능을 포함한 시스템 전체를 설계하고 생산하는 능력이 있어야 승부수를 던질 수 있다. 이와 더불어 휴머노이드나 군사형 드론과 같이 미래에 성장 가능성이 큰 사업 분야도 눈여겨봐야 한다. 이 분야의 배터리 요구 조건은 가격보다 성능이 우선인 만큼 국내 기업들이 적절한 사양을 선제적으로 개발하여 시장을 개척한다면 큰 도움이 될 것이다.

자동차 이야기

영화 〈백 투 더 퓨처(Back to the Future)〉에 등장한 자동차 데로리언(DeLorean) DMC-12는 당시 실패한 스포츠카 브랜드였지만, 스테인리스 보디와 독특한 윙 도어가 미래 지향적이라는 이유로 선택되었다. 원래는 냉장고를 타임머신으로 쓸 계획이었으나, 아이들이 진짜 냉장고에 들어갈 것을 염려한 제작진의 계획 변경으로 자동차가 사용되었다고 한다. 영화 이후 중고차 가격이 폭등했고, 지금은 전기차로 재도전 중이다. 〈트랜스포머(Transformers)〉에 등장한 범블비(Bumblebee)는 GM이 제작진에게 카마로(Camaro) 콘셉트카를 영화에 넣어달라고 요청하여 등장하게 되었고, 이후 영화 속 차량에 대한 반응은 양산형 디자인에 반영되었다.

최초로 제작된 플라잉카(Flying Car)는 1917년 글렌 커티스(Glenn Curtiss)가 개발한 오토플레인(Autoplane)이다. 이 차량은 자동차와 비행기의 특징을 결합한 초기 시도였으나, 잠깐 공중에 떴을 뿐 실제로 이륙하지는 못했다. 1937년에는 항공기 개발자인 월도 워터맨(Waldo Waterman)이 개발한 워터맨 에어로우빌(Waterman Arrowbile)이 도로 주행과 비행에 성공한 바가 있다. 이후 1949년에 미국에서 콘베어 모델 118(Convair Model 118)과 테일러 에어로카(Taylor Aerocar)가 실제 비행에 성공했으나, 대중화나 상용화 단계에는 이르지 못하였다.

| 8장 |

미래는 자율주행에 있다

BEYOND
THE
ENGINE

종합예술, 자율주행

2025년 6월 하순, 미국 서부 지역을 여행하면서 웨이모 로보택시를 타 본 적이 있다. 흰색 재규어(Jaguar)를 개조하여 만든 특이한 형태의 차량을 처음 본 곳은 샌프란시스코였는데 첫 이용은 애리조나주 피닉스에서였다. 운전자가 없는 차량을 본 첫인상은 '이제 기술이 이 정도까지 왔구나'라는 정도의 담담한 느낌이었다.

하지만 막상 차를 타고 가면서는 놀라움이 컸다. 웨이모 원(Waymo One) 앱을 휴대폰에 깔고 택시를 부른 것은 머물던 호텔에서였다. 정문 앞에는 공항으로 가는 셔틀 버스와 개인 차량 한 대가 서 있어서 그 사이로 갈 틈이 없었기에, 택시가 도착하는 것을 보며 이 상황을 어떻게 해결할지가 궁금해졌다. 운전자가 있다면 앞 차를 비켜달라고 할 텐데, 로보택시는 어떻게 할지 알 수가 없었던 것이다. 상황은 생각보다 아주 쉽게 해결됐다. 앞에 두 대의 차가 서 있는 것을 확인한 택시는 아무렇지 않게 후진을 해서 들어왔던 길로 다시 나갔다.

로보택시를 타 본 사람들의 후기를 보면 재미있는 이야기들이 많은데, 가장 기억나는 것은 "경험해 본 기사 중 가장 노련해요"라는 내용이다. 직접 타보고는 조만간 자동차가 더 이상 운송수단이 아닌 생활 공간이 되겠다는 생각이 들었다. 내가 서부를 여행하던 그 시기에 테슬라는 텍사스주 오스틴에서 로보택시 시범운행을 시작했다. 모델 Y 차량을 제한된 구역에서만 운행하는 방식이었다. 일부에서는 차선 이탈, 갑작스런 제동, 잘못된 하차 위치 등이 포착되기도 했다. 아직 무인 택시를 운행하기에는 위험이 따른다는 의견이 있었으나, 이제 시작인만큼 더 지켜봐야 한다는 견해도 만만치 않았다. 현재 수준으로만 본다면 7년 전 사업을 시작한 웨이모의 경험치가 훨씬 앞서지만, 라이다와 레이더라는 비싸고 복잡한 센서들을 장착하지 않고 카메라에만 의존해서 자율주행을 시도하는 테슬라의 도전은 놀랄 만하다.

자율주행이 가능하기 위해서는 여러 가지 요소가 유기적으로 결합되어야 하는데, 차량의 지각(센싱), 판단과 제어 기능이 여기에 해당된다. '지각'은 차량 앞의 물체나 차선, 표지판과 신호 등을 인식하는 기능을 의미하며, 이를 위해 필요한 센서들이 카메라나 레이더, 라이다이다. '판단'은 이렇게 생성된 데이터를 기반으로 어떤 동작을 취할지를 결정하는 단계이고, 이를 바탕으로 차량을 작동하는 기능이 바로 '제어'이다. 이 기능들은 논리적으로는 순차적으로 진행되지만 전체 과정이 아주 짧은 시간 내에 이루어져야 하는데, 이를 위해 필요한 것이 인프라와 소프트웨어. 결국 자율주행이 가능하기 위해서는 상당히 많은 첨단 기술과 장비가 필요하며, 그 범위는 실시간 분석과 제어에 필요한 차량 내부의 구성 요소 외에도 비실시간 분석에 필요한 클라우드 서버, OTA 시스템, 관제센터 등의 외부 시스템까지를 포함한다.

자율주행의 실행을 크게 나누면, 운전 중 즉각 판단과 제어가 필요한 부분은 차량 내부에서, AI 향상이나 시스템 최적화는 차량 밖의 클라우드에서 주로 이루어진다. 차량 단위에서의 빠른 제어가 가능하려면 많은 데이터가 축적되어야 하고, 이 때문에 AI와 관련된 반도체나 컴퓨터가 주목을 받고 있다. 챗GPT 등으로 우리에게도 익숙해진 AI 체계는 다양한 교통 정보를 통해 자율주행 차량이 더 안전하고 빠르게 운행되도록 하는 데 크게 기여한다. 이처럼 과거에는 영화에서나 가능하던 무인 자동차가 현실화되고 있다는 사실은 미래의 자동차 산업에 또 한번 큰 변화가 닥칠 것을 예고한다. 자율주행의 발달은 하드웨어보다 소프트웨어의 측면이 더 크지만, 자율주행의 완성노가 높아지면 소프트웨어뿐 아니라 하드웨어에도 역시 많은 변화를 가져오게 될 것이다.

우선 자동차가 운송 수단이 아니라 생활공간, 사무공간이 되는만큼 실내의 편의성이나 효율성이 강조될 것이며, 인테리어 디자인과 구성 소재에도 다양한 변화가 있게 된다. 즉, 기존의 차량에서 기대하던 '운전하는 재미'보다 '움직이는 사무실로서의 기능'이 더 강조될 것이다. 운전자가 뒷좌석에 앉은 사람들과 대화를 하기 위해 운전석 시트가 뒤쪽으로 돌아가게 만드는 것이 한 예가 될 수 있다. 또한 과거에 비해 실내의 기능과 효율성이 더 중요해져서, 고급스러운 소재나 디자인, 품질 높은 오디오와 비디오 시스템이 요구될 것이다. 만약 자율주행의 최고 단계인 5단계가 가능하다면, 차량 충돌 사고의 개념이 무의미하므로 많은 부분을 철강 소재가 아닌 복합소재나 강화 플라스틱으로 대체하는 것도 가능하다. 차량 경량화는 연비 향상에 가장 직접적이고 효과적인 방법으로, 연료 소모를 줄여 환경보호 측면에서도 큰 도움이 된다.

이름에서부터 'Software Defined(소프트웨어가 기능을 결정하는)'라는 단어를 사용하여 소프트웨어가 하드웨어를 지배한다는 인상을 주는 SDV는 자율주행과는 다른 관점의 접근 방식이지만, 구체적인 내용을 보면 두 개념 사이에는 교집합이 많다. 단어의 정의에 의하면, SDV는 차를 스마트폰처럼 만들어 차량의 기능을 OTA로 바꾸고 업그레이드하는 것인 반면, 자율주행은 그 스마트폰을 센서와 AI의 판단 하에 스스로 작동시키는 것이다. 그러나 OTA 업데이트, 기능이 향상된 인포테인먼트 등은 어느 정도 기존 자동차에서도 구현이 가능한 만큼, SDV 개발자들이 원하는 궁극의 SDV는 소프트웨어가 주도하는 완전 자율주행차라고 보는 것이 옳다. 사실 SDV의 정의나 구현 범위에 대해서는 아직도 논의되는 부분이 많고, 기업이나 기관마다 그 개념에도 다소 차이가 있다. 그런 이유로 이 책에서는 좀 더 이해가 쉽고 많은 정보가 공유되어 있는 자율주행에 초점을 맞추려 한다.

자율주행 단계	
Level 0	완전수동운전(No Driving Automation)
Level 1	운전자 보조(Driver Assistance)
Level 2	부분 자동화(Partial Driving Automation)
Level 3	조건부 자동화(Conditional Driving Automation)
Level 4	고도 자동화(High Driving Automation)
Level 5	완전 자동화(Full Driving Automation)

　　흔히 자율주행을 언급할 때는 운전자의 개입 정도에 따라 '수동 주행'인 레벨 0(L0)에서부터 '완전 자동화'인 레벨 5(L5)로 나누지만, 서비스나 활용 형태로 구분하기도 한다. (1) 승용차 자율주행, (2) 로보택시, (3) 트럭/물류, (4) 셔틀/버스, (5) 특수 목적이 그것이다. 이중 (3), (4)번 항목은 고속도로 중심이거나 정해진 노선에서의 주행이라 상대적으로 상용화가 수월하다. 특수 목적 용도는 광산이나 항만, 군수 분야 등에서 사용되는 트럭이나 운송기계류와 관련이 있는데, 이 역시 통제된 환경에서 자율주행을 수행하는 만큼 일반 승용차나 로보택시에 비해 난이도가 낮다. 현시점에서 개인 승용차가 L2~L3, 로보택시는 제한된 구역 내에서 L4가 가능한 반면, 트럭이나 버스, 특수 목적 차량은 이미 L4 수준의 시범운행이 진행 중이고 일부는 상용화 단계까지 도달했다.

자율주행을 생각하면 흔히 테슬라나 웨이모를 떠올리지만, 대형 운송수단인 트럭과 물류 분야에서는 오로라(Aurora)처럼 우리에게 낯선 기업이 두각을 나타내고 있다. 다임러나 볼보 트럭과 같은 완성차 업체도 많은 관심을 가지고 있다. 2017년에 구글, 테슬라, 우버 출신의 자율주행 분야 전문가들이 설립한 오로라는 자율주행 센서, 소프트웨어, 하드웨어를 통합한 오로라 드라이버(Aurora Driver) 시스템을 트럭뿐 아니라 승용차에까지 적용하여 유명세를 탄 곳이다.* 2025년 5월부터는 텍사스 주 내에서 완전 자율주행 트럭을 활용한 운송 서비스를 시작했다. 2025년 8월 기준, 운전자 없이 달리는 트럭으로 총 2만 마일 이상을 주행했으며 야간 운행 가능 시스템도 본격 가동 중이다. 또한 우버 화물(Uber Freight)과 함께 프리미어 오토노미(Premier Autonomy) 프로그램을 시작해 다양한 물류 사업자들이 오로라의 자율주행 트럭을 정기적으로 사용할 수 있도록 추진하고 있다.

셔틀과 버스의 자율주행 분야에서도 잘 알려지지 않은 전문 기업들이 있다. 프랑스의 나비야(Navya)**와 이지마일(EasyMile), 미국의 메이 모빌리티(May Mobility) 등이 대표적이다. 2014년에 설립된 나비야는 2015년 완전 무인 전기 셔틀을 출시하여 2021년까지

---

* 오로라의 창업자 중 한 명인 스털링 앤더슨(Sterling Anderson)은 2025년 5월, GM의 수석 부사장 겸 CPO(Chief Product Officer)로 영입되었다.

** Navya SAS는 2023년에 법정관리를 신청하였고, 이후 프랑스의 고생(Gaussin)과 일본의 마크니카(Macnica)가 공동 인수하여 Gaussin Macnica Mobility(약칭 GAMA)로 재출범하였다. Navya라는 이름은 브랜드명이나 기존 셔틀 제품명으로 아직 사용된다.

25개국에 200여 대를 판매한 기업이다. 라이다, 카메라와 GPS 등의 센서 데이터를 AI 기반으로 통합하는 시스템을 사용한다. 지난 4월 발표된 2025년 자율 셔틀 제조업체 탑25 리스트에서 6위에 오른 바 있다.

역시 프랑스 기업인 이지마일의 전기 자율주행 버스 EZ10 셔틀은 실시간 센서를 기반으로 한 환경 인식과 통합 AI 접근을 통해 보행자, 차량 등을 인지하는 능력이 뛰어난 것으로 알려진다. 30개국 이상, 400개 이상의 장소에 차량을 배치하여 무인 셔틀로는 가장 많이 배포되었다. 다양한 환경에서도 안정적으로 운행이 가능해 사무 구역, 공항, 커뮤니티 등에서 퍼스트, 라스트 마일 운행을 수행하고 있다.***

2017년 미국 미시간주 앤아버에서 설립된 메이 모빌리티는 공공 교통 시스템과 연계되는 접근성 높은 자율주행 모빌리티 플랫폼 구축을 목표로 한다. 차량이 200ms(0.2초)마다 학습을 진행하며 실시간 작동을 결정하는 기술을 사용하는 덕분에, 기존 AI 시스템보다 유연한 대응이 가능한 것이 특징이다. 실용성과 안전성을 보장하는 비즈니스 모델을 추구하는 이 기업의 미션은 '사람들이 필요로 하는 곳으로 안전하고 쉽게, 그리고 즐겁게 이동할 수 있도록 자율주행차를 개발하고 보급하여 교통수단을 다시 상상한다"이다. 전 세계적으로 30만 번 이상의 승객 이동 기록이 있으며 도시의 비

*** 퍼스트 마일은 집이나 출발지에서 대중교통(지하철, 버스)까지 가는 첫 구간을, 라스트 마일은 대중교통 하차 후 목적지까지의 마지막 구간을 의미한다.

즈니스 지구, 대학 캠퍼스, 주거 커뮤니티와 같은 제한된 지역에서 다양한 시범운행을 하고 있다. 운전자 없는 첫 상업 운행은 2025년 2월, 조지아주에서 시작했고, 이탈리아의 테크노버스(Tecnobus)와 협력해 30인승 배터리 교체형 자율주행 버스를 준비 중이다.

트럭이나 셔틀이 아닌 일반 자율주행과 로보택시 분야로 다시 화제를 돌리면, 이 분야에서 강세를 보이는 대표적인 기업으로는 우리에게도 익숙한 웨이모, 테슬라와 바이두를 들 수 있다. 현대자동차그룹도 모셔널, 포티투닷 등을 통해 자율주행과 SDV 개발을 진행하고 있으나, 앞의 3개 기업만큼 가시적인 성과를 보이지는 못하고 있다. 한때 프로젝트 타이탄(Project Titan)이라는 자율주행 프로젝트를 추진했던 애플은 수차례 일정 지연과 목표 변경 끝에 2024년 2월 프로젝트를 공식 중단한 바 있으며, 대부분의 인력을 생성형 AI 연구로 전환하였다. 2013년 자율주행 스타트업으로 설립되어 2016년에 GM에 인수된 크루즈도 사업 목표였던 L4 로보택시 개발에 실패한 뒤 2024년 11월에 사업을 중단했다. 이후 크루즈 기술팀과 GM ADAS팀을 통합하여 슈퍼크루즈(Super Cruise)* 쪽으로 방향을 선회한다. 최근 오로라의 창업자이자 자율주행 전문가인 스털링 앤더슨을 영입한 것이 다시 한번 자율주행 사업에 힘을 실으려는 의도라는 분석이 있다.

첨단 기술을 선도하는 거대 기업조차 실패한 사례를 남기는 자율주행 분야에서 어느 기업이 생존하고 주도권을 쥐는가의 여부

---

* Super Cruise: GM이 개발한 고속도로용 반자율주행 기술.

는 2035년 이후 자동차 산업의 판도를 또 한번 뒤집을 것이다. 현재 몇몇 기업이 주도하는 높은 수준의 자율주행 기술이 상용화되려면 아직도 최소 5년 정도의 시간은 필요하다. 차량 하드웨어 측면에서는, (2035년까지는 하이브리드 자동차가 '메인스트림'의 위상을 유지할 것으로 보지만) 2030년 경부터 전기차도 앞서 지적한 장벽 중 상당수를 극복할 수 있을 것이다. 이에 따라, 소프트웨어와 하드웨어의 두 가지 기술이 접목되어 '자율주행이 가능한 순수 전기차'가 본격적으로 시장에 진입하는 시점은 2035년 전후가 되리라고 예상한다. 그때까지도 우리는 대부분 스스로 운전하는 내연기관이나 하이브리드차를 타고 다니겠지만, 더 이상 무인 전기 자동차를 신기해 하지 않는 세상은 되어 있을 것이다.

웨이모 vs 테슬라

웨이모는 구글로부터 2016년에 독립한 자율주행차 부분으로, 기술 개발과 상용화에 상당한 진전을 이루고 있다. 2018년 12월에 피닉스에서 유료 로보택시 상용화를 시작했으며, 완전 무인 서비스를 도입하고 일반 소비자도 탑승이 가능하게 된 것은 2년 후인 2020년 10월부터이다. 이후 샌프란시스코와 로스앤젤레스 등에서 24시간 서비스와 차량 호출 서비스를 통해 고객을 확보한 후, 2025년부터는 샌디에이고, 라스베이거스, 시애틀, 애틀랜타 등 10개 이상의 도시로 사업을 확대 중이다. 현재 운행되는 차량은 총 1,500대 이상으로, 매주 25만 회 이상 유료 승차가 이루어지고 있다. 안전성도 다각도로 입증되고 있다. 2025년 1월 기준으로 5,670만 마일을 운행한 결과 일반 운전자 대비 사고율이 현저하게 낮은 것으로 분석되고 있는데, 통계에 의하면 충돌 사고는 85%, 심각한 부상 사고는 88% 감소했다고 한다.

불과 15분 정도의 체험이지만, 내가 겪은 웨이모의 로보택시도 이용하는 데 문제가 없었다. 호텔 앞에 도착한 차의 문은 전용 앱을 이용해 열 수 있었고, 원하는 음악도 선택이 가능했다. 가는 내내 제한속도를 잘 지키면서도 가속해야 할 구간에서는 차선 변경도 부드럽게 이루어졌다. 요금은 우버에 비해 조금 비쌌지만, 새로운 경험을 하는 대가치고는 나쁘지 않았다. 이와 같은 소비자의 만족도에 힘입어 웨이모는 피닉스 인근 메사 지역에 마그나(Magna)와 협력한 자율주행차 통합공장을 만들어 재규어 I-Pace EV를 웨이모 자율주행차로 대량 개조하고 있다. 외부적으로도 협력을 강화하여, 6세대 웨이모 자율주행 시스템을 도요타 차량에 탑재하는 전략적 파트너십을 체결하였고, 현대자동차그룹과도 공동 사업을 준비 중이다.

웨이모의 기술은 라이다, 레이더, 카메라 등을 종합적으로 사용하는 센서 기반 접근 방식으로 안전성에 관해서는 보험사에서도 인정을 받은 수준이다. 스위스 보험사인 스위스 리(Swiss Re)는 웨이모 차량이 일반 차량보다 약 88% 적은 재산피해를 낸다고 발표한 바 있다. 그러나 이미 언급한 바와 같이 웨이모의 약점은 센서류의 높은 가격이다. 5세대 웨이모 차량에는 29대의 카메라, 5대의 라이다와 6대의 레이더가 들어가는 것으로 알려지며, 각 센서의 단가를 고려해 볼 때 3만~5만 달러가 소요된다.* 6~8대의 카메라가 동원되는 테슬라의 센서류 가격이 400달러임을 생각해보면 백 배나 되는 가격 부담을 안고 가야 한다. 6세대로 진화하면서 센서의 수가 줄어들고 라이다의 가격도 많이 낮추었다고는 하지만, 시장성 확보를 위해서는 회사의 1차 목표인 차량 가격 9만 달러를 달성하는 것이 시급한 과제다.

테슬라가 계획했던 자율주행 로보택시 운행은 2025년 6월 22일, 텍사스주 오스틴의 제한된 구역 내에서 시작됐다. 모델 Y 10여 대가 투입되어 매일 오전 6시부터 자정까지 운영되는 이 시범 사업은 모든 차량에 테슬라 직원이 탑승하여 차량의 운행을 감시하는 형태로 시작했다. 탑승료는 4.20달러~6.90달러 범위에서 (거리나 시간과 무관한) 단일 요금으로 저렴하게 책정되었으나 18세 미만의 승객은 혼자 탑승할 수 없고, 악천후나 복잡한 교차로는 피하는 등 상업화하기에는 아직까지 많은 제약이 있는 프로젝트다.

이 사업을 위해 테슬라는 GM의 크루즈 출신을 AI 디렉터로 영입하기도 했는데, 궁극적인 목표는 미국 인구의 50%가 서비스를 이용하게 하는 것이라고 한다. 2026년까지 미국 내 25개 도시로 서비스를 확장할 계획이며, 2025년 7월에 캘리포니아의 샌프란시스코 지역을 두 번째 운행 지역으로 포함하면서 저변을 넓히고 있다.

---

* 블룸버그는 9,300달러로 추정하고 있으나 현시점의 라이다 가격을 고려하면 현실성이 떨어진다. 다만, 최근 소식에 의하면 라이다 가격이 1,000달러 미만도 가능하다는 의견이 있다.

테슬라 로보택시는 기본적으로 FSD 기반이다. 그러나 아직은 직원이 탑승해 필요시 개입할 수 있는 여지를 남겨놓은 것으로 볼 때 완전 무인 자율주행 단계라고 보기는 어렵다. 다만 주행이 지속되면서 축적되는 데이터 양이 늘어남에 따라 서서히 사람의 개입을 줄일 것은 분명하다. 결국 테슬라가 증명해야 하는 것은 카메라만으로도 완전 자율주행이 가능한가라는 점이다. 가격 경쟁력은 있다고 하더라도 안전성 및 규제 문제를 극복하지 못하면 시장에서 수용할 수 없을 뿐 아니라, 기업의 입장에서도 사고시 발생하는 법적 책임을 감당하기 어렵다. 다만 바뀌는 도로 여건이나 돌발 상황 대처 능력 등의 데이터가 AI시스템에 축적되면, 값비싼 센서류를 사용하는 웨이모와의 신뢰도 차이는 줄어들 가능성이 많다.

테슬라가 취하는 카메라 기반의 자율주행 방식은 2021년부터 시도되었다. 개당 수천에서 수만 달러씩 하는 라이다 대신 레이더와 카메라만으로 자율주행을 추진할 때도 경쟁사들에 비해 도전적이라고 생각되었는데, 레이더까지 제거하면서 단순화를 한 단계 더 끌어올린 것이다. 이 방식은 악천후나 조명이 어두울 경우 문제가 생길 우려가 있으나, 실제 비 오는 날에도 어려움 없이 주행했다는 사용자 평가가 있으며 시스템은 지금도 개선 중이다. FSD 버전 13으로 완성도를 높인 테슬라는 최근 출시한 버전 14부터 AI 최적화와 도로별 맞춤 설정도 가능하도록 하여 더 높은 수준으로 진입 중이라는 평가가 있다. 머스크는 향후 몇 개월 이내에 완전자율주행 단계인 FSD 레벨 4~5를 내놓겠다고 언급한 바 있는데, 최근 시행된 로보택시 사업을 통해 버전 14를 입증한 후 점차 단계를 올릴 것으로 보인다.

　　웨이모가 애리조나주에서 로보택시 사업을 시작하여 캘리포니아, 텍사스, 조지아주 등으로 사업을 확장하는 데는 이유가 있다. 모두 날씨가 덥고 눈이 거의 오지 않는 곳이다. 같은 이유로 테슬라도 텍사스의 오스틴을 택한 것인데, 향후 로보택시가 확고히 정착되기 위해서는 동북부처럼 겨울 기후가 좋지 않은 지역에서의 안전성이 보장되어야 한다. 테슬라 로보택시는 운행 초창기에 몇몇 교통 위반이나 안전사고 논란이 있어 NHTSA*의 조사가 진행 중인만큼 초반의 이런 위기들을 어떻게 극복해 나가는가도 큰 관심사이다. 한편 한국 출시를 앞두고 규제 대응을 위해 보안, 보험 전문가들을 영입하는 것으로 알려지고 있으며, 앞으로 세계 도처에서 FSD의 완성도를 높이기 위한 다양한 작업들이 추진될 것으로 보인다. 결론적으로 웨이모의 가격 현실화, 테슬라의 안전성 확보 중 어느 쪽이 먼저 달성되든 로보택시의 승자는 그들의 차지가 될 것이다.

　　테슬라는 최근에 로보택시와 더불어 또 한 가지 놀라운 소식을 전해왔다. 2025년 6월 28일 텍사스 오스틴의 기가팩토리에서 고객의 집까지 모델 Y를 FSD로 배송하는 데 성공했다는 것이다. FSD가 Full Self-Driving(완전자율주행)이 아닌 Full Self-Delivery(완전자율배송)를 의미한다는 이야기가 나온 계기이다. 운전자나 원격조정자 없이 도심과 고속도로를 포함한 15마일 거리를 30분 동안 차

---

*　　NHTSA(National Highway Traffic Safety Administration): 미국 교통부 산하의 고속도로 교통안전국.

량이 스스로 주행하여 고객의 집에 도착했다는 사실은 자동차 기술 외의 많은 부분에도 변화를 가져올 수 있다. 대표적으로 완성차 공장에서 딜러까지, 딜러에서 고객까지 두 번에 걸친 차량 운송이 불필요해진다. 지금은 공장에서 큰 트럭에 여러 대의 차량을 싣고 딜러까지 간 후 또 딜러에서 고객까지는 별도로 운송을 하거나 구매자가 직접 운전을 해야 했는데, 이런 유통구조가 상당히 단순화된다는 의미다.

　　변화는 이 뿐만이 아니다. 차량 가격이 어디에서나 동일한 우리나라와 달리 미국에서는 차량 구매시에 가격을 놓고 줄다리기를 하는 것이 소비자들에게는 늘 힘든 부분인데, 이런 구조에도 변화가 올 수 있다. 가격 정찰제를 통해 딜러라는 중간 상인을 배제하고 공장에서 직접 고객에게 차량을 운송하면 자동차기업과 소비자 모두에게 이익이 된다. 다만 유통구조의 변화로 인해 자동차 산업의 큰 부분을 담당하던 딜러의 존재가 무의미해지는 만큼 급격한 변화보다는 점진적으로 방향을 선회할 가능성이 많다. 또한 무인 배달과 관련한 규제 승인, 안전 검증 등 재확인할 요소들도 적지 않아 단시간에 이루어질 작업은 아니다. 그러나 한가지 분명한 것은 자율주행이라는 기술이 가져올 수 있는 미래의 변화상이 상당히 다양하다는 사실이다. 기업과 소비자에게 오는 변화 뿐 아니라 관련 산업군 전체에도 예상치 못했던 변화가 올 것이다.

현대자동차그룹

현대자동차그룹의 자율주행은 앱티브(Aptiv)와 공동출자한 모셔널(Motional)이 주도한다. 2020년 설립된 이 JV는 글로벌 시장을 타깃으로 미국 내 실증과 서비스 확대를 진행 중이다. 2021년 독일 국제 모터쇼(IAA 모빌리티)에서 아이오닉5를 기반으로 한 로보택시를 공개하고 레벨 4를 목표로 함을 발표한 바 있으며, 2022년 라스베이거스에서 라이브 시범 운영을 시작하여 운전자 탑승 하에 시범운행을 진행했다. 이어 2024년부터는 싱가포르 공장에서 생산한 차량을 미국에 수출해 리프트(Lyft), 우버이츠(Uber Eats)와 연합하여 서비스를 확대해 나가고 있다. 그러나 사업의 한 축이었던 앱티브가 두차례에 걸쳐 지분을 줄이면서 현재는 현대자동차그룹이 86.6%의 지분을 보유하게 됐다. 웨이모나 테슬라를 제외한 기업들의 자율주행 사업 실패에 이어 들려온 소식이라 현대자동차의 자율주행도 같은 수순을 밟고 있는 것은 아닌지에 대한 우려가 있다.*

한편 현대자동차그룹은 웨이모와의 협력도 추진하고 있다. 2025년부터 조지아 공장에서 아이오닉5에 웨이모 기술을 통합하여 웨이모 원 로보택시 프로젝트에 합류할 예정이다. 웨이모는 지금까지 재규어 I-Pace EV SUV를 차체로 이용해왔는데, 2025년 말부터 현대차가 협력사로 동참하게 된 것이다. 현대차 입장에서는 하드웨

---

* 2025년 2분기에 추가로 6,300억 원을 투자하면서 지분이 증가하였고, 모셔널에 대한 현대자동차그룹의 누적 투자는 약 5조 원에 달하는 것으로 알려졌다.

어 부분을 담당하게 되어 자칫 애플 스마트폰을 조립하는 폭스콘과 같은 위치에 설 수도 있으나, 자체의 소프트웨어 기술력을 보유하고 있는 만큼 향후에 자사의 자율주행 프로젝트에 도움이 될 가능성은 있다. 이 밖에도 현대차는 러시아 IT 기업 얀덱스(Yandex)에서 분사해 미국에 자리잡은 자율주행 스타트업 아브라이드(Avride)와도 협업 중이다. 역시 아이오닉5를 기반으로 한 택시 100대를 투입할 계획이다. 넓은 실내 공간과 과거 1970년대 포니의 외관을 닮은 독특한 디자인이 사용자들에게 호응을 받을 수 있을 지에도 관심이 몰리고 있다.

현대자동차그룹은 자율주행과 SDV 시대를 위해 차세대 통합플랫폼 브랜드를 런칭하기도 했다. 플레오스(Pleos)라는 명칭은 'Platform for Efficient and Optimized Software'의 약자로, 공식 발표는 2025년 3월에 있었으며 2026년부터 출시되는 차세대 전기차부터 순차적으로 적용할 예정이다. 이 플랫폼의 특징은 전자제어장치(Electronic Control Unit, ECU)마다 각각 소프트웨어가 들어가던 기존의 구조에서 벗어나 하나의 통합된 OS로 차량 전체를 컨트롤하는 것이다. 또한 스마트폰처럼 OTA 방식으로 업데이트가 가능하여 차량 출고 후에도 ADAS, 자율주행, 인포테인먼트 기능을 지속적으로 개선할 수 있다. 자율주행 단계는 우선 레벨 2에서 2+를 목표로 하고 있으나 향후에는 3~4까지 기능을 확장할 예정이다. 현대차, 기아, 제네시스 전 브랜드에 탑재할 계획인 만큼 플레오스의 성공 여부가 현대자동차그룹의 자율주행 사업에 큰 영향을 끼칠 것은 분명하다.

현대자동차그룹에서 자율주행을 담당하는 또 다른 한 축은 포티투닷이다. 정확히 말하면 'SDV 플랫폼 전문기업'인 포티투닷은 2019년에 설립되어 2022년 현대차에 인수된 후 2023년에는 현대자동차그룹의 SDV 중심 개발조직으로 지정되었다. SDV 아키텍처 외에도 AI기반 풀스택 자율주행 시스템인 AKit[*], 도시 모빌리티 OS인 UMOS[**], 자율주행 모빌리티 앱 TAP![***] 등의 핵심기술을 개발하고 있으며, 2024년 CES에서는 SDV 전기전자 아키텍처와 HPVC(High Performance Vehicle Computer) 컴퓨팅 플랫폼을 발표하기도 했다. 이 조직에 대한 외부의 평은 긍정적인 면과 부정적인 면이 모두 있다. 소프트웨어 전문기업 출신들이 개발을 주도하는 만큼 미래지향적이라는 의견도 있으나, 자동차 분야의 경험이 부족하다 보니 계획의 현실성이 떨어진다는 지적이 있다.

BYD

웨이모나 테슬라처럼 전면에 내세우고 있지는 않지만, 중국 전기차의 선두주자인 BYD 역시 자율주행 분야에서 상당한 강세

---

[*] AKit(Advanced Kit for Integrated Technologies): 포티투닷/현대차의 차량 내 소프트웨어 플랫폼. 차량용 운영체제 개발 키트이자 소프트웨어 아키텍처.

[**] UMOS(Urban Mobility Operating System): 포티투닷이 개발한 도시 모빌리티 통합 운영체계. 여러 교통수단을 하나의 플랫폼에서 통합 운용한다.

[***] TAP!: UMOS 기반으로 운영되는 실제 사용자용 모빌리티 앱.

를 보이고 있다. 이들은 신의 눈(God's Eye) 혹은 DiPilot라는 시스템으로 차량을 운행하는데, God's Eye C(Dipilot 100)는 자율주행 2~2.5단계 수준으로 고속도로에서 내비게이션 기능을 가능케 하며 God's Eye B(DiPilot 300)는 레벨 3에 근접하는 수준으로 시내 도로와 고속도로를 모두 지원한다(BYD는 2025년 초 딥시크의 AI 기술을 자사의 신의 눈 시스템에 통합한다는 발표를 하며 큰 파장을 일으킨 바 있다). 가장 높은 단계인 God's Eye A(Dipilot 600)는 레벨 3의 고급 기능과 안전 확보를 목표로 하는 고급 브랜드 탑재용이다. 이 사양에는 라이다 3개와 엔비디아의 고성능 Orin X 칩 등이 사용된다. BYD가 가진 장점은 낮은 가격이다. 일부 사양을 제외하고는 라이다 없이 저렴한 가격에 2단계 자율주행을 제공하며, 하드웨어와 소프트웨어를 포함한 전체 시스템 가격이 경쟁사의 소프트웨어 가격에도 못 미칠 정도로 저렴하다.

현시점에서 BYD가 로보택시 사업을 할 계획은 알려지지 않고 있으나 웨이모, 바이두 같은 기업에 차량을 공급할 가능성은 충분하다. 특히 BYD의 전기차 밴(Van)이나 소형 승합차 플랫폼이 활용될 수 있을 것으로 보인다. BYD 자율주행 기술의 특성은 ADAS를 중심으로 한다는 것인데, 경쟁사와는 목표나 기술 구조 측면에서 차이가 크다. 즉 일반적인 의미의 완전 자율주행에 초점을 맞추기보다, 안전하고 편한 운전을 지원하고, 동시에 차량 원가를 절감하면서 시스템 안정성을 확보하는 것을 목표로 하고 있다. 이런 이유로, 소프트웨어를 점차 고도화하고는 있지만 완전 자율 단계인 4~5단계를 지향하지는 않는다. 하지만 레벨 4에 근접하는 기술을 요구하는 스마트 발레주차를 사용하는 중에 사고가 나면 보험과 책임 보장을 약속한 만큼 이들의 ADAS 수준은 꽤 높은 것으로 파악된다.

바이두

중국의 대표적인 IT 기업인 바이두는 웨이모와 유사한 철학을 가진 기업이다. 완전 자율주행을 추구하며 로보택시 서비스와 자율주행 소프트웨어, 하드웨어 플랫폼을 모두 자체 개발한다. 2017년부터는 자율주행 기술을 아폴로(Apollo) 프로젝트로 통합 운영하고 있으며, 중국 정부의 지원과 규제 완화 덕분에 도심 테스트와 상용화에서 유리한 위치에 있다.

아폴로의 현재 수준은 특정 구역에서 완전 자율주행에까지 접근한 것으로 알려져 있다. 로보택시 역시 이미 베이징, 우한 등 15개 이상의 도시에서 무인 운행 중이며, 일부 도시에서는 하루 24시간 운영한다. 바이두의 로보택시 브랜드는 아폴로 고(Apollo Go)라고 불리는데, 일반 시민이 앱으로 예약 가능하며 2025년 5월 기준 누적 1,100만 건 이상의 승차 서비스를 제공한 바 있다. 현재 ML(Machine Learning)* 기반 기능을 강화하는데 주력하고 있으며, 오

---

* ML(Machine Learning): 사람처럼 컴퓨터가 경험(데이터)을 통해 패턴을 인식하고 예측이나 분류 같은 작업을 자동으로 수행하게 하는 기술.

픈소스 생태계를 이용해 수천명의 개발자가 참여하고 있다.

바이두의 사업 초창기에는 BYD, 홍치 등의 양산차를 개조하여 자율주행 시스템을 테스트했다. 최근에는 자율주행 전용차량 RT6를 개발하여 자체적으로 완성차를 생산한다. 생산단가가 3만 5,000달러 정도로 웨이모에 비해 상당히 저렴하다. 센서, AI 칩까지 수직계열화함으로써 저비용 로보택시의 실현 가능성에 한 발 더 가까이 다가섰다. 바이두는 현재 중국 내에서 완전 자율주행 상용화 1위를 달리고 있다. 급경사나 곡선로가 많은 충칭과 같은 지역에서도 사용자 평가가 좋은 만큼 향후 자율주행 시대에 메이저 플레이어의 역할을 할 것으로 기대된다. 해외 진출도 적극적으로 진행 중이다. 2025년 말부터는 스위스와 터키에서 시범운행이 예정되어 있으며, 아부다비, 두바이 등 중동에서도 파일럿 시험을 계획 중이다. 두 도시가 위치한 아랍에미레이트는 정부차원의 지원정책과 미래 모빌리티에 대한 높은 관심으로 최근 자율주행 자동차의 미래 시장으로 부각되고 있다.

유럽과 일본 기업들

앞에서 언급한 기업들만큼 매스컴에 오르내리지는 않지만, 유럽의 전통 자동차 회사들도 자율주행 분야에서 상당한 성과를 보이고 있다. 상용화에 가장 가까이 도달한 곳은 독일의 메르세데스-벤츠이다. 드라이브 파일럿(Drive Pilot)이라는 시스템을 적용한 S-Class와 EQS(플래그십 전기 세단)는 독일에서 출시하고 미국 일부 주에서도 운행 중인데, 세계 최초로 국가기관인 독일연방자동차청에서 레벨 3를 승인한 차종이다. 현재는 특정 조건(고속도로, 최대 95km/h, 선명한 차선, 맑은 날씨)에서만 작동하지만, SAE L3 조건부 자율주행을 인증받은 만큼, 메르세데스-벤츠는 '숨은 고수'라고 할 만하다. 유럽에서 레벨 3에 도달한 또 다른 기업은 BMW이다. 퍼스널 파일럿 L3(Personal Pilot L3)가 장착된 BMW 7 시리즈는 유럽에서 두 번째로 레벨 3를 공식 인증 받은 차종이다. 야간 및 낮은 조도 환경에서도 작동이 가능하여 메르세데스-벤츠보다 확장된 조건에서도 운전이 가능한 것으로 알려졌다.

유럽의 다른 완성차 기업들도 전반적으로 레벨 2+ 수준의 기능은 보유하고 있다. 폭스바겐은 현재 모빌아이와의 협력을 통해 자율주행 시스템을 개발 중인데, 2026년에 소비자용 차량의 레벨 3 달성을 목표로 하면서 레벨 4 로보택시도 구상하고 있다. 볼보는 앞서 언급한 오로라와의 협업을 통해 전기 트럭 기반 레벨 4 자율주행 트럭을 개발 중이다. 2028~2030년에 미국과 유럽에서 허브 간(hub-to-hub) 레벨 4 트럭 상용화를 목표로 한다. 대형 트럭 부문의 강자인 다임러 트럭(Daimler Truck)과 스카니아도 레벨 2+ 수준의 ADAS 기반 자율주행 트럭을 양산하고 있으며, 볼보와 마찬가지로 2030년까지는 상용화를 계획하고 있다. 특히 다임러 트럭의 북미 법인은 전기 세미트럭 프라이트라이너 e캐스카디아(Freightliner eCascadia)에 자율주행 기술을 통합한 시제품 차량을 공개하기도 했다.* 이 차량은 라이다, 레이더, 카메라 등을 모두 이용하여 상황 인식을 강화했으며 레벨 4 도달이 목표이다.

자동차 산업과 시장 전반에 끼치는 일본 완성차 업체들의 영향력이 막강한 것에 비하면 자율주행 분야에서는 이들 기업의 소식이 많이 들려오지 않는다. 전반적으로는 ADAS 중심의 단계적 발전 전략을 기본으로 자체 소프트웨어 역량을 강화하는 방향을 택하면서, 상용화를 위해서는 국제적 협력도 추구하고 있다. 도요타는 2025년 4월말 웨이모와 손잡고 신개념 자율주행 플랫폼 개발에 나선다는 발표를 한 바 있다. 한편으로 자회사인 우븐 바이 도요타(Woven by Toyota)를 통해 아레네(Arene)라는 차량 운영체제를 자체 개발했다. 아레네는 2025년 회계연도 중 RAV4에 탑재하여 SDV의 첫 발을 내디딜 계획이다. 이와 더불어 후지산 기슭에 우븐 시티(Woven City)라는 미래형 자율주행 실험도시를 건설하여 2025년 가을부터 주민 입주를 시작할 예정이다. 이처럼 도요타는 자율주행 차량 뿐 아니라 로봇, AI, 스마트 인프라가 통합된 생활형 도시를 시도하는 대담한 계획을 실행 중이다.

혼다는 레벨 3 수준의 자율주행 기술을 목표로 센싱 엘리트(SENSING Elite)를 개발하고 있다. 이미 2021년에 레전드(Legend) Hybrid EX에 적용한 바 있는 이 시스템은 정체 상황에서 자동차가 스스로 가속, 제동, 스티어링을 제어한다. 운전자는 화면을 보면서 휴식을 취할 수 있도록 설계되었다. 이 기능을 일본 국내뿐 아니라

---

* 세미트럭은 우리가 아는 대형 트레일러 트럭을 의미한다. 구조적으로 앞부분(Tractor)과 뒤에 연결된 화물칸(Semi-trailer)로 이루어져 있다.

해외 시장에도 보급하여 2030년까지 전 세계적으로 표준화하겠다는 것이 이들의 목표이다. 혼다는 또한 미국의 AI 스타트업 Helm.ai와 다년간의 자율주행 AI 소프트웨어 계약을 체결하여, 고도화된 ADAS 구축을 위한 핵심 요소로 활용할 계획이다. 한편 닛산은 카메라 중심의 AI를 이용한 자율주행 플랫폼을 목표로 한다. 현재 적용 중인 프로파일럿 어시스트(ProPilot Assist)의 버전 2.1은 고속도로에서의 조향, 감가속 유지 등을 지원하는 레벨 2 수준에 핸즈프리 자율주행, 자동 차선 변경 등의 기능을 추가하여 로그(Rogue) SL과 플래티넘(Platinum) 차량에 적용하고 있다.

자동차 기업은 아니지만 소니 역시 비전-S(Vision-S)라는 플랫폼을 통해 자율주행 기능을 OTA로 업데이트하는 EV 플랫폼을 개발 중이며, 혼다와 협업하여 차량 출시도 계획하고 있다. 소니는 미래 전기차 개발의 테스트베드 역할을 위해 Sony Mobility Inc.라는 자회사를 설립하여, 비전-S를 중심으로 EV 및 자율주행 기술을 발전시켜 왔다. 소니와 혼다의 협업은 2022년 설립된 Sony Honda Mobility를 통해 본격화됐다. 2023년 CES에서 공개된 아필라(Afeela) 콘셉트와 2025년 발표한 아필라 1이 이 자회사의 작품이다. 간단하게나마 살펴본 바와 같이 미국이나 유럽에 비해 일본의 자율주행 기술은 다소 처지는 상황으로 보이며, 대부분 아직 레벨 2에 머물고 있다. 자동차 자체나 전기전자 기술 등 차세대 전기차를 위한 기초 기술은 상당한 경쟁력을 보유하고 있는 반면, 소프트웨어 개발과 같이 발빠른 변화를 요구하는 분야에서는 보완할 점들이 많은 것으로 판단된다.

미래는 센싱이다

자율주행에 관한 분류나 용어들은 최근에 정의되고 정리된 것들이 많아, 일반 독자들에게는 많은 부분이 생소할 것이다. 레벨 0에서 레벨 5까지의 세분화된 단계는 이제 고객들에게도 익숙한 용어가 되었지만, 승용차 자율주행과 로보택시의 차이점이나 트럭/물류, 셔틀/버스 자율주행의 특징은 전문가가 아니면 파악하기가 쉽지 않다.

간단히 정리하면, 일반 자동차의 자율주행은 이제 레벨 2에서 레벨 3 단계에 있으며, 잘 알려진 미국이나 중국 기업보다 유럽의 완성차 기업이 받은 인증 레벨이 더 높다. 다만 테슬라의 FSD 13이 실제로는 레벨 3을 충분히 달성하면서도 책임 소재나 보험 등의 문제로 레벨 2+로 정의되었다는 이야기가 있는 만큼, 전반적으로 레벨 3 수준의 달성도는 이루어졌다고 할 수 있다. 로보택시의 자율주행은 레벨 4에 근접했다고 볼 수 있으나, 지금까지 진행된 차량 운행이 날씨가 좋은 제한된 지역에서 이루어졌다는 점에서 지속적인 개발과 개선이 이루어져야 할 것으로 보인다.

이에 비해 트럭이나 셔틀은 좀 더 레벨 4 단계의 상용화에 가깝다. 목적지를 고객이 임의로 선택하는 로보택시와는 달리 정해진 노선 운행이 많은 차량이라 변수가 적기 때문이다. 이해를 돕기 위해 국내의 지하철을 예로 들 수 있는데, 신분당선과 U선(의정부 경전철)은 자동차의 완전자율주행 단계인 L5에 해당하는 GoA 4 운전 시스템으로 무인 운행중이다.* 비행기의 자율주행도 우리가 생각하는 것보다 역사가 깊다. 이미 수십 년 전부터 오토파일럿(Auto Pilot)이 고도유지, 항로 비행 등에 사용되어 왔으며, 활주로 가속과 이륙을 제외한 대부분의 조종이 무인으로 이루어진다. 항공 업계에서는 AI를 이용하여 조종사 수를 줄이는 연구를 진행중이며, 세계적인 물류 회사인 페덱스(FedEx)는 화물수송용 무인수송기를 개발하고 있다. 이처럼 경로가 정해진 운송수단의 자율주행은 이미 우리 주변에 가까이 있다.

하지만 자동차 자율주행의 최종 단계인 레벨 5를 달성하기 위해서는 경로가 고정되어 있는 경우와는 다른 기술들이 확보되어야 한다. 가장 중요한 것이 바로 '센싱(Sensing)'이다. 이 때문에 많은 기업들이 다양한 센서류를 사용하고 있고, 일부 기업은 고가의 센서를 피해 카메라와 GPS에 의존한 로직을 개발한다. 다양한 문제를 간단히 정리하면, '과연 카메라만으로 충분한가?'의 질문이다. 아직까지 자율주행 전략을 확고히 하지 못한 기업들은 웨이모를 벤치마킹할지 테슬라를 따라가야 할지를 놓고 고민 중이다.

현안을 더 직설적으로 표현하면 '라이다의 값이 어디까지 하락할 수 있을까?'라고도 할 수 있다. 과거 현대모비스가 자율주행 사업을 위해 라이다 업체들과 협의할 당시, 벨로다인의 라이다 가격은 7만 5,000달러였다. 3년여가 지난 2020년 초반에 가격은 10분

---

* 국제 철도연맹과 IEC(국제전기기술위원회) 표준에서 정의한 철도운전 자동화 등급 체계는 GoA(Grade of Automation)로 표시되며, 수동운전인 GoA 0에서 완전무인운전인 GoA 4의 다섯 단계로 구분된다.

의 1인 7,500달러로 떨어졌지만, 차량 한 대에 필요한 5~6대의 라이다 가격만 수만 불에 달하다보니 상용화의 길은 요원해 보였다.

이런 이유로 1~2년 전까지만 해도 값비싼 라이다를 포기하고 카메라에 의존하는 전략을 수립한 테슬라의 행보에 많은 사람들이 갈채를 보냈다. 하지만 최근 레벨 2+에서 레벨 3 자율주행 차량에 사용되는 중급 라이다 센서의 가격이 600달러~750달러로 보도되고 중국 기업 헤사이(Hesai)의 목표 가격이 200달러로 제시되면서 판도가 다시 바뀌고 있다. 카메라와 달리 밝기에 영향을 받지 않고, 전파가 아닌 레이저를 사용하여 고정밀 고해상도 인식이 가능한 라이다의 장점이 완전자율주행에는 반드시 필요하다는 주장이 다시 고개를 들고 있는 것이다.* 결국 업계의 입장은 '가격만 내려간다면 라이다와 레이더를 카메라와 함께 사용하는 것이 좋다'라는 답안지를 이미 가지고 있다. 아직까지는 고급 자율주행 자동차나 로보택시에 필요한 라이다 가격이 수천 달러라는 것이 정설인만큼, 자율주행의 상용화 단계에 이르는 시점까지 합리적인 가격이 달성되는지의 여부가 중요하다.

---

* 레이더는 전자기파를 이용해 탐지거리가 길고 악천후에서도 안정적인 반면, 라이다는 레이저를 이용해 3D 환경 인식이 가능하고 cm 단위의 정확도를 보장한다.

자동차 이야기

포르쉐는 스포츠카 브랜드로 유명하지만, 1950년~1960년대에는 트랙터도 생산했다. 포르쉐 디젤(Porsche Diesel)이라는 이름의 빨간색 트랙터는 무려 12만 대 이상 판매되었다. 람보르기니(Lamborghini)도 원래 트랙터 제조업체였으며, 지금도 고성능 트랙터를 생산 중이다. 페루치오 람보르기니(Ferruccio Lamborghini)가 자동차 사업에 뛰어든 계기는 특이하다. 자신이 아끼던 페라리 차를 타면서 겪은 클러치 결함을 지적했지만, 엔초 페라리(Enzo Ferrari)가 "차는 내가 만들 테니 당신은 트랙터 만드는 일이나 계속하세요."라고 무시하자, 직접 스포츠카를 만들기로 결심하고 1963년에 람보르기니 오토모빌을 설립하였다.

폭스바겐 그룹은 다양한 포트폴리오를 기반으로 하는 12개의 기본 브랜드를 보유하고 있다. : Volkswagen, SEAT, Škoda, CUPRA, Volkswagen Commercial, Audi, Bentley, Lamborghini, Ducati, Porsche, MAN Truck & Bus, Scania. 이 외에도 2021년 북미 상용차 브랜드 나비스타(Navistar)를 인수하였고, 리막과 합작한 부가티리막(Bugatti Rimac)은 별도 법인으로 운영하고 있다.

피아트크라이슬러(FCA)와 푸조시트로엥(PSA)이 합병하여 탄생한 스텔란티스는 총 14개의 자동차 브랜드를 보유하고 있다. : Abarth, Alfa Romeo, Chrysler, Citroën, Dodge, DS Automobiles, Fiat, Jeep®, Lancia, Maserati, Opel, Peugeot, Ram, Vauxhall

| 9장 |

골짜기를 넘어 확장의 시대로
1

기술 영역

BEYOND
THE
ENGINE

한국 배터리 3사의 선택과 집중

국내 배터리 3사의 위기가 처음으로 가시화된 것은 2024년 4분기 동반 적자를 기록하면서이다. 2025년의 전망도 녹록치 않다 (2025년도 1분기에는 LG엔솔이 유일하게 외형상 흑자를 기록했으나, 정부의 보조금 없이는 3사 모두 적자 상태이다). 중국 중심의 전기차 수요와 풀리지 않는 전기차 캐즘, 여기에 더해 트럼프 2기 행정부의 대내외적인 불확실성 때문이다.

이들 3사의 분기 합산적자는 8,400억 원이나 된다. 설비 투자를 줄일 수밖에 없는 여건이다. LG엔솔은 작년 대비 20%~30%를 삭감하여 3조 원 가량의 투자비를 축소했다. 삼성SDI는 일부, SK온은 절반 이상을 축소한 것으로 알려졌다. SK온은 테네시 공장의 상업 가동 시점을 올해에서 내년으로 연기한 것으로 전해졌는데, 위기가 얼마나 오래갈지에 대한 의견이 분분하다. 다만 3월 19일에 들려온 닛산 배터리 수주 소식은 큰 호재였다. 2028년에서 2033년까지 총 99.4GWh의 셀을 생산하여 전기차 100만 대에 보급한다는 것이다.

국내 배터리 기업이 당면한 도전은 많은 부분이 중국 기업들과의 경쟁에서 기인한 것으로 가격이나 기술적 측면 모두 해당된다. 이미 LFP 셀과 셀투팩(Cell to Pack, 혹은 Cell to Body/Chassis) 컨셉으로 유럽 시장을 파고드는 CATL이나 BYD의 공세를 막지 못한다면 기업의 미래를 보장하기 어렵다. 중국의 적극적인 기술 개발과 공격적인 홍보 활동에 비해 우리 기업들의 자세는 다소 미온적이라는 것이 미국 현지에서 내가 받은 느낌이다. 프로젝트 취소나 연기에 따른 손실 배상 촉구도 더 적극적으로 하고, 자사 제품이 경쟁사에 비해 가지고 있는 장점도 강조해야 한다. 지금은 미국 정부의 대중국 견제 정책에 의해 시장이 우리나라 기업들에게 호의적이지만, 정치 상황은 언제 어떻게 바뀔지 모른다. 혹시라도 트럼프 대통령 임기 말에 다시 미국과 중국이 화해 모드로 돌아선다면 우리에게 주어진 시간이 그리 길지 않다.

유럽시장도 국내 배터리 3사에게 아직 열려 있다. 유럽연합이 미국과 유사한 대중국 견제 조치를 취하지 않는다고 할지라도, 노스볼트나 ACC와 같은 유럽 셀 제조사들의 실패가 우리에게는 기회가 될 수 있다. 현재의 전기차 수요 침체에 연연해 하지 말고 다시 확대될 시장을 위해 미리 준비를 해야 한다. 유럽 셀 제조업체가 공급하기로 한 물량을 대신 가져올 수 있다면, 이는 하나의 위기 탈출구가 될 수 있다. 또한 미래를 위한 포석으로, 유럽 이외의 국가 중 인구가 많거나 우리나라에 호의적인 국가들을 상대로 사전 작업을 하는 것도 중요하다. 중국을 넘는 경제성장을 달성하고 있는 인도나 중동 지역 국가들, 아시아 태평양 지역의 시장이 여기에 포함된다. 기업과 연구소, 학교를 망라하는 개발 인프라 구축도 절실하다. 정부 주도의 과제와 같이 제도적으로 미래를 대비하는 계획들이 어느 때보다도 필요한 시점이다.

그러나 명심해야 하는 것은, 지금 시점이 다양한 포트폴리오를 구성하여 동시다발적으로 개발을 하기보다 선택과 집중을 통해 우선순위를 정해야 하는 때라는 사실이다. 많은 완성차 기업이 원하는 LFP를 예로 들어보자. 사실 이들이 원하는 것은 특정 '사양'이 아니라 그 사양이 지닌 '특징'이다. 하이니켈 배터리에서 화재가 많이 발생하자, 이보다는 성능이 떨어지지만 안전성이 증가하고 가격이 낮은 LFP가 중국 기업들에 의해 대안으로 제시된 것이다. 한국 기업들도 대등한 성능의 LFP 셀을 유사한 가격에 제공할 수 있다면 이제라도 개발에 뛰어드는 것이 옳으나, 여러 가지 현실을 고려하면 오히려 우리 기업이 강점을 가지고 있는 삼원계 계열의 다양한 베리에이션(Variation)을 개발하여 LFP에 대응하는 것이 낫다. 미드니켈 사양이나 코발트를 사용하지 않는 NMx^*가 대표적인 예이다.

---

*   NMx: 양극재에 니켈, 망간은 사용하지만 코발트를 제외한 배터리 셀. 대신 알루미늄과 같은 소재를 사용한다.

한때 치솟는 코발트 가격이 니켈 성분을 올리는 계기가 되었듯이, 최근에는 코발트를 거의 사용하지 않고 망간 성분을 높이는 셀 조성이 주목을 받는다. 고니켈계 LMR(Lithium Manganese Rich)* 셀이다. 이 배터리는 에너지 밀도를 높게 유지할 수 있는 장점 대신 열적 불안전성이 크고 제조 난이도나 원가 측면에서는 불리하다. 아직은 양산 단계에 도달하지 못한 상태로, 연구개발이나 파일럿 프로젝트에 주로 활용 중이다. 이 외에도 미래를 대비하는 다양한 셀 타입이 논의되고 있으나, 현시점에는 우선순위를 정하고 선택된 사양으로 승부를 보는 것이 중요하다. 많이 회자되는 전고체 배터리, 나트륨이온 배터리 등이 수년 내에 상용화될 가능성은 낮다. 지금은 미래에 대비해서 블루 오션을 개척하기 보다 생존을 위해 투자는 최소화하고 수익은 극대화하는 '마른 수건 짜기'가 절실하다.

반면 화재 안전성을 보장하기 위한 다양한 시도는 더 늦기 전에 해야 한다. 현재 사용되는 방법인 마이카(Mica)나 에어로젤(Aerogel) 등은 열폭주와 열전이를 다소 지연시킬 수 있을지는 모르나, 셀의 에너지를 높게 유지한 상태에서 완전한 해결책이 될 수는 없다. 필요하다면 완성차 기업을 설득하여 SOC 범위를 축소하고, 환기(Venting)를 위해 필요한 공간이 확보되도록 패키징 수정을 요구할 수 있어야 한다. 자동차 기업에서 패키징 공간을 양보하기는

---

* LMR(Lithium Manganese Rich): 망간 함량이 높고 코발트가 거의 없는 리튬이온 배터리(니켈 약 35%, 망간 약 65%, 코발트는 거의 없음).

사실 어렵지만, 화재 방지를 위해 꼭 필요한 조건이라면 어느 정도 협상은 가능하다. 배터리 전체를 냉각액에 담그는 액침 냉각 방법도 여러 기업에서 고민하고 있으나, 누설될 수 있다는 문제와 함께 냉각액의 무게로 인한 차량 하중 증가 이슈가 있다. 냉각액을 최소로 주입하면서도 효율적인 냉각이 가능한 방법을 찾아야 한다.

또한 배터리를 관리하는 BMS의 개선을 통해 셀이나 팩에서 화재가 발생하기 전에 미리 감지할 수 있도록 하는 것도 중요하다. 이런 안전 진단은 센서와 소프트웨어를 통해 셀의 변화를 감지하고 제어하는 것이 핵심인데, 단열재 등의 하드웨어를 적용할 때 수반되는 가격/중량 상승의 부작용을 완화할 수 있다. 간단하게는 셀이나 모듈, 팩 단위에서 실시간 온도를 측정하여, 이상 고온이 발생할 때 냉각 시스템을 가동하거나 셀 기능을 저하시키는 방법이 있다. 혹은 전압을 감지하여 불균형이나 과충전, 과방전을 탐지하는 방법이 있으며, 이와 유사하게 전류를 측정하기도 한다. 또한 전류 흐름을 방해하는 정도를 나타내는 임피던스(Impedance)를 측정하여 내부 저항의 변화를 확인하거나 가스 센서를 통해 유해가스를 감지할 수도 있다. 최근 들어 BMS를 무선으로 개발하는 것이 트렌드인 만큼, 감지된 신호들을 무선으로 제어기에 보내어 화재 억제 조치를 취하도록 하는 것이 향후 개발 방향이 될 것이다.

수소전기차의 미래

내 직장 경력 중 가장 많은 시간을 할애한 분야는 수소전기차, 혹은 수소연료전지 자동차로 알려진 미래 자동차다. 미국에서 박사학위를 취득하던 무렵부터 연료전지라는 신기술에 매혹되어 이후 미국 에너지부 연구소 중 하나인 Pacific Northwest National Laboratory(PNNL)와 연료전지 전문기업인 UTC Fuel Cells(이후 UTC Power로 사명이 바뀜)에서 일하면서 경험을 쌓았다. 이를 계기로 현대자동차그룹에 입사하여 현대모비스와 현대자동차를 오가며 내 커리어의 중요한 부분으로 자리 잡았다. 하이브리드나 전기차와 같은 친환경차 개발에도 관여했지만 한국에서의 마지막 보직인 현대모비스 전동화 BU장 역할을 맡았을 때까지도 연료전지 시스템 생산은 내 관리하에 있었다. 그런 이유로 한편으로는 가장 애착이 가고 다른 한편으로는 아쉬움이 큰 분야가 바로 수소연료전지다.

2013년 2월, 예상을 뒤엎고 현대자동차가 도요타에 앞서 첫 양산형 수소전기차를 발표했을 때의 반응은 대단했다. 관련 학회에서는 짧은 기간 내에 도요타를 앞설 수 있었던 원동력이 무엇인지 묻는 사람들이 줄을 이었고, 경쟁상대인 도요타에서도 협업을 제안할 만큼 현대차의 위상은 당당했다. 그룹으로서도 설립 후 처음으로 '세계 최초'라는 타이틀을 달아본 작품이라, 막대한 손실을 보고 있음에도 불구하고 다각도의 지원이 이루어졌다. 투싼 연료전지 자동차, 혹은 ix35 Fuel Cell 등으로 알려진 2013년 모델은 설계 개념을 바꾸고 진화시켜 2018년에 넥소(Nexo)라는 이름으로 거듭난다.

이 당시 나는 현대모비스에 재직중이었는데 모비스가 관리하는 충주 공장에서 시스템을 제작했기 때문에 많은 관심을 쏟을 수밖에 없었다. 또한 차량을 제외한 시스템의 설계 대부분이 현대자동차 연료전지개발실장을 맡고 있던 당시에 진행되었던 만큼, 넥소는 나에게 각별한 의미가 있었다.

현대자동차그룹의 수소차 개발은 이후에도 엘시티 수소 버스, 엑시언트(XCIENT) 트럭 등으로 이어지지만, 주력 개발 차종인 SUV에서 6년여 간 큰 진전을 이루지 못하다가 2025년 4월 서울 모빌리티쇼에서 넥소 차기 모델을 최초 공개하면서 다시 한번 기지개를 켠다. 성능이 향상된 주요 내용으로는 수소 탱크 용량을 증가하여 주행거리를 늘린 것과 0→100km/h 가속력을 높인 것, 파워트레인 전자장치와 모터 성능을 개선한 것 등이 있다. 그러나 현 단계에서 이 차종의 성공을 논하기는 이르다. 2023년 출시를 목표로 개발하던 3세대 연료전지 시스템 개발이 상용화 목표에 도달하지 못해 무기한 중단되면서, 25년형 연료전지의 주요 기술 대부분이 2세대 시스템에서 가져온 것이기 때문이다. 성능 향상을 위해 운전 장치를 보강한 점이 얼마나 효과가 있을지, 가장 중요한 연료전지 스택의 내구 성능은 확보가 된 것인지가 진정한 재기의 여부를 판가름할 것이다.*

미국의 GM과 일본의 혼다, 다국적 기업인 스텔란티스에서

---

* 연료전지 시스템: 연료전지 스택(Stack), 운전장치, 수소 저장탱크 등으로 구성된다. 스택은 발전기의 역할을 하고, 운전장치는 열관리, 공기공급, 수소공급을 담당한다.

도 수소차의 개발은 계속되고 있다. GM과 혼다는 JV를 설립할 만큼 적극적으로 협력 개발한 이력이 있고, 스텔란티스도 심비오(Symbio)라는 JV를 통해 생산한 시스템을 유럽내 판매 중인 상용 밴에 장착하여 운행중이다. 스텔란티스에는 의외로 연료전지시스템 경험자들이 꽤 있다. 과거 오펠(Opel)이 GM 산하에 있을 때 연료전지를 개발하던 인력들이 스텔란티스가 오펠을 인수하면서 넘어오게 되어 독일 연구소에 남아있었다. 그러나 연구진의 수가 충분하지 않고 생산을 담당하는 심비오의 경험이 부족하여, 스택의 품질이 확보되지 않는 큰 약점이 있다. 유럽의 배터리 회사들이 처했던 문제점과 같이 이곳도 연구개발 수준의 경험으로 양산에 너무 급하게 뛰어든 것이 많은 후유증을 낳고 있다. 이런 우려 가운데 결국 스텔란티스는 2025년 7월 수소차 개발과 생산을 전면 중단한다.

현시점에서 수소전기차의 미래 방향타를 쥐고 있는 기업은 도요타다. 비록 현대의 투싼 FCEV보다 거의 2년 늦은 시점에 미라이 1세대를 발표했지만, 기초가 강한 일본 기업답게 이들의 기술은 여러 면에서 우수하다. 무엇보다도 연료전지 시스템의 가장 큰 현안인 스택의 내구성을 살펴보면, 이미 10년 이상 운전한 1세대 미라이 스택의 성능이 초기 상태와 큰 차이가 없다. 대부분 기업의 스택이 1~2년이 지나면 성능이 급격하게 하락하는 데 비해, 도요타의 스택 내구성은 엔진과 유사한 수준까지 이미 도달해 있다. 또한 연료전지 셀에 들어가는 백금의 함량을 줄이고 스택 다음으로 고가 부품인 수소탱크 내재화를 통해 차량의 가격을 낮추어, 진정한 상용화에 한발짝 더 다가섰다는 평을 받는다. 다만 전기차와 비교할 때 늘 단점으로 지적되는 충전소 부족의 문제는 시급히 해결되어야 한다.

아직 해결되지 않은 또 한가지 문제는 높은 가격이다. 2025년 초에 발표된 미라이 3세대 기본형 가격은 5만 1,795달러로 HEV에 비해 2만 달러 이상 높다. 그러나 캘리포니아의 경우, 정부 보조금이나 세금공제 외에도 딜러가 주는 2만 5,000달러 리베이트와 무이자 혜택이 제공되어, 실제 구매 가격은 상당히 낮아진다. 다만 이런 할인은 특정 지역에 제한되어 있고 지속적으로 시행할 수 없기 때문에, 가격 저감을 위한 노력은 반드시 필요하다. 수소차를 극도로 싫어하는 머스크는 한 때 'Fuel Cells'가 아니라 'Fool Cells(바보 전지)'라고 수소차 기술을 조롱했다. 2023년에는 X에 "아직도 수소경제가 구축되지 못했다(Still no hydrogen economy)"라는 글을 올리기도 했다. 현시점에서 FCEV가 미래의 포트폴리오에 포함된 완성차 기업은 도요타, 현대자동차그룹, 혼다 정도이다. 머스크의 예측이 맞을지, 아니면 현시대의 자동차 시장을 주도하는 완성차 기업의 반격이 있을지 지켜보는 것도 흥미로울 것이다.

하늘을 나는 자동차

1965년에 한 학생 과학 잡지사의 요청으로 이정문 화백이 그린 '서기 2000년대의 생활의 이모저모'라는 한 컷짜리 만화가 있다. 35년 후의 생활이 어떤 모습으로 변해 있을지를 상상해 그린 이 만화에는 당시 기술로는 도저히 불가능한 '꿈 같은' 미래가 담겨 있다. (1) 달나라 여행, (2) 컴퓨터 사용의 일상화, (3) 태양열을 이용한 집, (4) 전파신문, (5) 전기 자동차, (6) 움직이는 도로, (7) 소형 TV와 전화기, (8) 로봇 청소기, (9) 집에서 치료받고 공부하기. 놀랍게도 현 시점에서 이루어지지 않은 작가의 상상은 하나도 없다. 달나라로 수학여행을 간다는 예상은 다소 빗나갔지만 그래도 인류는 1969년에 달에 발자국을 찍고 돌아왔다. 이처럼 미래에 대한 상상은 언젠가는 현실이 된다. 예지력이 있는 사람이 미래를 내다본다고 하기보다는, 그런 꿈들을 누군가는 현실로 만들어 왔다고 하는 편이 더 합리적일 것이다.

친환경차의 줄기와는 다르게, 먼 미래를 내다보며 개발하는 영역이 있다. '하늘을 나는 자동차'이다. 미래를 그린 영화에서 단골로 등장하는 이런 자동차를 요즘은 UAM(Urban Air Mobility)이라고 부른다. 도심과 교외 상공을 날아다니며 사람과 화물을 수송하는 소형 항공 교통 시스템을 일컫는 용어이다. UAM은 eVTOL* 기술을 기반으로 도심에서 수직 이착륙이 가능하며, 기존 헬리콥터보다 조용하고 여러 개의 프로펠러를 사용하여 안전성과 효율성을 높이는 것이 기술의 핵심이다. 업계에서는 UAM과 구별하여 먼 지역 간에도 운송이 가능한 항공차량을 AAM(Advanced Air Mobility)이라 부르기도 한다. 하늘을 나는 차가 주목받는 이유는 도심의 교통 정체를 피해 짧은 시간 내에 목적지까지 이동할 수 있기 때문이다. 구동에

---

* eVTOL(electric Vertical Take-Off and Landing): 전기동력 수직 이착륙 항공기.

필요한 에너지도 전기와 수소를 고려하는 만큼 미래 친환경 운송수단으로서의 조건도 만족한다.

이 기술에서 자주 언급되는 문제점은 소음이다. 도심 비행을 목적으로 하는 만큼 프로펠러에서 발생하는 소음을 최소화하지 않으면 사용이 제한될 것이다. 만에 하나 벌어질 수 있는 사고는 곧 인명 손실을 의미하기에 항공 당국의 인증 여부도 중요하다. 또한 도로에 신호등이 있어야 하듯이, 저고도 비행체가 늘어나면 이를 관리할 UTM(무인항공기 교통관리시스템)** 구축도 필요하다. UAM과 관련된 인프라도 관심사 중 하나인데, 이미 전 세계적으로 1,500여 개의 버티포트(Vertiport, UAM 이착륙장) 건설 계획이 진행 중인 것으로 알려진다. 자동차 기업들 중에도 이 기술에 적극적인 곳들이 있다. 도요타는 생산 파트너인 조비(Joby Aviation)와 협력하여 FAA*** 인증 절차를 진행 중이고 미국 내에 eVTOL 제조시설을 착공했다. 유나이티드항공(United Airlines)도 도요타의 사업 파트너로 이미 NASA와 공동 테스트를 완료하였다. 조만간 미국 내 도심 항공 운항을 계획하고 있는 것으로 알려졌다.

스텔란티스도 이 분야에 적극적이다. eVTOL 전문기업 아처(Archer)와 공동 개발을 통해 현재 구체적인 노선 선정과 고객사를

** UTM(Unmanned Aircraft System Traffic Management): 무인항공기 교통관리 시스템. 드론 및 eVTOL등 무인 비행체들의 비행을 안전하게 관리하고 통제하기 위한 차세대 항공 교통 시스템이다.

*** FAA(Federal Aviation Administration): 미국 연방 항공청. 미국 교통부 산하 기관이며, 민간 항공의 안전, 효율성, 성장, 규제 등을 총괄하는 국가 항공 당국이다.

확보하기 위해 노력 중이다. 현대자동차그룹은 5년 전 CES 2020에서 S-A1이라는 풀 스케일 UAM 모델을 공개하여 화제를 모은 바 있다. 현재는 수퍼널(Supernal)이라는 자회사를 통해 제품 개발을 진행 중이다. 2020년형 UAM은 2024년에 S-A2로 진화하며 2028년 상용화를 목표로 하고 있다. 도요타와 스텔란티스의 상용화 목표 시점인 2025년에 비해 3년이 늦지만, 다양한 기술적 문제들을 생각하면 2028년까지 대중화될 가능성도 사실 희박하다. 오랜 시험 운행을 통해 안전성이 보장되고 자동차에 비해 훨씬 많은 에너지 공급 대책이 제시되어야 비로소 상용화가 시작될 것이다. 그러나 1965년의 만화가 35년만에 현실이 된 것처럼, 언젠가는 항공택시로 출퇴근할 날이 오리라는 것은 분명해 보인다.

전기모터와 제어기

배터리와 더불어 친환경차의 핵심 부품인 모터와 제어기는 가격이 배터리에 비해 저렴하고 이미 개발 수준이 궤도에 오른만큼 큰 주목을 받지 못하고 있으나, 관심을 가지고 봐야 하는 항목들이다. 모터는 내연기관 자동차로 보면 엔진에 해당하는 구동계(Propulsion System)이고, 제어기는 차량의 두뇌 역할을 하는 중요 부품이다. 그만큼 기술 내재화가 반드시 필요하고, 국내 부품 기업이 해외 시장 개척을 서둘러야 하는 영역이기도 하다. 미국의 경우 GM은 전통적으로 LG와 협업 관계를 유지해오고 있는데, 포드, 스텔란티스는 아직 국내 부품사들이 개척할 여지가 많다. 모터의 경우, 포드는 F-150 Lightning 등 일부 모델에는 자체 설계한 모터를 탑재하지만, 보그워너(BorgWarner), 마그나 등과도 협력사 체계를 갖추고 있다. 스텔란티스 역시 일본의 Nidec, 영국의 GKN 오토모티브 등 해외 부품사와의 연합이 강하다.

지난번 저작인 《나이 60, 내려놓고 또다시 도전하다》에 경험담을 소개한 바 있지만, 아이오닉5와 EV6의 구동모터는 나에게 큰 시련이자 교훈이었다. 문제는 모터 효율을 높이기 위한 방안으로 최근에 업계의 트렌드가 된 헤어핀 고정자였다.* 과거에 사용하던 와이어 권선에 비해 1~2% 정도의 전기 효율이 우세한 것으로 알려져 있는 헤어핀은 많은 장점을 가지고 있지만, 제조 설비 가격이 높고 제작이 어려워 불량률이 높다. 품질 문제의 대부분은 공정의 첫 단계에서 일어난다. 원통형의 구리 코일에서 뽑은 구리선 가닥을 적당한 길이로 잘라 로봇으로 'ㄷ'자형 헤어핀을 만드는 과정이다. 이 때 헤어핀의 'ㄷ'자 형태가 그대로 유지되지 않고 원상태로 돌아가려는 (스프링백이라고 하는) 재료 특성이 있는데, 이로 인해 극도의 정밀도를 요하는 다음 과정에서 조립 문제가 발생한다.

헤어핀 고정자 모터의 효율이 기존의 와이어 권선 방식에 비해 높은 것은 사실이나, 이런 문제들로 인해 발생하는 낮은 수율과 높은 불량률 문제는 그 효용가치를 다소 상쇄한다. 때문에 2%의

---

* 대부분의 구동모터는 영구자석이 들어가는 회전자(Rotor)와 구리선이 사용되는 고정자(Stator)로 이루어져 있다.

효율 향상을 위해 막대한 비용 손실을 감수해야 하는지 꼼꼼히 따져봐야 한다. 요즘에는 독일 그룹(GROB)이 개발 중인 연속 헤어핀(Continuous Hairpin) 방식이나 일본 기업의 카세트 방식 등 다양한 차세대 기술이 있는 만큼 미래 기술 방향에도 주의를 기울일 필요가 있다. 현대모비스의 모터 사업이 헤어핀 방식을 사용한 이후 적자로 돌아섰던 기억이 있는 나로서는 효율에서 다소 손해를 보더라도 이를 다른 방법으로 만회하는 전략을 더 선호한다. 고성능 전기차나 프리미엄 브랜드가 아니라면 기존의 권선형 방식이나 아예 가격이 더 저렴한 AC유도모터(Induction Motor)를 사용하는 것이다. 실제 테슬라는 지금도 유도모터를 모델 S와 X에 사용한다.

최근에는 희토류를 사용하지 않는 모터의 개발도 활발히 진행되고 있다. 오늘날 산업계에서 필요한 희토류 생산량의 60%~70%를 차지하는 중국과의 갈등이 하나의 원인이다. 관심을 받고 있는 종류는 WFSM(Wound Field Synchronous Motor)*으로 불리는 권선계자형 동기모터로, 회전자에 권선을 감아 전자석을 만들고, 고정자 권선에는 3상 교류 전원을 공급하여 자기장을 형성하는 방식이다. 가장 많이 사용되는 영구자석 동기모터(PMSM)**에 비해 효율이 낮고 브러시나 슬립링의 유지 보수를 필요로 하는 단점이 있지

---

*   WFSM(Wound Field Synchronous Motor): 권선계자형 동기모터. 영구자석을 사용하지 않는 비희토류계 모터.

**   PMSM(Permanent Magnet Synchronous Motor): 영구자석 동기모터. 회전자에는 희토류 자석을, 고정자에는 3상 코일 권선을 사용하는 모터로, 코일 방식에는 라운드 와이어 권선, 헤어핀 권선, 웨이브 와인딩 등이 있다.

만, 가격이 낮고 자석이 없어 고온 작동이 유리하다. BMW의 5세대 eDrive 구동 모터가 브러시리스(Brushless) WFSM으로 알려졌으며, 르노 그룹과 메르세데스-벤츠도 사양을 개발하거나 검토 중이다. 복잡한 구조를 개선하고 사용이 확대되어 가격이 하락하면 차세대 모터로 자리를 잡아가게 될 것이다.

제어기 분야도 국내 기업들이 도전해볼 만한 영역이다. 차량을 제어하는 상위 제어기인 VCU(Vehicle Control Unit)[***]는 완성차 기업과 오랜 기간 협업해 온 기존의 공급사를 능가하기 어렵다. 그러나 전기차에 들어가는 모터 제어기인 MCU(Motor Control Unit)나 배터리 제어기인 BMS는 글로벌 시장 진입의 문이 넓다. 특히 현대자동차그룹의 차량이 소비자의 호평을 받고 그룹의 위상 또한 높아지면서 해외 기업들도 국내 부품사에 대한 관심이 높아졌다.

반면 우리 기업들이 가지고 있는 약점은 높은 가격이다. 나 자신도 스텔란티스 재직시에 LG이노텍의 BMS를 사용해 보려고 여러 차례 시도해 본 적이 있는데, 결국 가격이 걸림돌이 되어 중국 기업의 저가 공세에 쓴 맛을 본 기억이 있다. 배터리와는 달리 배터리 제어기는 미국 정부의 대중국 견제 리스트에 포함되지 않아, 우리 기업이 진출하지 못하면 중국의 저가 부품에 자리를 내주게 될 가능성이 많다.

[***]   VCU(Vehicle Control Unit): 차량 제어기 혹은 차량 통합 제어기. 자동차의 최상위 제어기로 모터, 배터리, 브레이크 등의 서브시스템을 통합적으로 제어하는 중앙 제어장치이다.

전기차 전압과 무선 충전

전기차에 사용되는 배터리는 크게 400V와 800V 직류 시스템으로 구분된다. 사용 전압이 높으면 같은 힘을 내기 위한 전류가 줄어들게 되는데, 이는 전기공학의 기초 공식인 $P = I \times V$(힘 = 전류 × 전압)에서 유래한다.* 400V, 800V 모두 위험한 고전압이지만, 800V를 사용하는 것이 유리한 이유는 바로 전류 값이 낮아질 때 전기 부품의 크기도 작아지기 때문이다. 이는 전력 손실과 관계가 있는데, 손실이 전류의 제곱 값에 비례하기 때문에 전류가 작아지면 손실을 줄일 수 있다.** 부품이 작아지면 당연히 패키징 공간에 여유가 생기므로 자동차 기업에서는 이런 사양을 원한다. 또한 고전압 배터리는 낮은 전류로 더 빠른 충전이 가능하다. 800V를 기반으로 하는 아이오닉5는 350kW급 초고속 충전 시 18분 만에 10%에서 80%까지 충전이 가능한데 비해, 400V 시스템에서 같은 충전 속도를 내려면 비싼 냉각 설비와 굵은 케이블이 필요하다.

전기차의 배터리 전압을 몇 볼트로 운영하는지는 완성차의 전략을 크게 좌우한다. 800V의 장점 때문에 많은 기업이 이를 원하지만, 문제는 충전소에 있다. 고전압을 다룰만한 충전 인프라가 400V 충전소만큼 많지 않다. 800V 시스템이 갖는 단점도 있다. 시

---

* $P = I \times V$: 직류 전력의 파워 공식.
**   구동모터는 이 전력 손실 법칙에 항상 해당되지는 않는다. 그러나 전압이 올라가고 전류가 낮아질 경우, 구리 권선의 단면적이 감소하여 전체 권선 공간이 줄어드는 부피 감소의 효과가 있다.

스템에 필요한 부품값이 400V 사양보다 비싸다. 또한 충전기 가격 차이가 크다. 400V용 충전기는 출력에 따라 단가가 1,500만 원에서 4,000만 원 정도인데 비해, 800V 충전기 가격은 5,000만 원에서 1억 원 정도이고 별도 변압기가 필요하다. 이런 이유들로 인해 800V DC 초고속 충전기를 운영하는 데 부담을 느끼는 많은 완성차 기업은 기존의 400V를 사용하고 있다. 반면 현대자동차그룹은 '멀티 충전 시스템'이라는 독특한 전략을 취하고 있다. 차량 내에서 400V와 800V 충전을 모두 해결할 수 있도록 설계하여, 충전기에 관계없이 내부의 800V 배터리 시스템 충전이 가능하다.

배터리 사양과 충전 인프라, 전압에 따라 관련 부품이 달라지기 때문에, 완성차 기업은 사양 표준화에 대해 많은 고민을 한다. 대부분은 한동안 400V 사양을 유지하다가 충전 인프라가 갖추어지면 800V로 방향을 전환한다는 전략을 가지고 있다. 하지만 현대자동차처럼 인프라의 충전 전압에 상관없이 800V 배터리를 사용할 수 있다면 장점이 크다. 이런 멀티 충전은 인버터 기반의 승압 기술로 인해 가능한데, 현대차는 이를 이용해 E-GMP[***] 플랫폼 이후 모든 부품 사양을 800V에 맞추었다. 앞으로 경쟁사가 이 기술을 능가하는 대안을 내놓지 않는다면 충전에 관해서는 독보적인 위치를 확보할 수 있는 기술이기도 하다. 많은 경쟁사들이 고전압 아키텍처를 언급하는 만큼, 현대자동차그룹 입장에서는 기술 특허를 공유하는

[***] E-GMP(Electric-Global Modular Platform): 2020년 말에 공개되어 2021년 아이오닉 5를 시작으로 현대차, 기아, 제네시스 전기차에 적용된 핵심 플랫폼.

비즈니스 모델도 가능하다.

　아직까지는 양산화 단계에 이르지 못했지만, 무선충전 역시 눈여겨 볼 분야이다. 코일간 전자기 유도(Magnetic Inductance), 또는 공진(Resonant Coupling)을 이용해 무선으로 에너지를 전달하는 이 방식은 주로 주차 중 충전을 목표로 하나, 주행 시에도 적용이 가능하다. 이를 최초로 시도한 기업은 BMW이다. 2018년에 BMW 530e iPerformance PHEV에 적용하여 가능성을 입증했고, 이듬해에는 메르세데스-벤츠가 S560e로 시험운영을 했다. 이 기술이 미래에 필요한 이유는 자율주행, 특히 로보택시와 관계가 깊다. 로봇 청소기가 배터리가 부족하면 스스로 스테이션으로 이동해 충전을 하듯이, 무인 차량의 충전도 사람 도움 없이 무인화하는 것이 자연스럽다. 이 분야의 강자는 충전 방식의 특허를 가장 많이 보유하고 있는 와이트리시티(WiTricity)와 퀄컴으로, 향후 완성차 기업과의 협업이 왕성해지리라 기대한다.

　무선충전의 편의성에도 불구하고 상용화가 어려운 것은 충전 효율이 낮기 때문이다. 유선 대비 5~15%의 효율 손실이 있어 충전 시간이 길어지고, 용량이 작아 급속 충전용으로는 적합하지 않다. 차량과 충전 패드의 정렬이 정확해야 충전이 가능한 단점은 자율주행차의 경우 큰 문제가 아니지만, 송수신 장치의 비용이 높다는 큰 단점은 있다. 또한 차량 단가가 올라가는 것 외에 충전 시설을 위한 비용도 추가로 필요하다.

　한가지 흥미로운 사실은, 이처럼 자율주행차에 최적의 솔루션으로 보이는 미래기술을 적극적으로 활용하지 않는 기업 가운데 테슬라가 있다는 것이다. 도요타, 혼다, 포드도 미온적인 입장이지만, 자율주행 전기차와 로보택시가 사업의 주종목인 테슬라가 아직까지 긍정적인 언급을 하지 않은 것은 의외다. 어쩌면 테슬라는 무선 충전보다 로봇 암(Robot Arm)이나 휴머노이드 로봇을 이용한 유선 충전을 계획하고 있는지도 모른다.

AI 플랫폼과 반도체

전 세계 기업 시가 총액 1위 기업인 엔비디아(NVIDIA)는 원래 그래픽 처리장치(GPU) 개발로 잘 알려진 기업이다. 최근에는 자율주행차, AI, 로보틱스, 데이터 센터와 고성능 컴퓨팅 분야까지 사업을 확장하여 종합 AI 플랫폼 기업으로 변모 중이다. 자율주행이 미래의 대세로 자리 잡으면서 자동차 시장에서도 막강한 영향력을 과시하는 이 회사는 많은 완성차 기업과의 협업을 통해 그 위치를 확고히 하고 있다. 국내의 SK하이닉스가 AI에 필요한 고대역폭 메모리(HBM)를 생산하면서 주가가 폭등했듯이, 과거에는 자동차 산업과 큰 관계가 없어 보이던 AI 기업들도 자동차의 자율주행이 개발되면서 메이저 플레이어가 되고 있다. 엔비디아는 기업의 목표를 (중국 화웨이와 유사하게) 자동차 업계의 인텔이 되는 것이라고 말한다. '인텔 인사이드'라고 적힌 작은 스티커 하나가 전하는 메시지가 컸듯이, 엔비디아도 자동차의 두뇌 역할을 하겠다는 뜻이다.

애플이 만들고 싶었던 자동차 산업의 미래도 소프트웨어와 작은 전자 부품이 자동차라는 큰 하드웨어를 지배하는 세상이었다. 애플과 엔비디아의 공통점은 모두 AI 성능을 강화하는 칩과 소프트웨어 기술에 막대한 투자를 하고 있다는 점이다. 비록 애플은 자동차 개발에서 실패를 맛보았지만, 그 당시 진행했던 전용 칩 설계, 하드웨어 및 센서의 연구 성과는 결과로 남았다. 엔비디아의 성공은 지금도 진행형이다. 이들의 제품 성능을 능가하는 경쟁사가 등장하지 않는다면 성공 스토리는 장기간 지속될 것이다. 신기술이 등장할 때마다 이와 관련된 수많은 기업들이 나타나고 사라진다. 비록 우리에게 알려진 스타 기업의 수는 많지 않더라도, 지금은 잊혀진 기업들의 끊임없는 시도가 우리가 누리는 문명을 가져왔다. 기술난이도가 높은 자율주행 전기차 시대가 도래할 때 이들의 도전정신이 어떤 결과를 가져올지 지켜보는 것도 흥미로운 일이다.

이런 관점에서 국내의 반도체 산업 구조를 들여다보고 미래를 위한 대비책을 세우는 것은 중요하다. 현재 차량용 반도체의 글로벌 시장 규모는 약 600~700억 달러 수준이다. 종류로는 MCU(마이크로컨트롤러)[*], 전력반도체, 메모리 등이 있다. 2020년경 차량용 반도체 부족 사태 때 문제가 되었던 부품은 전장 부품 제어용 반도체인 MCU였다. 하지만 전기차와 자율주행에 대한 요구가 커지면서 주목받는 분야는 자율주행용 AI 칩과 더불어 IGBT(Insulated Gate Bipolar Transistor)나 MOSFET(Metal-Oxide-Semiconductor

---

[*] MCU(Microcontroller Unit): 작은 컴퓨터 칩으로 연산, 메모리, 입출력포트를 하나로 통합한 형태.

Field-Effect Transistor)으로 알려진 전력반도체다. 전력반도체는 전기차 구동용 모터와 인버터에 반드시 필요한 부품으로 유럽의 인피니언(Infineon), ST마이크로(STMicroelectronics), 일본의 롬(Rohm Semiconductor), 미국의 온세미(Onsemi) 등이 핵심 기업인데, 국내 반도체 기업이 강세인 영역은 아니다. 과거에는 실리콘(Si)을 사용한 IGBT가 주종이었다면, 최근 고온 동작에 유리한 실리콘카바이드(SiC) MOSFET이 점차 대세로 자리를 잡아가고 있다. 국내의 SK하이닉스나 삼성전자는 AI 메모리 반도체 분야에서는 입지를 굳히고 있는 반면에 전력반도체 시장에서는 아직까지 큰 관심을 보이고 있지 않다. 현재는 매그나칩과 같은 중견기업이 파워칩을 생산중이며, 현대모비스가 인버터 파워모듈 개발과 생산을 진행하고 있는 정도다. 하지만 미래 성장동력의 한 축이 될 전력반도체 분야에 대한 투자와 개발 노력이 없다면, 정부 주도의 반도체 개발이 이루어지고 소비량의 70%를 내재화하는 정책을 이행 중인 중국에 이 분야마저도 의존해야 할지 모른다.

다행히 몇 년 전부터는 정부에서도 차량용 반도체 자립을 강조하며 메모리 분야에 편향된 구조를 보완하기 위해 전력반도체, MCU 육성을 정책 과제에 포함하고 있다. 다만 기술 개발에 초점을 맞추다 보니 상품 개발 속도가 경쟁국에 비해 떨어지는 단점이 있다. 이를 어떻게 보완하여 기업 위주의 성장을 도모할지는 아직도 해결해야 하는 과제다.

자동차 이야기

폭스바겐의 비틀(Beetle)은 히틀러가 페르디난드 포르쉐(Ferdinand Porsche)에게 '모든 국민이 탈 수 있는 차'를 만들도록 주문하여 탄생한 자동차이다. 제2차 세계대전 이후 미국에 의해 회사가 정리될 뻔했으나, 1945년 영국군 장교 이반 허스트(Ivan Hirst)가 공장을 방문한 후 생산 재개를 지시하며 부활했다. 비틀은 2003년까지 생산되어 세계에서 가장 오래 생산된 단일 모델이 되었으며, 총 2,150만 대 이상이 팔렸다. 사실 비틀은 이 차의 공식 명칭이 아니고 외관 때문에 생긴 별명이었다. 전후에 사용된 공식 모델명은 Type 1이었고, 1968년 미국 폭스바겐 광고에 최초로 'Beetle'이라는 표현이 공식적으로 등장한다.

볼보는 자동차 안전 기술 역사상 가장 중요한 발명품 중 하나인 3점식 안전벨트를 개발했다. 전직 항공기 좌석 안전장치 엔지니어인 닐스 보린(Nils Bohlin)은 1958년에 볼보에 합류하여 이듬해인 1959년에 이 발명품을 개발했는데, 볼보는 특허를 모든 자동차 회사에 무상으로 제공했다. 안전벨트는 매년 10만 명 이상의 생명을 구하고 있으며, 미국 도로교통안전국(NHTSA)에 따르면 사망 위험을 45% 이상 감소시킨다고 한다.

| 10장 |

골짜기를 넘어 확장의 시대로 2

일반 영역

BEYOND
THE
ENGINE

자동차 기업의 배터리 내재화

현대자동차그룹에서 근무하던 당시 맡았던 업무가 환경차 관련 사업이다 보니, 때로 국내 대기업들이 이 분야에 진출한다면 어떻게 될까 하는 궁금증이 늘 있었다. 가장 큰 관심사는 아무래도 배터리 사업을 보유하고 있는 기업들이었다. 하이브리드차나 전기차를 막론하고 가장 고가이자 핵심 부품이 배터리이기 때문에, 그룹 내에 배터리 사업이 없는 현대자동차그룹으로서는 이 불리함을 어떻게 극복해 나갈지가 늘 관심사였다.

실제로 현대자동차그룹 내부에서도 배터리 내재화에 대한 시도가 없었던 것은 아니다. 당장 대량생산은 아니더라도 2GWh 정도의 소량생산을 통해 먼저 기술력을 확보하고 점차 양산 규모를 키워 나가자는 계획이었다. 이런 계획은 내가 현대모비스에 있을 때 본격적으로 검토되었는데, 내재화를 통한 장점이 있는 반면 해결해야 할 문제점도 만만치 않았다. 그리고 무엇보다도 자동차 기업에서 배터리 내재화에 성공한 사례가 없었다.

자동차 기업이 배터리 사업을 하기 어려운 가장 큰 이유는 기계 중심의 자동차 제조업과 화학 중심의 배터리 제조업 간에 존재하는 특성 차이 때문이다. 기계 제품은 설계 도면이 주어지고 설비가 일정하면 생산되는 제품 간의 오차가 크지 않다. 물론 품질 문제가 발생하기도 하고 금형 제작처럼 전문가의 손을 타는 분야가 있지만 일반적으로 최종 제품에 대한 예상은 충분히 가능하다.

그러나 배터리는 같은 설비를 이용하는 제품 간에도 편차가 발생한다. 심지어 품질 확보를 하는 데 수년의 시간이 걸리기도 한다. 이와 유사한 경우는 자동차 도장(페인팅)에서도 발생하는데, 실제 과거 현대자동차 앨라배마 공장에 납품하는 모비스의 범퍼가 도장 불량으로 생산이 되지 않아 범퍼 없는 자동차가 야적장에 수백 대씩 방치되었던 적도 있다. 배터리 공정은 이보다 더 사람과 설비에 민감하지만, 아쉽게도 자동차 기업은 이에 대한 이해도가 낮다.

문제는 내부에만 있는 것이 아니다. 현대자동차그룹은 자동차 업계에서는 이미 세계적으로 인지도가 있지만 배터리 제조업체로서의 현대차나 모비스는 원소재 판매자 입장에서 볼 때 우선 고객이 아니다. 연간 수십에서 100GWh가 넘는 셀을 생산하는 전문사에 비해 2GWh 셀을 제작하는 기업에게 유리한 가격 조건을 제시할 수는 없다. 배터리 내재화의 가장 큰 목표 중 하나가 가격 절감이라는 점을 고려하면, 양산규모를 키우기까지는 그 효과를 보기 어렵다.

마지막으로 배터리 전문 인력 문제이다. 수년 전 SK와 LG 간에 있었던 특허 분쟁의 본질도 사실은 인력 유출이었다. 중국의 배터리 기업들 역시 한국이나 일본의 배터리 전문가들을 영입하여 기술 수준을 올려왔다. 핵심 인력을 뺏기지 않으려는 배터리 제조사로부터 전문가를 흡수할 수 있을지의 여부가 배터리 내재화 추진 당시 현대자동차그룹의 고심거리 중 하나였다. 신중한 검토 끝에 배터리 내재화 계획은 생산내재화가 아닌 기술내재화로 방향을 바꾸었다. 이후 연구소 조직을 강화하고 이를 통해 공급사를 제어하는 것에 초점을 맞추었다.

삼성, LG의 자동차 산업 진출

국내 대기업의 자동차 산업 진출 가능성을 고민해 보던 시기는 현대자동차그룹이 배터리 내재화를 검토하던 때보다 여러 해 전인 2012년 경이었다. 어떤 경로를 통해 LG그룹으로부터 연락을 받고 고위급 임원을 만날 기회가 있었다. 내 의견은 LG가 부품 사업에 전력하는 것이 좋겠다는 것이었다. 물론 현대자동차 직원 입장에서 타기업이 자동차 사업에 진입하는 것이 달갑지 않았던 면도 있었 겠으나, 그렇게 이야기했던 근본적 이유는 전기전자 업체의 자동차 산업에 대한 이해도 부족이었다. 마치 자동차 기업이 배터리 산업을 이해못하는 것과 비슷하다. LG에서 보는 자동차 차체는 단지 '껍데기'였다. 전기차 시대가 오면 중요한 부품인 배터리, 모터, 통신모듈, 디스플레이에 화학제품까지 보유하고 있는 만큼, 차체만 있으면 자동차 사업 진출이 무난하리라 보는 듯했다.

반면 내가 강조한 것은 그 껍데기, 즉 차체가 얼마나 만들기 힘든지 알아야 한다는 것이었다. 인포테인먼트가 강화되고 자율주행 시대에 접어들면서 소프트웨어의 중요성이 부각되고는 있지만, 당시만 해도 자동차의 상품성은 하드웨어가 이끌고 있었다. 사실 아직까지도 차체의 강성, 소음문제, 승차감 등 운전자가 느끼는 감성은 소프트웨어가 아닌 하드웨어, 특히 부품이 아닌 차체, 혹은 엔진과 같은 구동계에서 비롯된다.

테슬라처럼 특징이 분명한 제품을 만들 정도의 독창성이 있지 않다면, 부품을 공급하는 기업이 자동차 사업에서 성공할 가능성은 높지 않다. 당시 제시한 내 견해가 반영된 까닭만은 아니겠으나, 이후 LG그룹은 완성차와는 거리를 두고 부품과 시스템의 테두리 안에서 자동차 관련 사업을 유지하며 전기차 시대에 적합한 사업 영역을 보유하고 있다.

그 만남 이후 본격적으로 삼성그룹의 가능성에 대해서도 조사를 해보았다. 결론적으로 삼성의 가능성은 LG에 비해 훨씬 높아보였다. 특히 삼성자동차의 실패 이후에도 르노-닛산과 관계를 완전히 끊은 상태가 아니라 언제든지 완성차 제조사의 협조를 받을 수 있었다. 삼성자동차는 1995년 설립되어 5년이라는 길지 않은 시간을 유지하다가 2000년에 르노에 인수된다. 지분의 70%를 인수한 르노는 사명을 르노삼성자동차로 변경하고, 삼성은 브랜드 사용권을 주는 대신 소액 지분만 유지하게 된다. 르노는 이미 닛산자동차의 대주주로서 전략적 제휴를 맺고 있던 터라 르노삼성자동차 또한 그 얼라이언스에 속하게 되었는데, 이후 생산된 차량은 르노 및 닛산의 기술 및 플랫폼을 기반으로 개발되었다. 비록 르노삼성 브랜드의 차량 생산은 2004년 SM7을 마지막으로 종료되지만, 2012년 당시만 해도 협업을 재개할 가능성은 있다고 보았다.

내부적으로도 수많은 검토가 이루어졌던 것으로 알고 있으나, 결국 삼성은 자동차 사업에 진출하지 않았다. 내연기관 자동차 사업 실패 이후 트라우마가 작용했는지는 모르겠지만, 수준이 몇 수 아래인 중국의 화웨이나 샤오미가 전기차 사업에 진출하여 나름대로의 위치를 잡아가는 것을 보면 아쉬움은 있다. 어쨌든 삼성그룹은 2015년 경부터 자동차 산업과 관련된 많은 사업에서 철수했다. 삼성전기의 모터사업은 2015년쯤에 정리했고, 삼성토탈 역시 2015년 한화에 인수됐다. 광학사업은 삼성테크윈에서 유지하다가 2014년 한화에 매각하면서 철수했다. 배터리 사업은 최근 몇 년간 미래를 위한 투자로 인식되며 많은 내부 지원을 받았는데, 전기차 캐즘 이후 사업 분야 다각화를 모색 중이다. 역사에 '가정'은 없다고들 하지만, 삼성이 2015년 이전에 전기차 사업에 뛰어들었다면 지금쯤 어떤 위치에 있을까라는 궁금증은 남아 있다.

당시 검토한 대상에는 포함되지 않았으나, SK그룹도 자동차 사업에 관심이 없지 않았다. 1994년에는 선경그룹(SK의 전신)이 쌍용자동차 인수를 추진한 적도 있다. 삼성이나 LG에 비해 관련 인프라는 부족하지만, 반도체, 정유업, 통신 등 간접적으로 참여가 가능한 분야는 현재에도 남아 있다. 전기차 시대를 대비하여 유망한 영역으로는 SK E&S의 전기차 충전 사업이 있으며, 수소 충전소에도 관심이 크다.

전반적으로 국내의 정황을 고려해 볼 때 현대자동차그룹을 제외한 다른 기업이 완성차 사업에 뛰어들 가능성은 사실 낮다. 그러나 전기차의 상승세가 다시 살아나는 시점을 겨냥한다면, 전기전자 분야에 강점을 가진 기업들은 도전장을 던질 만하다. 그 중에서 테슬라, BYD 같은 기업이 나올지 누가 알겠는가? 그럴 의향이 없다면, 적어도 소프트웨어나 반도체와 같이 완성차 기업이 절실한 영역에서 합자사를 설립하거나 다른 방법을 통해 미래에 대비하는 정도의 계획은 고민해야 한다.

표준화/공용화/통합화

어느 제조업 분야나 마찬가지지만 부품이나 시스템을 표준화하고 공용화함으로써 얻는 이익은 상당하다. 차량 단위에서는 플랫폼을 공용화하는 것이 그 일환으로, 오래전 GM이 발표하여 센세이션을 일으킨 후 현재는 많은 자동차 기업이 이용하는 개념인 스케이트보드(Skateboard) 플랫폼이 대표적인 예다.*

이 아이디어는 플랫폼을 평평한 판 형태의 구조물로 만들어 그 위에 필요에 따라 승용차, SUV, 혹은 트럭 등 다양한 차체(Upper

Body)를 얹는다는 아이디어에서 시작되었는데, 생산효율성, 부품 표준화 등의 많은 장점이 있다. 이 개념을 가장 잘 살려 상용화에 성공한 기업은 테슬라다. 플랫폼 이름 자체를 테슬라 스케이트보드(Tesla Skateboard)로 명명하여 세대별로 몇 가지 플랫폼을 유지하고 있다. 이 플랫폼은 하단에 위치한 배터리 팩 덕분에 낮은 무게 중심으로 주행 안정성이 뛰어난 장점이 있다. 최근에는 저가형 차량과 로보택시를 위한 4세대 플랫폼을 개발하고 있다.

원조 스케이트보드 플랫폼인 AUTOnomy의 후손격인 GM의 얼티엄 플랫폼(Ultium Platform) 역시 배터리를 바닥에 위치하고 구동 모터, 감속기, 인버터 등을 통합하는 구조로, 다양한 차체 유형과 배터리 용량을 지원하는 모듈형 설계를 특징으로 한다. 이 외에도 포드의 GE1/TE1, 스텔란티스의 STLA, 폭스바겐의 MEB, 현대자동차그룹의 E-GMP가 모두 같은 철학을 가지고 개발된 플랫폼들이다. 기업에 따라 구조적으로 차이는 있으나, 이들 전기차 전용 플랫폼이 공통적으로 갖추고 있는 구성 요소는 있다. 우선 모듈화된 배터리 셀을 바닥에 평평하게 배열하는 것, 모터와 인버터를 통합해 공간 효율을 극대화하는 것이 이에 해당한다. 시스템 단순화와 공간 최적화를 위해 제어기를 통합하는 방안도 추진된다. 플랫폼을 신규 개발하는 시간은 짧으면 3~4년, 길면 5~6년이 걸리는 만큼,

* GM은 2001년에 이미 미래형 EV와 FCEV를 위한 스케이트보드 형태의 AUTOnomy 플랫폼을 소개한 바 있다. 이듬해에는 Hy-wire라는 이름으로 수소연료전지 콘셉트 카를 제작하여 디트로이트 오토쇼에서 발표하였다.

표준화와 단순화를 통해 얻는 시간 단축과 비용 절감의 효과는 당연히 크다.

플랫폼뿐 아니라 부품을 공용화하는 유익도 상당하다. 이는 비단 원가 절감만을 위한 것이 아니라 품질 확보 차원에서도 중요하다. 제품의 안정적인 품질을 위해 가장 기본적인 철학은 '안 바꿔도 되는 부품은 그대로 사용하는 것'이다. 아무리 사소한 변경이라도 설계가 달라지면 제품 개발 프로세스는 정해진 절차를 반복해야 한다. 개발 기간과 인력이 소요되며, 때로 작은 변경이 가져오는 예상치 못한 품질 문제에 부딪히기도 한다. 나사 몇 개를 바꾸었을 뿐인데 기존에 없던 소음이 발생하기도 하며, 불과 1~2mm의 접촉면 변경으로 오일이나 냉각수 누수 현상이 일어나기도 한다. 엔지니어 입장에서는 조금이라도 중량을 줄이고 가격을 낮추려는 시도로 설계 변경을 한 것이 결과적으로 도움이 되지 못하는 경우가 수시로 발생한다. 반면 제대로 개발해서 변경 없이 오래 사용하면 일정 기간 후에는 재료비만으로 부품이 생산되므로 비용 절감에도 크게 기여한다.

이런 측면에서 전기차의 주요 구성품인 모터와 배터리도 공용화와 표준화를 추진할 필요가 있다. 자동차의 개발 부서는 사내 고객이라고 할 수 있는 다양한 조직의 요청에 의해 신제품을 개발하는데, 일반적으로 이 중 가장 입김이 센 곳은 판매와 재경 조직이다. 판매 부서는 특정 지역에서의 판매를 위해 필요한 차량을 별도로 개발해달라는 요청을 수시로 하고, 재경 조직은 개발비를 줄이라고 끊임없이 요구한다. 결국 특정한 조건을 갖춘 차가 아니면 팔 수 없다는 판매 조직의 요구를 거절하지 못하고 개발에 응하게 되는 경우가 많다. 문제는 이렇게 하면 개발 사양이 너무 많아진다는 것이다. 그렇다고 사양 간에 큰 차이가 있는 것도 아니다. 때로 기존 배터리 용량이 70kWh인데 유럽 수출 차종을 위해 반드시 75kWh 배터리가 필요하다는 요청이 들어오기도 하며, 80kW 모터를 사용하면 될텐데 출력이 부족하니 85kW 사양을 개발해달라고 한다.

스텔란티스에서 내가 겪은 경험도 크게 다르지 않았다. 현대자동차그룹에서 거의 20년 가까이 이런 상황을 수도 없이 봐왔기에 어느 정도 내성이 생긴 내가 보기에도 놀랄 만큼 스텔란티스의 개발품은 종류가 많았다. 14개의 브랜드에서 만드는 차종이 수십 가지인데 저마다 요구하는 사양이 조금씩 달라서 내가 이끌던 조직의 수백 명 인원으로는 감당이 안될 정도였다. 심지어는 거의 유사한 용량의 배터리를 개발하는데 공급사가 다른 경우가 있어 오래 근무한 직원에게 이유를 물어보았다. 그의 대답은 "스텔란티스가 FCA와 PSA 두 조직이 합해져 생긴 기업이다 보니 이전에 개발하던 사양들을 그대로 이어받아서 그렇다"는 것이었다. 이렇게 물려받은 '레거시 프로젝트(Legacy Project)'는 기업의 입장에서 엄청난 인력과 시간, 비용을 낭비하는 요인이다. 나 자신도 적지 않은 배터리 플랫폼과 셀 사양을 가지고 씨름하던 기억이 아직도 생생하다.

이런 혼란을 피하려면 기획 단계에서부터 철저한 검증을 거쳐야 한다. 신규 개발이 반드시 필요한지, 다른 대안이 없는지를 꼼꼼히 따져봐야 한다. 예를 들어 배터리와 모터의 요구 사양이 다른 세가지 차종이 있다고 해보자. 차량 A는 100 kWh 배터리와 230kW 모터가 필요하고, 차량 B는 90kWh 배터리에 200kW 모터, 차량 C는 115kWh 배터리에 220kW 모터를 요구한다고 가정해본다. 이런 사양을 요구한 데는 나름의 타당한 이유가 있을 것이다. 그러나 이처럼 6개의 서로 다른 사양을 개발하고 생산하면서 오는 손실은 의외로 크다. 개발비와 인력이 증가되는 것 외에도, 각 부품의 생산 라인을 별도로 설치해야 하고 양산 제품의 품질 관리도 각각 해야 한다. 이럴 때는 요구 사항을 모두 충족시키는 방법보다 일부를 타협하는 중재안이 필요한데, 그 시나리오를 한번 생각해보자.

우선 모터나 배터리를 막론하고 용량이 큰 제품이 비싼 것은 자명하다. 그러면 각 부품의 중간치인 100kWh 배터리와 220kW 모터 사양만 개발하기로 해보자. 수치로 볼 때 차량 A는 고출력 모터를 원했고, B는 저가 사양, 차량 C는 (배터리의 용량이 큰 것으로 볼 때) 긴 주행거리를 원했을 가능성이 있다. 결국 표준화된 사양으로는 이들 차종이 원하는 내용을 모두 만족시키지 못한다. 이에 대한 해결책으로 모터와 배터리가 아닌 다른 내용으로 보상을 해주면 어떨까? 가령 A 차종은 모터의 출력 제한을 좀 더 완화하여 같은 하드웨어로 220kW 이상의 성능을 구현하게 하는 것이다(모터는 과열방지, 기계적 수명 보호, 전원 용량 한계 등의 이유로 사용 가능한 출력을 인위적으로 제한하기도 한다). 차량 B는 모터와 배터리 모두 원하는 가격보다 높아진 만큼, 성능에 지장을 주지 않는 다른 부품을 저가 사양으로 대체할 수도 있다. 차종 C는 배터리 용량이 원하는 조건에 못 미치므로, 배터리를 많이 사용하는 히터의 가용 범위를 축소하여 전기에너지가 주행에 더 사용되도록 로직을 꾸민다.

위의 해결책은 단순한 예에 지나지 않으나, 이런 식의 해결책을 고민하지 않으면 10가지 차종을 위해 10가지 사양을 개발하는 일이 벌어지게 된다. 물론 이런 공용화나 표준화의 장점을 모르는 조직은 없다. 그러나 부서 이기주의나 사일로 효과(Silo Effect)로 인해, 결정적인 순간에는 우리 조직에 유리한 조건을 주장하다 보니 단순화가 가져오는 유익을 누리지 못하는 것이다.

표준화나 공용화를 추진하면서도 소비자의 구매욕을 끌어올릴 수 있는 방법은 다양하게 존재한다. 부품 사양의 열세를 디자인 고급화로 상쇄할 수 있고, 표준화를 통해 생긴 원가 절감 부분을 판매 가격 인하로 돌릴 수도 있다. 가격 절감과 품질 향상을 도모하면서 한편으로 부족한 부분을 보완하는 USP(Unique Selling Point)[*]를 발굴하는 노력이 없으면, 끊임없이 새로운 제품을 생산해야 하는 미래 시장에서 버틸 수가 없다. 표준화와 공용화 전략은 선택사항이 아니라, 기업의 생존을 좌우하는 필수 조건이다.

---

* USP(Unique Selling Point/Proposition): 차별화된 판매 포인트. 애플 아이폰의 세련된 디자인과 iOS 생태계, 다이슨 청소기의 강력한 흡입력과 브랜드 파워 등이 대표적인 예이다.

개발 프로세스 단순화

표준화나 공용화를 통해 부품을 단순화하는 작업 못지않게 중요한 과정이 프로세스 단순화다. 모든 자동차 기업은 경험을 통해 정착된 개발 프로세스를 가지고 있다. 설계 고정 시점으로부터 몇 개월 내에 양산에 들어간다는 대일정(大日程)에서부터 각 단계별로 조율하는 세부 일정에 이르기까지 프로젝트 매니저(Project Manager)가 관리하는 일정은 상당히 상세하고 '타이트'하다. 전기차 개발 프로세스 역시 이런 시간표에 따라 움직이는데, 한 가지 문제는 골격이 되는 일정이 100년 이상 존속해 온 내연기관 자동차의 프로세스에 기초하고 있다는 것이다. 이제 갓 초등학교에 입학한 아이가 대학생에게 맞추어진 수업을 따라가야 하는 것과 다름없다. 이런 이유로 전기차와 환경차 개발에 필요한 프로세스를 별도로 개발해야 한다는 목소리는 끊이지 않고 있다. 그러나 내가 근무한 어느 조직에서도 이 부분에서는 큰 진전을 보지 못했다.

전기차 연구개발 조직 입장에서 가장 어려움을 겪는 과정은 배터리 검증 기간이다. 자동차 개발은 시제품 수준의 부품을 사용한 자동차를 검증하는 프로토 단계와 양산 부품이 사용되는 파일럿 단계로 크게 나뉜다.* 원칙적으로 프로토 검증을 통해 발견된 문제를 해결하여 설계 변경을 한 후 파일럿 차량과 부품을 제작해서 양

---

* 기업에 따라 디자인검증(Design Validation, DV), 제품검증(Production Validation, PV)이라는 절차를 사용하기도 한다.

산에 대비하는 것이 원칙이지만, 현재 전기차 개발에서 이런 단계를 원활하게 진행하는 완성차 기업은 없다. 앞서 언급한 대로 배터리의 검증 기간이 워낙 길기 때문이다. 배터리의 내구 품질 검사는 충전과 방전을 반복하여 셀의 열화가 기준치 이내에 있는지를 확인하는 것이 골자인데, 이 기간만 1년 넘게 걸린다. 설계 고정 단계에서 양산 시점까지가 빠르게는 20개월 남짓한데, 프로토와 파일럿 단계의 배터리 검증 2회에만 24개월 이상이 걸리는 것이다. 제품에 문제가 있다면 여기에 수개월이 추가되는 일은 허다하다.

이런 현상은 배터리 외의 부품에서도 발생한다. 내연기관처럼 오랜 역사를 통해 개발되고 개선되어 온 부품이 많지 않다 보니, 개발 중에 실패하는 경우가 적지 않다. 이런 이유로 많은 기업에서는 파일럿 검증에 들어가기 전에 프로토 검증이 완료되지 못한다. 그렇다고 일정을 미룰 수는 없다 보니 파일럿 부품을 별도로 제작해 시험하는 방식으로 프로토와 파일럿 평가가 동시에 진행되곤 한다. 결국 현실적으로는 프로토 검증의 많은 부분은 굳이 수행할 이유가 없어진다. 어차피 검증과는 별도로 이미 파일럿 검증이 진행되고 있고 양산품에는 그 제품이 들어갈 것이기 때문이다. 그리고 흥미롭게도 이런 디테일한 문제점들은 대부분 경영층에 보고되지 않는다. 환경차를 위한 프로세스 개발이 결국은 개발 기간을 늘려야 한다는 것이기에, 승인받기가 어렵기 때문이다.

이를 개선할 수 있는 방법 중 하나가 수치해석(Numerical Analysis)을 동원하는 것이다. 물리적인 시제품으로 시험을 하는 것이 아니라 컴퓨터 시뮬레이션을 통해 검증하는 절차이다. 이 방법은 모든 엔지니어링 관련 기업에서 사용하지만, 개발 기간 단축을 위해 적극적으로 활용하는 기업들이 있다. 대표적인 기업이 이 책을 통해 가장 많이 등장하는 테슬라이다. 테슬라는 프로토 단계의 상당수 검증을 시뮬레이션, 혹은 가상 엔지니어링(Virtual Engineering, VE)*으로 수행한다. 이들이 이렇게 하는 가장 큰 이유는 프로세스의 단순화 때문이다. 그리고 이런 방법을 동원하는 근거는 자매회사인 스페이스X를 통해 얻은 자신감이다. 스페이스 셔틀을 검증하기 위해 매번 실제로 발사할 수가 없다 보니, 스페이스X는 VE 기능에 상당한 노력을 기울였고, 만족할 만한 신뢰도를 확보했다고 한다. 그 결과를 자동차에도 적용하여, 검증 단계에서 시간과 비용을 대폭 절감하는 수준에 이르렀다.

테슬라가 사용하는 VE의 범위는 상당히 광범위하다. 차량의 충돌 안전성과 강성을 검증하기 위해 유한요소해석**을 사용하고, 열관리 해석을 위해서는 전산유체역학*** 방법을 동원한다. 이뿐 아니라 배터리 화재와 열폭주 시뮬레이션을 위해 구조물과 배터리 셀을 연결하여 해석하는 코-시뮬레이션(Co-Simulation) 방법을 도입하고, 모터나 인버터의 최적화 설계를 위해서는 전자기장 분석을 이

---

*   VE(Virtual Engineering): 가상 엔지니어링. 제품 제작 과정에서 실물 제작 없이 가상 환경에서 설계, 분석, 테스트, 검증을 수행하는 접근방식이다.

**   유한요소해석(FInite Element Method, FEM): 구조물이나 부품에 가해지는 힘, 응력, 변형 등을 수치적으로 해석하는 방법.

*** 전산유체역학(Computational Fluid Dynamics, CFD): 유체의 흐름, 압력, 온도분포 등을 수치적으로 해석하는 시뮬레이션 방법.

용한다. 사실 이런 방법들 대부분은 다른 자동차 기업에서도 사용하고 있다. 테슬라가 구별되게 사용하는 방법이 있다면 자체적으로 개발한 FSD 훈련용 시뮬레이터를 사용한다는 것과 OTA 업데이트 후 동작 검증을 위해 가상 ECU와 네트워크 시뮬레이션을 이용한다는 정도일 것이다. 그러나 테슬라가 경쟁사와 다른 점은 따로 있다. 그들은 이런 VE의 결과를 철저히 신뢰한다.

이런 경향은 머스크의 언급에서도 나타나는데, 그는 "우리는 물리적 시제품을 되도록 만들지 않으려 한다. 완전히 디지털 상에서 설계하고 검증한 후, 한 번에 실물 생산으로 간다"고 말하며, 물리적 테스트를 최소화하겠다는 의지를 분명히 한 바 있다. 배터리는 그 특성상 간단한 구조물 해석 방법이나 열유체 해석 프로그램으로 실험치를 예측하는 것이 어렵다. 전기화학적인 특성 때문이다. 그러나 최근에는 이런 분야까지도 해석이 가능한 다양한 소프트웨어들이 나오는 만큼, 이를 광범위하게 사용하여 개발 기간을 단축하는 것이 필요하다. 시뮬레이션을 통해 나온 결과를 바탕으로 설계를 변경하는 데는 시간이 오래 걸리지 않는다. 해석의 신뢰도를 높이는 일은 지속적으로 추진해야 하겠으나, 변화가 많은 전기차 산업에 대응하기 위해서는 이와 같은 개발 프로세스의 단순화가 부품의 표준화나 공용화만큼 중요하다.

미국에 진출한 외국 기업을 노려라

국내 부품사나 배터리 기업들이 디트로이트 인근에 사무실을 차리는 이유는 그들의 목표가 빅3이기 때문이다. 한때 미국뿐 아니라 전 세계 자동차의 리더였던 GM, 포드와 크라이슬러(지금의 스텔란티스)는 완성차 기업에게는 선망의 대상이며, 부품사에게는 성공을 담보하는 고객이었다. 내가 현대모비스에 재직할 당시에도 글로벌 기업, 특히 빅3에 부품을 공급하는 것이 큰 목표였다. 당시 전동화 BU의 유일한 고객사가 현대자동차와 기아였기 때문인데, 재임 당시에는 그 목표를 달성하지 못했다. 모비스의 글로벌 고객 확보는 내가 스텔란티스로 자리를 옮긴 다음에 이루어졌다. 스텔란티스에서 만드는 PHEV의 배터리 팩 프로젝트 몇 개를 모비스에게 맡긴 것이었다. 이렇게 할 수 있었던 것은, 물론 내가 스텔란티스의 배터리 담당 임원이었던 이유도 있으나, 모비스의 실력을 인정했기 때문이었다. 팔이 아무리 안으로 굽는다고 해도, 프로젝트의 실패를 무릅쓸 수는 없다.

그 당시 후배들에게 당부한 내용이 있다. 우선 내가 있는 동안 스텔란티스와 배터리 프로젝트를 여러 건 진행하고, 이를 바탕으로 모터나 제어기 프로젝트도 수주를 받아보라는 것이었다. 이어서 빅3와 미국에 진출한 해외 기업들을 상대로 세일즈 활동을 해서 인지도를 높인 후에, 유럽까지 진출해보라는 중장기 플랜이었다. 그런 계획이 가능하다는 말은 이렇게 대신했다. "여러분들 수준은 스스로 평가하는 것보다 훨씬 높아요. 그리고 미국 빅3도 그

걸 알고 있어요." 실제로 미국과 유럽의 완성차 기업들이나 부품사들이 우리 기업들을 보는 눈은 상당히 긍정적이다. 최근 중국의 저가 부품 진입으로 과거만큼의 경쟁력은 없다고 할지라도, 제품의 품질이나 내구성과 같은 중요 특성에 대해서는 높은 점수를 준다. 1970~1980년대 일본의 가전제품이 누렸던 고객의 신뢰나 1990년대 일본 자동차 기업이 받았던 평가를 이제 우리가 받고 있다.

반면에 우리 기업들의 자세는 좀 더 적극적일 필요가 있다. 자동차 부품사로 설명하자면, 완성차 기업을 자주 찾아가 제품을 홍보하고 경쟁사보다 나은 장점을 과대 포장 해서라도 인식시켜야 한다. 또한 기업의 현황과 비전을 지속적으로 공유함으로써 고객사의 '레이더 망'에 항상 머물러야 한다. 중국 기업들에 비해 우리 기업들은 이런 적극성이 많이 떨어진다. 우리 민족 특유의 체면 문화가 원인일 수는 있으나, 이제는 세계 무대가 시장이고 우리보다 가격 경쟁력이 높은 후발주자 기업들이 경쟁 상대이다. 우리 제품이 좋다고 해도, 가만 앉아 있으면 누가 알아주지 않는다. 완성차 기업들이 고객인 소비자들을 대상으로 다양한 형태의 홍보를 하는 것과 마찬가지로, 부품사들은 완성차 기업들을 상대로 부지런히 움직여야 한다.

그리고 미국 시장이라고 해서 반드시 빅3만을 고려할 필요는 없다. 미국에 진출한 유럽과 일본 기업들도 그 대상에 두어야 한다. 부품업체의 입장에서는 이미 투자한 설비를 이용해 생산하는 제품의 추가 수요처를 찾는 것이 유리한 만큼, 고객사 확대는 중요한 이슈다. 빅3는 과거에 비해 영향력이 줄어든 반면 일본의 도요타와 혼다, 독일의 3사는 모두 미국 현지에 생산 시설이 있고 제품의 인기도 높다. 2024년 미국 시장에서의 점유율을 보면, 도요타는 198만 7,000대(12.5%)로 3위인 포드를 앞서며 2위를 차지했다. GM이 270만 대(17%)로 1위를 달리고 있으나, 이제는 50% 이상이 외국계 브랜드이거나 해외 조립 차량이다. 또한 트럼프 행정부의 관세 정책은 해외 국적의 자동차 기업들이 미국 내에 더 많은 제조 공장을 짓도록 유도한다. 이처럼 국내 부품사가 미국에 진출한 해외 기업을 노려야 하는 이유는 많다. 실력을 키우고 준비한다면 반드시 기회는 찾아온다.

전략적 제휴

2024년 9월 현대자동차그룹과 GM은 비구속적 양해각서(MOU) 체결을 통해 승용 및 상용차, 내연기관차, BEV, 수소연료전지차, 배터리, 철강 등 공급망 분야 전반에 걸친 협업 가능성을 탐색하기로 합의하였다. 매리 바라(Mary Barra) GM CEO와 정의선 현대자동차그룹 회장이 참석한 이 체결식에서 양사는 공동 개발뿐 아니라 생산, 원자재 공동 구매 등 다양한 영역에서 구체적인 협력이 이루어질 것임을 시사했다.

2025년 1월에는 좀 더 구속력 있는 협정을 추진하였고, 3월에는 상용 전기차 및 픽업 트럭 실무 협상을 진행한 바 있다. 더 나아가 차세대 반도체, 배터리와 배터리 원재료 등도 공동 구매할 가능성에 대해 논의가 진행되는 것으로 알려지고 있다. 이런 협업은 양사 모두 중국 전기차와의 경쟁에 대비해 비용 절감과 지속 가능한 기술 확보가 절실하다는 공감대가 있어서 가능했다.

  GM은 이 밖에도 경쟁사와 협업을 시도한 전례가 있는데, 대표적으로 혼다와 진행한 연료전지 시스템의 공동 연구가 있다. 2013년부터 시작한 연구는 2017년에 5대 5 합작법인인 FCSM(Fuel Cell System Manufacturing LLC)을 설립하는 결과로 이어졌고, 2024년 1월부터 미시간주 브라운스타운의 공장에서 생산에 돌입한 바 있다. 이 협업을 통해 양사는 수소연료전지 시스템의 내구성을 향상하고 제조원가를 대폭 절감한 것으로 알려졌다. 혼다 클래러티 수소차(Clarity Fuel Cell)는 2019년 대비 내구가 2배 향상되었다고 한다. 이후 승용차뿐 아니라 상용차, 발전기 등에도 다양하게 시스템을 확대할 것이라고 밝힌 바 있다. 이 협업은 미국 내 최초의 대규모 연료전지 합작형 공장이자 수소 사회로 전환하기 위한 핵심 인프라로, 연료전지 분야의 연구를 오랫동안 지속해 온 두 기업의 연합이라는 면에서 주목받았다.

  그러나 여러 대기업 간의 협업이 의미 있는 결과를 내지 못한 것처럼, 혼다와 GM의 연합도 추가의 결실을 맺지 못하고 해체 수순을 밟았다. 2025년 2월, 혼다는 차세대 연료전지 시스템을 독자적으로 개발할 것을 선언하고 향후 신기술은 GM에 공유하지 않겠다고 밝혔다. 다만 현재 운영 중인 FCSM 공장의 기존 연료전지 제품 생산 및 협업 계획은 유지한다고 하였는데, 사실상 양사 간의 파트너십을 중단한다는 내용을 완곡히 표현한 것으로 봐야 한다.

이에 비하면 현대차와 GM 간의 협업은 아직까지는 잘 유지되는 것으로 보인다. 그러나 협업 대상이기에 앞서 경쟁사인 두 거대 기업 간의 협력이 어느 정도의 깊이로 얼마나 오래 갈지는 두고 봐야 한다. 완성차 기업과 부품사 간의 협업은 지금도 JV의 형태로 빈번하게 이루어지는 반면, 완성차 간의 협업은 실패 사례가 훨씬 더 많다. 2025년 8월 6일, 양사는 첫 공동개발 차량 5종에 대한 계획을 발표하였다. 북미시장 대상 1종은 중형 EV 밴이고, 중남미 대상 4종에 대해서는 ICE와 HEV 옵션을 모두 제공하는 것으로 알려졌다.

자동차 기업 간의 협업이 어려운 것은 기술 유출 가능성과 각 사의 브랜드 아이덴티티가 약화되는 점 때문이다. 이로 인해 개발 비용 절감이나 공급망 안정화라는 큰 장점을 제대로 살리기 어려워지는 것이다. 전략이 불일치하거나 경영진 교체로 정책이 바뀔 때, 혹은 파트너십을 통해 추구하는 시너지 효과가 이루어지지 않는다고 판단되면, 협업은 언제든지 중단된다. 궁극의 목적은 수익 창출에 있으나, 많은 경우 각사가 동상이몽(同床異夢)이다 보니 결과를 내기 쉽지 않다. 그렇다고 협업이 절대로 불가능 한 것은 아니다. 대표적으로 플랫폼을 공용화하는 사례들이 있는데, 도요타와 수바루는 전기차 플랫폼 e-TNGA를 공동 개발하여 bZ4X와 솔테라(Solterra)를 동시 출시한 바 있다. 지금은 하나의 기업이 된 르노와 닛산, 미쓰비시도 이미 2000년대부터 CMF(Common Module Family) 플랫폼을 공유하여 모델을 공동 개발한 역사가 있다.

완성차 간 협업의 성공 여부가 불확실하다는 특성이 있음에도 많은 기업이 시도하는 데는 이유가 있다. 그만큼 비용 절감의 요구가 크기 때문이다. 환경차처럼 기술 변화가 빠르고 미래를 예측하기 어려운 분야에서는 모든 투자를 독자적으로 감당하기 어렵다. 특히 현시점은 BEV와 자율주행으로의 커다란 변화가 진행되고 있는 시기라, 현재의 투자가 긍정적인 결과로 이어진다는 보장이 없다. 리스크를 분산할 필요가 있다. 그렇다면 성공적인 협업을 위해 요구되는 조건은 무엇일까? 먼저 파트너십에 참가하는 기업들이 명확한 공동 목표를 가지고, 역할과 책임에 대해서도 분명한 선을 그어야 한다. 그리고 유사성보다는 상이한 점이 많아 서로 부족한 부분을 채울 수 있을 때 성공 가능성은 높아진다. 또한 상대 기업의 문화를 존중하고 단기 이익보다 장기적으로 미래 기술을 확보하는 데 공동 투자한다는 생각이 있어야 한다.

  10여 년 전 자동차 산업의 화두는 CASE라는 단어로 요약되었다. 연결성, 자율주행, 공유와 서비스, 전동화의 영어 첫 글자를 따온 단어이다.* 일본의 자동차 산업 분야 전문가인 다카키 나카니시(中西 孝樹)는 저서 《자동차산업 CASE혁명》에서 이 네 가지가 자동차를 '제조상품'에서 '이동서비스'로 전환하는 필수적인 요소라고 정의한다. 동력원이 화석연료에서 전기에너지로 바뀌고, 운전하는 이동수단이 사무실 공간화되는 과정이 점차 우리에게도 현실로 다가오고 있다. 이 모든 일을 기업 한 곳이 담당할 수 없다. 자동차 제조사와 관련업계는 조만간 다가올 이런 미래에 대비하기 위해 협

---

* CASE: Connected(연결성), Autonomous(자율주행), Shared & Service(공유와 서비스), Electric(전동화)

력과 경쟁의 패턴을 수시로 변환하며 생존을 위한 전략을 수립하고 이행한다. 안목 있는 리더십과 열정적인 기업 문화에 더해 전략적 제휴가 어느 때보다도 절실하다. 10년 후인 2035년 자동차 업계의 윤곽은 2025년 오늘을 어떻게 준비하는지에 따라 크게 달라질 것이다.

맺음말

기계와의 경쟁

　　MIT 교수 에릭 브린욜프슨(Eric Brynjolfsson)과 앤드류 맥아피(Andrew McAfee)가 쓴 《기계와의 전쟁(Race Against the Machine)》을 읽었을 때의 기억은 지금도 생생하다. 이 책의 주제는 디지털 기술 발전이 생산성 향상은 가져오는 반면, 동시에 일자리 감소의 부작용도 유발한다는 것이다. 알고리즘의 발달, 자동화의 확대, 머신러닝 등 디지털 기술이 인간의 일자리를 빠르게 대체할 것이라는 저자의 주장은 출판 연도인 2011년 당시만 해도 '미래에나 있을 법한 일'로 다가왔었다. 기술 불균형이 양극화를 심화한다는 주장이나, 고숙련자나 저숙련자에 비해 중간계층의 일자리가 기계와의 경쟁 대상이 될 것이라는 설명은 나와 크게 관련이 있어 보이지도 않았다. 다만 내 자식 세대에 가서는 직업 선택을 할 때 기계가 못 하는 직종을 찾아야 할 것이라는 생각은 했다. 사람끼리 경쟁하기도 바

쁘고 어려운데 기계가 그 틈에 끼어들 여지가 아직은 없다고 보았던 것이다.

저자들이 제안한 정책 가운데는 '기계와의 협력'이 있다. 2000년대 이후 고용 없는 회복(Jobless Recovery) 현상이 발생하여 일자리가 점점 줄어드는 마당에, 기계와 경쟁을 하게 되면 인간은 이길 수가 없다는 전제 조건이 깔려 있다. 협업을 위해 컴퓨터나 이와 관련한 평생 교육을 권장했고, 인간의 능력을 확장하는 보조적 AI와 기계를 활용할 것도 주장했다. 그 후 3년이 지난 시점에 두 교수는 후속작 성격의 《두 번째 기계 시대(The Second Machine Age)》를 출간하여 인공지능과 디지털 기술이 경제, 사회, 문화 전반을 바꾸는 방향을 분석하였다. 이어 2017년에는 《머신, 플랫폼, 크라우드(Machine, Platform, Crowd)》를 통해 기업과 시장이 AI와 플랫폼 중심으로 재편되는 과정을 설명하였다. 챗GPT를 통해 일반인들의 일상에 생성형 AI가 자리잡기 시작한 것이 2022년 말이니, 미래 기술에 대한 이들의 예측은 시대를 상당히 앞서 이미 진행되고 있었던 것이다.

이 책을 쓰면서 안타까웠던 점은 '전기차의 미래에 대한 방향성을 10년 전쯤에 제시했더라면 얼마나 좋았을까'라는 것이다. 요즘 일어나는 상황의 많은 부분은 예측이 가능했다. 커리어 내내 전기차와 함께 하이브리드차 개발에 대한 중요성을 강조했고, 현대모비스에서 전동화를 총괄하던 시점에도 그런 주장을 폈었다. 전기차의 하락세가 2024년 말에서 2025년 초반에 오리라 예상한 탓에, 현대모비스의 2026년 이후 전동화 관련 대형 투자는 2024년 시점에 재검토하도록 방침을 정한 것도 3년 전인 2022년이었다. 본문에서도 다룬 바와 같이, 엔지니어인 내가 보기에도 전기차의 부흥을 위해서는 해결되어야 할 '기술 외적인 문제'들이 너무나 많았다. 해결될 수 있는 시점도 가까운 미래는 아니라고 판단했다. 그 때 더 목소리를 높일 기회가 있었더라면 지금 우리가 겪고 있는 혼동의 폭을 일부라도 줄일 수도 있지 않았을까 하는 아쉬움이 있다.

그러나 지난 과거를 돌아보기 보다 더 늦기 전에 자동차의 5년 후, 10년 후 미래를 고민해볼 수 있는 자료를 정리해보면 어떨까 하는 생각은 늘 하고 있었다. 새로운 소식을 메모하고, 전문가들을 만나 의견을 묻고 정리하다 보니, 또다시 한 권의 책을 쓸 만한 분량이 모였다. 자동차 기업에서 쌓아온 커리어를 정리하는 마음으로, 또 자동차 분야에 종사하는 많은 사람들이 참고할 만한 유산을 남겨놓고자 하는 욕심에서 펴내게 된 것이 《엔진 너머의 미래》다. 짧지 않은 내용을 정리하며, 또 기록한 내용들을 다시 살펴보고 재확인하며, 지금 이 시점에도 많은 기술과 정책이 변하고 있음을 알 수 있었다. 미국 정부의 관세 정책은 수시로 바뀌고, 자율주행과 관련된 뉴스도 며칠이 멀다 하고 새로운 것들이 쏟아진다. 7, 8월의 기사들만 보면 마치 당장 다음 달이라도 자율주행 전기차가 온 도로를 덮을 것만 같은 분위기다.

이 책을 통해 내가 전하고 싶은 메시지는 크게 세 가지다.

하나는, 비전을 수립하고 계획을 논하기 전에 충분한 검토를 하고, 만약을 대비한 플랜B 혹은 컨틴전시 플랜(Contingency Plan)을 세우라는 것이다.

두 번째는, 시장의 요구를 정확히 읽어서, 공급자가 만들고 싶은 자동차가 아닌 소비자가 원하는 차를 만들어야 한다는 것이다.

마지막으로, 투자할 시기, 개발할 시기, 판매할 시기 등을 잘 살펴서 이런 업무를 적절한 타이밍에 시행해야 한다는 것이다.

우리는 생각보다 급하고, 남들이 좋다고 하는 일에 대책 없이 뛰어들며, 내가 원하는 것은 남들도 좋아할 것이라는 착각을 하고 산다. 기업이 이런 한계를 벗어나지 못하면 실수가 거듭되고, 사업에 실패하거나 파산하는 결과를 낳기도 한다. 혹은 재정 위기에 봉착해 과거와 같은 위상을 누리지 못하고 선두 자리를 경쟁사에게 넘겨주게 된다.

현시점에서 자동차 산업의 글로벌 상황은 기술적인 변혁과 정치외교적 불확실성이 더해져 앞날을 예측하기가 상당히 어렵다. 전기차와 하이브리드차 사이의 경쟁구도가 어떻게 변할지 의견이 구구하고, 자율주행차의 상용화 시기가 얼마나 빨리 다가올지도 저마다 의견이 다르다. 여기에 더해 '신냉전'으로 묘사되는 미중간의 패권경쟁, 세계 각지에서 일어나는 전쟁의 여파는 자동차 산업에도 적지 않은 영향을 끼친다. 세계 원유 시장을 지배하는 중동 국가들의 긴장 상태, 800억 배럴의 원유를 보유하고 있을 뿐 아니라 세계 1, 2위를 다투는 천연가스 매장량을 자랑하는 러시아의 전시 상황 등이 모두 악재로 작용한다. 그러나 무엇보다도, 시시각각으로 변하는 트럼프 행정부의 관세 정책과 외국 기업, 특히 중국 기업들에 대한 다양한 제재는 앞으로의 자동차 산업이 어떤 방향으로 흘러갈지 예상하는 것을 더 어렵게 한다.

이제 판매량 세계 3위의 자동차 기업을 보유하고, 자국의 자동차 생산량이 전 세계 5위를 차지하는 국가가 바로 대한민국이다. 80여 년 전 자전거 부품 및 철관 생산 회사로 시작해 우여곡절을 겪으며 세계적인 자동차 브랜드로 성장한 기아와 1967년 설립 후 지난 60년간 우리나라의 자동차 산업을 이끌어 온 현대자동차는 이제 전 세계 자동차 구매자들의 관심을 받는 브랜드로 발전했다. 이들 기업과 함께 동반성장한 국내의 부품협력사들도 해외 완성차 업체의 '러브콜'을 받는 위치에까지 이르렀다. 그러나 이런 놀라운 성장과 발전으로 인해, 우리보다 앞서 자동차 산업을 일으킨 미국과 유럽 기업들로부터는 견제의 대상이, 후발주자인 중국 기업들에게는 도전의 대상이 되었다. 우리가 가진 강점을 살려서 지금의 위치에서 한층 더 도약하지 않으면, 2030년 혹은 2035년에 재편되는 자동차 세계 지도에서 우리 영토는 줄어들어 있을지도 모른다.

《The End of Detroit》에서 저자가 지적한 빅3의 쇠락 원인은 경직된 조직문화, 고비용 구조, 그리고 소비자를 고려하지 않은 전략 등으로 압축되지만, 저자는 또한 과거 성공에 안주한 태도가 지속 가능한 경쟁력 상실로 이어졌다고 지적한다. 이런 태도를 '성공으로 인한 자만'이라고 해석한다면, 이 내용은 짐 콜린스(Jim Collins)의 명저《위대한 기업은 다 어디로 갔을까(How the Mighty Fall)》에서 언급한 몰락의 5단계 중 1단계와 일치한다. 이미 많은 자동차 기업들은 2단계인 '더 많은 성장을 향한 무분별한 확장'을 지나쳤다. 일부는 3단계인 '위기의 부인' 단계를 지나고 있고, 어떤 기업은 이미 '구원의 손길'을 찾는 4단계에 들어섰다. 과연 여기서 더 이상의 침몰을 면하고 살아남을지 아니면 최종 단계인 '몰락과 죽음'의 단계에 이를지는 냉정한 자기 성찰, 미래를 향한 비전 정립 그리고 목표를 달성하기 위한 현재의 행동에 달려 있다.

역사를 통틀어 기업의 성쇠를 살펴보면 어느 한 시점도 중요하지 않은 때가 없고, 한번의 실수나 올바른 결정이 운명을 바꾼 예는 수도 없이 많다. 그러나 자동차 산업의 과거 역사와 현재의 상황을 들여다보면, 지금처럼 불확실성이 많았던 시기는 지난 100년 동안 존재하지 않았다. 증기차와 전기차, 내연기관차가 동시에 존재하던 시기를 거쳐 내연기관이 시장을 장악하던 100여 년 전 이후 현재와 같이 자동차에 관련된 많은 요소들이 한꺼번에 변했던 시기는 없었다. 1970년대 오일 쇼크 이후 중소형차가 늘어나고, 일본 기업의 영향으로 하이브리드라는 신기술이 소개되던 1990년대 말이 그나마 큰 변화기라고 할 수 있으나, 요즘의 변화에 견줄 만한 수준은 아니다. 따라서 어떤 전문가라 할지라도 자동차의 미래를 정확하게 예측하기는 어려울 것이다.

그럼에도 불구하고 이 책의 제목을 감히 《엔진 너머의 미래》라고 붙였다. 나보다 자동차에 대한 전문지식이 많은 분들이 허다하고, 더 많은 경험을 쌓은 분들이 많음을 알고 있음에도 이렇게 제목을 정한 데는 이유가 있다. 아직까지 국내의 어떤 관련 서적도 자동차 산업의 다양한 현장에서 직접 고민한 것들을 통해 미래를 예측한 바가 없기 때문이다. 내가 예상한 내용들이 맞을지, 또 그렇다면 언제가 될런지는 나도 확실히 모른다. 그러나 이런 거대하고 불확실한 주제에 도전장을 내미는 한 사람이 있다면, 이후에 이 발자취를 쫓아가며 더 나은 분석, 더 정확한 예견을 할 사람들이 나올 것이다. 이 책은 나에게 커리어를 정리하는 한편의 회고록과 같은 저작이다. 하지만 자동차 업계의 후배들에게는 또 다른 도전을 위한 기초 참고서가 되기를 바라는 마음이다. 그것이 업계의 선배로서 내가 남길 수 있는 레거시, 즉 유산이라고 나는 믿는다.

감사의 글

　내 네 번째 책은 리더십과 조직관리에 대한 내용을 담았는데, 제목은 《거인의 어깨》이다. 후배들이, 다음 세대의 리더들이 내 어깨를 딛고 올라가 더 높은 곳을 바라보라는 마음으로 고민 끝에 택한 제목이다. 그 후속편의 성격을 띤 다섯 번째 책은 '레거시'라는 이름으로 거의 결정을 했다가 최종적으로는 《나이 60, 내려놓고 또다시 도전하다》는 다소 긴 제목이 되었다. '내려놓음'은 말 그대로 내 역할을 다 한 후에 후배들에게 역할을 맡기겠다는 의미이고, '도전하다'를 덧붙인 것은 적지 않은 나이에도 새로운 길에 도전하는 모습을 후배들에게 보여 그들도 끊임없이 도전하라는 메시지를 전해주고 싶은 마음 때문이었다. 만약 이번 책이 자동차에 관한 내용이 아니고 리더십이나 조직관리에 관한 것이었더라면, 아마도 제목은 '낙하산을 접는 사람'이 되었을 것이다.

찰스 플럼(Charles Plumb) 소령은 베트남전쟁 당시 미 해군 전투기 조종사로 복무했던 실존 인물이다. 혁혁한 공을 세우던 그는 75번째 임무에서 격추되어 낙하산을 타고 탈출하였으나, 포로가 되어 6년이란 긴 세월 동안 수감 생활을 한다. 결국 살아남은 그는 고국으로 돌아왔고, 자신의 경험을 담은 이야기를 전하는 강연자로서 살아가고 있었다. 어느 날 한 식당에서 어떤 남자가 그에게 다가와 물었다.

"당신이 찰스 플럼 소령이죠? 항공모함 키티호크에서 F-4 팬텀 조종하셨고, 베트남에서 격추되어 낙하산으로 탈출하셨잖아요."

그 일을 어떻게 아는지 궁금했던 플럼에게 그 사람이 말했다.

"저는 당신의 낙하산을 접은 사람입니다."

이야기를 들은 플럼은 놀라움에 정신이 멍해졌고, 그 순간 자신이 살아남을 수 있었던 건 그 사람이 낙하산을 제대로 접은 덕분이었다는 사실을 절실히 깨달았다. 그는 고백한다.

"나는 매일 공들여서 내 낙하산을 접어준 무명의 누군가 덕분에 살 수 있었습니다. 내 삶 속에서도 나를 지탱해주는 '낙하산 접는 사람들'이 있습니다. 우리는 그들의 존재를 너무 쉽게 잊고 삽니다."

내 커리어를 살펴보면, 나는 많은 시간을 조종사로 살아왔다. 팀장으로, 그 후에는 임원으로 많은 결정을 하고 다양한 계층의 사람들을 만나며 내가 속한 조직을 위해 치열하게 살아왔다. 그러나 돌이켜보면, 나 스스로 발표 자료를 만들거나, 회의 일정을 작성해본 기억이 거의 없다. 자료는 늘 완벽하게 준비되어 있었고, 출장 일정은 시간별로 깔끔하게 정리되어 내 책상 위에 올려져 있었다. 내가 이루었다고 생각한 많은 것들이 사실은 나를 위해 '낙하산을 접어준' 수많은 사람들의 도움으로 가능했던 것이다. 이 사실을 좀 더 일찍 깨달았더라면 하는 아쉬움은 있지만, 자동차 산업에 종사했던 내 여정을 정리하는 지금이라도 그들에게 감사할 수 있는 기회가 생긴 것은 다행이다.

오랜 기간 동안 환경차 기술 개발을 위해 함께 달려온 수많은 선후배들과 동료들을 생각하면 지금도 가슴이 벅차다. 현대자동차의 환경기술센터 인원들이 그랬고, 현대모비스의 전동화 BU 후배들 역시 나에겐 늘 아름다운 기억들이다. 전투기 조종사로서의 역할은 더 이상 내가 감당할 짐이 아니다. 하지만 내가 남기는 이 글이 나를 이어 전투기에 올라갈 수많은 후배 조종사들, 그리고 그들을 위해 보이지 않는 자리에서 묵묵히 낙하산을 접고 있는 수많은 사람들에게 한 권의 '가이드북'이 된다면 더 이상 바랄 것이 없다. 그리고 대한민국의 자동차 산업이 전 세계를 선도할 그날이 올 때, 그 세대의 누군가는 내가 기록한 내용들로 인해 조금 더 가까운 지름길을 찾았다고 한다면 내 소임은 다한 셈이다.

처음으로 자동차에 대한 이야기를 쓰다 보니 20년 가까이 근무했던 현대자동차그룹의 기라성 같은 대선배님들이 떠올랐다. 그분들이 리더십이 아니었다면 우리나라 자동차 산업이 여기까지 오기 어려웠을 것이다. 지면을 빌어 몇 분께는 특별히 감사의 말씀을 올려드린다. 현대자동차 이현순 전 부회장님, 권문식 전 부회장님, 박정국 전 사장님, 현대모비스 박정인 전 회장님, 한규환 전 부회장님, 최정식 전 부사장님. 탁월한 능력과 존경받는 리더십으로 항상 후배들에게 '큰바위 얼굴'이 되어 주셨던 이분들의 지도와 편달이 있었기에, 부족하나마 나 자신도 그 발자취를 쫓아가려는 노력 끝에 이번 책을 완성할 수 있었다.

짧지 않은 원고를 써내려가며, 내 마음을 늘 가득 채웠던 감정은 '감사'이다. 먼저 나에게 항상 행복과 기쁨을 주는 가족, 사랑하는 아내 민재원 집사와 혜인, 지인, 태균, 그리고 큰사위 경수민 박사에게 고맙다는 말을 전한다. 힘이 되고 삶의 이유가 되어준 그들이 아니었다면, 이 글을 쓸 수 있었던 바탕인 지난 수십 년의 경험은 시작조차 어려웠을 것이다. 그리고 이제는 천국에서 밝은 빛 가운데 계실 아버지, 어머니, 그리고 장인어른께도 사랑을 전해드린다. 또한 소중한 시간들을 글로 담아내어 책으로 엮기까지 도움을 준 흐름출판의 편집자들께 감사드리며, 우리 모두의 노력이 좋은 열매를 맺기를 소망해 본다. 마지막으로 내 인생의 흔들리던 시점에 나를 만나주시고, 지난 35년간 변함없는 사랑으로 내 삶을 인도하시고 은혜로 감싸주신 나의 구주 예수 그리스도께 모든 찬양과 영광을 올려드린다.

"나의 힘이 되신 여호와여 내가 주를 사랑하나이다." (시편 18편 1절)

자주 사용되는 용어

환경차의 분류 —

HEV(Hybrid Electric Vehicle, 하이브리드자동차) 내연기관이 주 구동원이며, 2kWh 이하의 소형 고전압 배터리를 장착하여 연비를 높인다. 배터리는 엔진과 브레이크에 의해 충전이 가능하며, 외부 충전 기능은 없다.

PHEV(Plug-in Hybrid Electric Vehicle, 플러그인 하이브리드자동차) HEV와 유사하나 배터리 용량이 10kWh 이상으로 크며, 외부 충전기로 배터리를 충전하는 것이 가능하다.

MHEV(Mild Hybrid Electric Vehicle, 마일드 하이브리드자동차) 0.4~0.5kWh의 작은 배터리를 사용하는 하이브리드 타입으로, 전기 모터의 역할이 작다. 외부 충전이 필요 없고 HEV와 유사하게 배터리를 충전한다.

BEV(Battery Electric Vehicle, 순수 전기차) 엔진이 없이 배터리의 전기에너지를 이용해 모터를 구동한다. 배터리는 외부(고속/완속) 충전기를 통해 충전하며, 크기는 보통 50kWh 이상이다.

FCEV(Fuel Cell Electric Vehicle, 수소연료전지 자동차/수소전기차) 엔진이 없고 연료전지가 발전기 역할을 하여 모터를 구동한다. 고전압 배터리는 HEV 정도로 작으며 연료전지나 브레이크를 통해 충전된다.

배터리 관련 용어 —

셀(Cell) 전기화학 반응이 일어나는 배터리의 최소단위. 양극, 음극, 전해질, 분리막으로 이루어진다.

모듈(Module) 여러 개의 셀을 직렬/병렬로 연결한 단위. BMA(Battery Module Assembly)로도 불린다.

팩(Pack) 여러 개의 모듈에 냉각 시스템, 하우징이 포함된 완성된 배터리 시스템. BPA(Battery Pack Assembly)라고도 불린다.

BMS(Battery Management System) 배터리 관리 시스템. 배터리 셀, 모듈, 팩의 상태를 감시, 제어하여 안전하고 효율적인 사용을 보장하는 전자 제어 장치이다.

BSA(Battery System Assembly) BPA에 BMS까지를 포함한 최종단위. BSA를 구별하지 않고, BMS까지를 포함해 BPA나 Battery Pack이라는 용어를 사용하기도 한다.

파우치 셀(Pouch Cell) 얇고 유연한 알루미늄 파우치로 포장한 배터리 셀. 가볍고 얇아 설계 유연성이 높다.

각형 셀(Prismatic Cell) 각진 금속 케이스에 셀 소재를 담은 형태. 공간 활용이 우수하고 내구성이 높다.

원통형 셀(Cylindrical Cell) 둥근 원통형 케이스를 사용한 셀. 1865, 2170, 4680 셀 등이 있으며, 앞의 두자리는 지름(mm), 뒤 두자리는 높이(mm)를 나타낸다. 생산 속도가 빠르다.

CTP(Cell to Pack) 셀에서 모듈을 거치지 않고 바로 팩으로 만드는 기술로 셀 자체가 구조물 역할을 한다. 주로 각형 셀이 이용되며, 유사한 개념으로 CTB(Cell to Body), CTC(Cell to Chassis)가 있다.

NCA(Nickel Cobalt Aluminum) 양극재로 니켈, 코발트, 알루미늄을 사용하는 리튬이온 배터리.

NCM(Nickel Cobalt Manganese) 양극재로 니켈, 코발트, 망간을 사용하는 리튬이온 배터리.

LFP(Lithium Iron Phosphate) 리튬 인산철 배터리. (양극재에 코발트가 없다)

ESS(Energy Storage System) 에너지 저장 시스템. 생산된 전기를 저장해 두었다가 필요할 때 공급한다. 배터리와 전력변환장치, BMS, 냉각시스템 등으로 구성된다.

Li-ion Battery(Lithium Ion Battery, 리튬 이온 배터리) NCM, LFP 등의 양극과 흑연 음극 소재를 가진 2차 전지. 전기차, ESS, 스마트폰, 노트북 등에 사용된다.

Ni-MH Battery(Nickel-Metal Hydride, 니켈-금속 수소화물 배터리) 니켈수산화물을 양극, 수소저장합금을 음극으로 하는 2차전지. 과거에 하이브리드용으로 널리 사용되었다.

ASS/SSB(All Solid State/Solid State Battery, 전고체 배터리) 액상이 아닌 고체 전해질을 사용하는 배터리. 화재 안전성이 우수하나, 이온 전도도가 낮고 가격이 비싸다.

자율주행 6 단계: 미국자동차기술자협회(Society of Automotive Engineers, SAE) 정의 —

Level 0: **완전수동운전(No Driving Automation)** 운전자가 모든 조작 및 제어를 수행하며, 비상 제동 등 최소한의 경고만 제공한다. (예: 경고음, 진동)

Level 1: **운전자 보조(Driver Assistance)** 가속/감속 또는 조향 중 하나를 자동화한 단계이다. (예: 차선 이탈 경고, 크루즈 컨트롤)

Level 2: **부분 자동화(Partial Driving Automation)** 조향과 속도 제어가 모두 가능하나 운전자가 항상 감시해야 한다. (예: 테슬라 오토파일럿)

Level 3: **조건부 자동화(Conditional Driving Automation)** 특정 조건에서 차량이 모든 주행을 수행하지만, 필요시 운전자가 즉시 개입할 준비가 되어 있어야 한다. (예: 혼잡 구간)

Level 4: **고도 자동화(High Driving Automation)** 지정된 지역/환경 내에서 운전자 개입 없이 자율주행 운전이 가능하다. (예: 웨이모의 일부 로보택시, 중국 바이두 차량)

Level 5: **완전 자동화(Full Driving Automation)** 모든 도로 조건, 환경에서 운전자 개입 없이 완전자율주행이 가능하다. 실생활에서는 아직 상용화되지 않았다.

책에 등장하는 주요 개념, 기업, 단체 —

【A】

AAM(Advanced Air Mobility) 도심, 근교, 지역 간 공중이동을 구현하는 항공교통 시스템.

AC(Alternating Current) 교류.

ACC(Automotive Cells Company) 스텔란티스, 메르세데스-벤츠, 사프트(Saft)가 합자한 배터리 조인트벤처.

ADAS(Advanced Driver Assistance System) 첨단 운전자 지원 시스템. 운전자의 안전성과 편의성을 높여주는 전자 시스템.

AER(All Electric Range) 엔진 구동 없이 배터리만으로 주행 가능한 거리.

AKit(Advanced Kit for Integrated Technologies) 포티투닷(42dot)/현대차의 차량 내 소프트웨어 플랫폼 개발 프로젝트.

ASV(Advanced Safety Vehicle) 첨단 안전 차량.

AWD(All Wheel Drive) 전륜(全輪)구동.

【B】

BEV(Battery Electric Vehicle) 전기차, 전기 자동차, 순수 전기차로 번역되었다.
BMS(Battery Management System) 배터리 관리 시스템.
Blade Battery 길고 얇은 블레이드 형태의 배터리.
BYD(Build Your Dreams) 중국의 배터리 및 전기차 기업.

【C】

CAM(Center of Automotive Management) 독일에 위치한 자동차 산업 전문 연구기관.
CALB(China Aviation Lithium Battery) 중국의 리튬이온 배터리 제조사.
CATL(Contemporary Amperex Technology Limited) 중국의 배터리 기업.
CES(Consumer Electronics Show) 소비자 가전 전시회. 세계 최대 규모의 IT, 전자, 모빌리티 관련 국제 박람회.
CFD(Computational Fluid Dynamics) 전산유체역학.
CHIPS and Science Act 반도체 제조와 연구 및 인력 개발에 관한 법.
CMF(Common Module Family) 르노-닛산-미쓰비시 얼라이언스의 차량 플랫폼 전략.
CTP(Cell-to-Pack) 배터리 셀에서 모듈을 거치지 않고 바로 팩을 구성하는 방식.
CVT(Continuously Variable Transmission) 무단 변속기.

【D】

DC(Direct Current) 직류.
DCT(Dual Clutch Transmission) 듀얼 클러치 변속기.
DIY(Do It Yourself) 직접 하기, 손수 만들기.
DOE(Department of Energy) 미국 에너지부.

【E】

ECU(Electronic Control Unit) 전자제어장치.
e-CVT(Electronic Continuously Variable Transmission) 전자식 무단 변속기.
EEC(European Economy Community) 유럽경제공동체.

E-GMP(Electric-Global Modular Platform) 현대자동차그룹 전기차에 적용된 핵심 플랫폼.
EPA(Environmental Protection Agency) 미국환경보호청.
EREV/REEV(Extended Range EV/Range Extended EV) 배터리와 전기모터로 구동되는 전기차이며 배터리가 소진되면 내연기관이 발전기 역할을 한다.
ESG(Environment, Social, Governance) 환경, 사회, 지배구조. 기업의 지속가능성과 사회적 책임, 윤리성을 평가하는 기준.
ESS(Energy Storage System) 에너지 저장장치.
eTNGA(Electric Toyota New Global Architecture) 도요타의 순수 전기차 전용 플랫폼.
eVTOL(electric Vertical Take-off and Landing) 전기동력 수직 이착륙 항공기.

【F】

FAA(Federal Aviation Administration) 미국 연방 항공청.
FCA(Fiat Chrysler Automobiles) 피아트 크라이슬러 자동차. 2014년 10월에 설립되었고 2021년 1월에 해체되며 스텔란티스로 합병되었다.
FCEV(Fuel Cell Electric Vehicle) 수소연료전지 자동차, 수소전기차.
FCSM(Fuel Cell System Manufacturing LLC) GM과 혼다의 연료전지 생산 합작 법인.
FDB(FinDream Battery) BYD 산하의 배터리 전문 자회사.
FEA 또는 FEM(Finite Element Analysis or Finite Element Method) 유한요소해석.
FSD(Full Self-Driving) 테슬라의 자율주행 소프트웨어.

【G】

GHG(Greenhouse Gas) 온실가스.
GPU(Graphics Processing Unit) 그래픽 처리장치, 그래픽 연산장치.

【H】

HBM(High Bandwidth Memory) 고대역폭 메모리.
HEV(Hybrid Electric Vehicle) 하이브리드 자동차.
IHS(International Handling Services) 글로벌 시장 산업 분석 기관. 2022년 2월 S&P Global에 인수되었다.

HOV(High Occupancy Vehicle) 2인이나 3인 이상이 동승한 차량.
HSD(Hybrid Synergy Drive) 도요타가 개발한 하이브리드 파워트레인 시스템의 명칭.
HUD(Head-up Display) 운전자 시야 내에 주행 정보를 투영해주는 장치.

【I】

IAA(Internationale Automobil-Ausstellung) 독일 국제 모터쇼.
ICE(Internal Combustion Engine) 내연기관.
IEA(International Energy Agency) 국제 에너지 기구.
i-MMD(intelligent Multi-Mode Drive) 혼다의 하이브리드 시스템.
Industrial Production Index 제조업생산지수 또는 산업생산지수.

【K】

KAMA(Korea Automotive & Mobility Association) 한국자동차모빌리티협회.

【L】

LCA(Life Cycle Assessment) 전과정 평가 혹은 전 생애주기 평가.
LFP(Lithium Iron Phosphate Battery) 리튬 인산철 염 배터리.
LGES(LG Energy Solution) LG 에너지솔루션, LG엔솔.
LMR(Lithium Manganese Rich) 망간 함량이 높은 리튬이온 배터리.

【M】

MCU(Motor Control Unit) 모터 제어장치.
MCU(Microcontroller Unit) 마이크로컨트롤러 유닛.
ML(Machine Learning) 사람처럼 컴퓨터가 경험(데이터)를 통해 패턴을 인식하고, 예측
    이나 분류 같은 작업을 자동으로 수행하게 하는 기술.
MPG(Miles Per Gallon) 연료 1갤런당 주행거리(마일).

【N】

NCA(Nickel Cobalt Aluminum) 양극재로 니켈, 코발트, 알루미늄을 사용하는 리튬이
    온 배터리.

NCM(Nickel Cobalt Manganese) 니켈 코발트 망간.
NEDC(New European Driving Cycle) 과거 유럽에서 사용되던 자동차 연비 및 배출가스 측정 표준 시험 방식.
NEV(New Energy Vehicle) 신에너지 자동차. 중국에서 환경차를 부르는 명칭.
NHTSA(National Highway Traffic Safety Administration) 미국 교통부 산하의 고속도로교통안전국.
NMx 양극재로 니켈, 망간은 사용하지만 코발트를 제외한 배터리 셀.

【O】

OICA(Organisation Internationale des Constructeurs d'Automobiles) 국제자동차제조사협회.
OTA(Over the Air) 소프트웨어를 무선 원격으로 업데이트하거나 제어하는 기술.

【P】

PHEV(Plug-in Hybrid Electric Vehicle) 플러그인 하이브리드 자동차.
Pleos(Platform for Efficient and Optimized Software) 현대차의 차세대 자율주행 플랫폼.
PM(Particulate Matter) 입자상 물질 혹은 미세먼지.
PMSM(Permanent Magnet Synchronous Motor) 영구자석 동기모터.
PSA(Peugeot Société Anonyme) 푸조 시트로엥 그룹.

【S】

SDV(Software Defined Vehicle) 핵심 기능들이 하드웨어가 아니라 소프트웨어로 제어, 업데이트 되는 미래 자동차.
SEA(Sustainable Experience Architecture) 지리(Geely)의 순수 전기차 전용 플랫폼.
SOC(State of Charge) 배터리 충전 정도를 표시하는 수치. 0%~100%의 범위이다.
SPC(Special Purpose Company/Corporation) 특수목적회사/법인.
Super Cruise GM이 개발한 고속도로용 반자율주행 기술. 레벨 2~2+ 수준의 ADAS이다.
SUV(Sports Utility Vehicle) 승용차와 트럭의 특성을 결합한 다목적 차량.

【T】

TAP! UMOS 기반으로 운영되는 실제 사용자용 모빌리티 앱. (포티투닷 개발)

TARP(Troubled Asset Relief Program) 2008년 미국에서 시행된 긴급구제금융 프로그램.

TCO(Total Cost of Ownership) 총 소유비용. 전체 소유 기간 동안 들어가는 모든 비용.

THS(Toyota Hybrid System) 도요타의 하이브리드 시스템.

TMED(Transmission Mounted Electric Device) 현대자동차그룹의 병렬 하이브리드 시스템.

TNGA(Toyota New Global Architecture) 도요타의 차세대 통합 차량 플랫폼.

TR(Thermal Runaway) 열폭주.

TP(Thermal Propagation) 열전이.

【U】

UAM(Urban Air Mobility) 도심과 교외 상공을 운행하는 항공 교통 시스템.

UMOS(Urban Mobility Operating System) 도시형 통합 모빌리티 운영체계. (포티투닷 개발)

USP(Unique Selling Point/proposition) 차별화된 판매포인트.

UPS(Uninterruptible Power Supply) 비상전원장치 혹은 무정전 전원공급장치.

UTM(Unmanned Aircraft System Traffic Management) 무인항공기 교통관리 시스템.

【V】

VCU(Vehicle Control Unit) 차량 제어기 혹은 차량 통합 제어기.

VE(Virtual Engineering) 가상 엔지니어링.

【W】

WFSM(Wound Field Synchronous Motor) 권선 계자 동기모터.

WLTP(Worldwide Harmonized Light Vehicles Test Procedures) 자동차의 연비와 배출가스, 주행거리 등을 측정하는 국제 표준 시험 방법.

참고 자료

인용도서 —

세스 고딘의 전략 수업, 세스 고딘 지음, 안진환 옮김, 샘 앤 파커스 (2024) (pg. 7)

Lost Car Companies of Detroit, Alan Naldrett, The History Press (2016) (pg. 10)

가자! 미국유학, 안병기 지음, 이가서 (2003) (pg. 12)

소니 침몰, 미야자키 다쿠마 지음, 김경철 옮김, 북쇼컴퍼니 (2007) (pg. 41)

The End of Detroit, Micheline Maynard (2003) (pg. 42, 305)

앞으로 5년 미중전쟁 시나리오, 최윤식 지음, 지식노마드 (2018) (pg. 55)

사다리 걷어차기, 장하준 지음, 김희정 옮김, 부키 (2020, 개정판) (pg. 65)

ELON MUSK Tesla, Space X, and the Quest for a Fantastic Future, Ashlee Vance, HarperCollinsPublishers (2015) (pg. 89)

레밍 딜레마, 데이비드 허친스지음, 김철인 옮김, 바다출판사 (2001) (pg. 120)

The Prize: The Epic Quest for Oil, Money & Power, Daniel Yergin, Simon & Schuster (1990) (pg. 135)

위대한 기업은 다 어디로 갔을까, 짐 콜린스 지음, 김명철 옮김, 김영사 (2010) (pg. 198, 305)

나이 60, 내려놓고 또다시 도전하다, 안병기 지음, 플랜비 (2024) (pg. 267, 308)

자동차산업 CASE 혁명, 다카키 나카니시 지음, 최영원 옮김, 하규수 감수, 골든벨 (2019) (pg. 299)

기계와의 경쟁, 에릭 브린욜프슨 & 앤드류 맥아피 지음, 정지훈 & 류현정 옮김, 틔움출판 (2013) (pg. 301)

제2의 기계 시대, 에릭 브린욜프슨 & 앤드류 맥아피 지음, 이한음 옮김, 청림출판 (2014) (pg. 302)

머신 플랫폼 크라우드, 앤드류 맥아피 & 에릭 브린욜프슨 지음, 이한음 옮김, 청림출판 (2018) (pg. 302)

거인의 어깨, 안병기 지음, 플랜비 (2021) (pg. 308)

참고도서 —

트럼프 2.0 시대, 박종훈 지음, 글로퍼스 (2024) (2장)
한반도에 드리운 중국의 그림자, 복거일 지음, 문학과지성사 (2009)
부자중국 가난한 중국인, 랑셴핑 지음, 이지은 옮김, 미래의창 (2011)
축적의 길, 이정동 지음, 지식노마드 (2017)
누가 미래의 자동차를 지배할 것인가, 페르디난트 두덴회퍼 지음, 김세나 옮김, 미래의창 (2017)
Detroit, A biography, Scott Martelle, Chicago Review Press (2012)
Powering the Future, Tom Koppel, Wiley (1999)
내 안에 잠든 엔진을 깨워라, 이현순 지음, 김영사 (2014)
게임체인저 미래차가 온다, 이우종 지음, 클라우드 나인 (2022)
Leading Matters, John Hennessy, Stanford Business Books (2018)

인용논문 및 보고서 —

Stephen Cooney, William J. Mallett, "The U.S. Motor Vehicle Industry: Confronting a New Dynamic in the Global Economy." Congrsssional Research Service, Library of Congress, Mar. 2009. (pg. 65)

Robert D. Atkinson, Luke A. Stewart, Scott M. Andes and Stephen J. Ezell, "Worse Than the Great Depression: What Experts Are Missing About American Manufacturing Decline, The Information Technology & Innovation Foundation, March, 2012. (pg. 67)

David Autor, David Dorn, Gordon H. Hanson, "China Shock: Learning from Labor-Market Adjustment to Large Changes in Trade," Annual Review of Economics, Vol. 8, pp. 205-240 (2016) (pg. 69)

윤동열, "한국 자동차산업과 일자리 전망," KAMA Web Journal, Vol. 357, 2018 (pg. 75)

Sebastien Bell, "BYD Reportedly Sees 10th Showroom Fire Since 2021 As Store Burns Down in China," Carscoops, May 17th, 2024. (pg. 105)

Gustavo Henrique Ruffo, "With LFP Cells, BYD Han Catches Fire Two Days After Independent Crash Test," Autoevolution, July 23rd, 2021. (pg. 105)

"China's car industry runs on empty as supply chain bills go unpaid," Financial

Times, June 13th, 2025. (pg. 106)

"2024년도 발전설비현황," 전력거래소 에너지계획처, 2025년 7월 (pg. 136)

Michael A. Nicholas, Gil Tal and Thomas S. Turrentine, "Advanced Plug-in Electric Vehicle Travel and Charging Behavior Interim Report,' Research Report – UCD-ITS-RR-16-10, Institute of Transportation Studies, Jan. 2017. (pg. 183)

Thomas Turrentine, Gil Tal and David Rapson, "The Dynamics of Plug-in Electric Vehicles in the Secondary Market and Their Implications for Vehicle Demand, Durability, and Emissions," CARB Contract No. 14-316, Apr. 2018. (p. 183)

Philip Butterworth-Hayes, "The Global Vertiport Market Map and Forecast 2025-2029," Global Air Mobility Market Map, Feb. 2025. (pg. 265)

Eric Mueller, et al. "Vertiport Analysis: An Approach to Urban Air Mobility Infrastructure," AIAA Aviation Forum, 2020. (pg. 265)

참고논문/기사 —

The Detroit News (2005년 10월 17일) (pg. 43)

Soares et al. Lifecycle assessment and environmental impacts of hybrid electric vehicles fueled by bioethanol and biogas, Renewable and Sustainable Energy Reviews, 2025 (pg. 159)

US Department of Energy, Critical Materials Institute (2020), "Rare Earth Elements: A Review of Production, Processing, Recycling, and Associated Environmental Issues (pg. 159)

UNEP (United Nations Environment Programme) (2022), "Environmental Risks and Challenges of Rare Earth Elements Supply Chain" (pg. 159)

인용 웹사이트 —

https://en.wikipedia.org/wiki/General_Motors_EV1 (pg. 26)

https://www.stellantis.com/en/company/dare-forward-2030 (pg. 30)

https://asia.nikkei.com/Business/Technology/Toyota-dominates-solid-state-battery-patents-Nikkei-data (pg. 32)

https://ev-volumes.com/news/ev/global-ev-sales-for-2022 (pg. 37)

https://www.sneresearch.com/en/insight/release_view/70/page/0 (pg. 37)
https://www.oica.net/category/production-statstics/2022-statistics (pg. 37)
https://ev-volumes.com/news/ev/global-ev-sales-for-2023 (pg. 38)
https://www.oica.net/category/production-statstics/2023-statistics (pg. 38)
https://www.oica.net/category/production-statstics/2024-statistics (pg. 38, 40)
https://www.best-selling-cars.com/brands/2024-full-year-global-byd-worldwide-car-sales-and-productions/ (pg. 40)
https://en.m.wikipedia.org/wiki/Effects_of_the_2008%E2%80%932010_automotive_industry_crisis_on_the_United_States (pg. 43)
https://www.gminsidenews.com/threads/detroit-news-job-bank-programs-12-000-paid-nit-to-work.21374 (pg. 43)
https://steveharrypublicpolicy.com/Unions/jobsbankarticle.htm (pg. 43)
https://home.treasury.gov/data/troubled-assets-relief-program/automotive-programs/overview (pg. 43~44)
http://armed-services.senate.gov/imo/media/doc/fy23_ndaa_agreement_summary.pdf (pg. 58)
https://www.nato.int/cps/en/natohq/news_216897.htm (pg. 58~59)
https://data.worldbank.org/indicator/NY.GNP.PCAP.CD?locations=JP (pg. 63)
https://data.worldbank.org/indicator/NY.GNP.PCAP.CD?locations=KR (pg. 63)
https://en.wikipedia.org/wiki/Historical_GDP_of_China (pg. 64)
https://en.wikipedia.org/wiki/Historical_GDP_of_Japan (pg. 64)
https://en.m.wikipedia.org/wiki/List_of_public_corporations_by_market_capitalization (pg. 64)
https://fred.stlouisfed.org/series/MANEMP (pg. 69)
https://en.wikipedia.org/wiki/Early_1980s_recession_in_the_United_States (pg. 67)
https://en.wikipedia.org/wiki/2000s_recession_in_the_United_States (pg. 69)
https://data.bls.gov/timeseries/CES3000000001 (pg. 69)
https://www.nist.gov/system/files/documents/2017/05/09/2012-american-manufacturing-decline.pdf (pg. 70)
https://www.bls.gov/opub/btn/volume-12/as-manufacturing-sector-changes-

production-occupations-disappear-1.htm (pg. 70)

https://usafacts.org/articles/how-many-cars-are-built-in-the-us (pg. 75)

https://fred.stlouisfed.org/series/CES3133600101 (pg. 75)

https://www.bls.gov/iag/tgs/iagauto.htm (pg. 75)

https://www.cargroup.org (pg. 75)

https://www.autosinnovate.org/initiatives/the-industry (pg. 75)

https://www.investkorea.org/ik-kr/bbs/i-112/detail.do?ntt_sn=491187 (pg. 75)

http://www.lgbr.co.kr/report/view.do?idx=19700 (pg. 80)

https://en.m.wikipedia.org/wiki/Interstate_Highway_System (pg. 82)

https://en.m.wikipedia.org/wiki/Autobahn (pg. 82)

https://www.thelocal.de/20250429/explained-why-its-illegal-to-run-out-of-fuel-on-the-german-autobahn (pg. 82)

https://www.ibisworld.com/global/number-of-businesses/global-car-automobile-manufacturing/1000 (pg. 85)

https://www.wired.com/story/how-chinas-ev-boom-caught-western-car-companies-asleep-at-the-wheel (pg. 85)

https://www.businessinsider.com/why-tesla-named-model-3-model-e-2017-8 (pg. 87)

https://www.motortrend.com/news/tesla-cybertruck-armored-glass-fail-elon-musk (pg. 88)

https://www.volkswagen-group.com/en/partnership-volkswagen-group-and-rivian-18383 (pg. 96)

https://www.theverge.com/2024/11/12/24294827/vw-rivian-joint-venture-leadership-ev (pg. 97)

https://www.reuters.com/article/faraday-future-restructuring/chinas-faraday-future-ends-dispute-with-main-invester-idUSL3N1Z02DQ (pg. 99)

https://www.macrotrends.net/stocks/charts/NKLA/nikola/stock-price-history (pg. 102)

https://tradingview.com/symbols/OTC-NKLAQ (pg. 102)

https://www.investing.com/equities/nikola-corp-historical-data (pg. 102)

https://en.m.wikipedia.org/wiki/Category:Electric_vehicle_manufacturers_of_the_

United_States (pg. 102)

https://apnews.com/article/chia-byd-tesla-buffet-ev-63280ec09317d2c0a8e70449fd0e4a95 (pg. 103)

https://www.reuters.com/business/autos-transportation/china-auto-shares-sink-after-byd-offers-trade-in-incentives-2025-05-26 (pg. 106)

https://www.reuters.com/business/autos-transportation/byd-executive-says-no-evergrande-risk-among-mainstream-chinese-automakers-2025-05-30 (pg. 106)

https://cnevpost.com/2025/05/27/xiaomi-ev-business-revenue-q1-2025 (pg. 107)

https://carnewschina.com/2025/05/15/xiaomi-su7-ultra-controversy-beijing-regulators-reject-false-ad-claims-as-owners-demand-refunds (pg. 107)

https://fortune.com/asia/2025/05/15/xiaomi-ev-sales-fall-after-deadly-crash-false-advertising-claims (pg. 107)

https://www.businessinsider.com/tesla-chief-designer-talks-cybertruck-windows-shattering-in-2019-demo-2025-8 (pg. 113)

https://en.m.wikipedia.org/wiki/Hyundai_Ioniq (pg. 113)

https://www.invent.org.inductees/steven-sasson (pg. 120)

https://ourworldindata.org/battery-price-decline (pg. 121)

https://en.wikipedia.org/wiki/History_of_the_lithium-ion_battery (pg. 121)

https://pubs.usgs.gov/periodicals/mcs2023/mcs2023-cobalt.pdf (pg. 123)

https://www.worldbank.org/en/research/commodity-markets (pg. 123)

https://tradingeconomics.com/commodity/cobalt (pg. 123)

https://en.m.wikipedia.org/wiki/Hyundai_Kona (pg. 125)

https://reuters.com/business/autos-transportation/cells-gm-hyundai-ev-battery-fires-linked-several-lg-plants-2021-08-27 (pg. 126)

http://www.wikipedia.org/wiki/LG_Energy_Solution (pg. 126)

https://reuters.com/business/autos-transportation/south-korea-antitrust-regulator-probes-mercedes-benz-local-unit-says-official-2024-09-10 (pg. 128)

https://www.nhtsa.gov/vehicle-safety/takata-recall-spotlight (pg. 129)

https://www.nhtsa.gov/sites/nhtsa.gov/files/nasa-ua_report.pdf (pg. 129)

https://www.convenience.org/Topics/Fuels/Who-Sells-Americas-Fuel (pg. 132)
http://www.climatecentral.org/climate-matters/electric-vehicle-charge-up (pg. 132)
https://freedoniagroup.com/freedonia-focus/electric-vehicle-charging-stations-united-states (pg. 132)
https://afdc.energy.gov/fuels/electricity-charging-home (pg. 133)
https://kfem.or.kr/energy/?bmode=view&idx=165667270 (pg. 135)
https://kesis.keei.re.kr/board.es?act=view&bid=0060&list_no=2125&mid=a10306000000 (pg. 135)
https://www.khnp.co.kr/main/contents.do?key=61 (pg. 136)
https://www.etnews.com/20250511000077 (pg. 136)
https://www.molit.go.kr/USR/NEWS/m_35045/dtl.jsp?id=95090756&lcmspace=1 (pg. 136)
https://www.kpx.or.kr/board.es?act=view&bid=0085&list_no=75637&mid=a10102000000&tag (pg. 136)
https://www.nts.go.kr (pg. 139)
https://www.law.go.kr (pg. 139)
https://www.historic-uk.com/HistoryUK/HistoryofBritain/Walter-Arnold-Worlds-First-Speeding-Ticket/?hl=ko-KR (pg. 145)
https://en.m.wikipedia.org/wiki/History_of_the_electric_vehicle (pg. 145)
https://en.wikipedia.org/wiki/Electric_Vehicle_Company (pg. 145)
https://www.energy.gov/save/electric-vehicles (pg. 151)
https://www.enecho.meti.go.jp/en/category/special/article/detail_199.html (pg. 151)
https://www.korea.kr (pg. 151)
https://www.me.go.kr (pg. 151)
https://www.irs.gov/clean-vehicle-tax-credits (pg. 152)
https://www.ev.or.kr (pg. 152)
https://www.iea.org/policies/19815-electric-vehicle-subsidy-regulatory-guidance (pg. 152)
https://en.wikipedia.org/wiki/Tesla,_inc. (pg. 152)
https://m.macrotrends.net/stocks/charts/TSLA/tesla/stock-price-history (pg. 161)

https://en.m.wikipedia.org/wiki/Xiaomi_SU7 (pg. 165)

https://www.just-auto.com/analyst-comment/nev-development-in-china-a-review-of-2024-and-expectations-for-2025 (pg. 165)

https://cnevpost.com/2025/01/13/china-nev-sales-dec-2024-caam (pg. 166)

https://en.m.wikipedia.org/wiki/Plug-in_electric_vehicles_in_China (pg. 166)

https://english.www.gov.cn/archive/statistics/202501/28/content_WS6798b11ac6d0868f4e8ef3e4.html (pg. 166)

https://www.reuters.com/world/china/chinas-july-factory-output-retail-sales-growth-slump-blow-economic-momentum-2025-08-15 (pg. 168)

https://apnews.com/article/af63f6b9f2e942ca3844a231eec4db01 (pg. 169)

https://www.csis.org/analysis/chinas-economic-downturn-structural-cyclical-or-both-0 (pg. 170)

https://www.wsj.com/business/autos/china-evergrande-nev-shares-fall-as-creditors-move-for-bankruptcy-eb5f05d9 (pg. 170)

https://www.reuters.com/business/autos-transportation/china-evergrandes-ev-unit-says-struggling-attract-investors-amid-liquidity-2025-02-03 (pg. 170)

https://www.reuters.com/sustainability/climate-energy/california-10-other-states-sue-block-trump-killing-2035-ev-rules-2025-06-12 (pg. 172)

https://en.m.wikipedia.org/wiki/History_of_Toyota (pg. 176)

https://en.wikipedia.org/wiki/Saab_AB (pg. 176)

https://en.wikipedia.org/wiki/BMW (pg. 176)

https://escholarship.org/content/qt9c28789j/qt9c28789j_noSplash_ae28f6131590b81b2864400ca842b00c.pdf (pg. 183)

https://ww2.arb.ca.gov/sites/default/files/2020-04/14_416_ac.pdf (pg. 183)

https://www.invent.org/inductees/john-boyd-dunlop (pg. 200)

https://en.m.wikipedia.org/wiki/Michelin (pg. 200)

https://guide.michelin.com/th/en/history-of-the-michelin-guide-th (pg. 200)

https://www.sneresearch.com/en/insight/release_view/375/page/0 (pg. 205)

https://www.sneresearch.com (pg. 205)

https://about.bnef.com (pg. 205)

https://www.iea.org (pg. 205)
https://globaltradealert.org/intervention/72546-china-government-enacts-list-of-recommended-car-battery-suppliers (pg. 211)
https://news.cgtn.com/news/2019-06-25/China-scraps-white-list-of-domestic-auto-battery-suppliers-HO26IZLsWI/index.html (pg. 211)
https://en.wikipedia.org/wiki/Curtiss_Autoplane (pg. 222)
https://en.wikipedia.org/wiki/Flying_car (pg. 222)
https://en.wikipedia.org/wiki/Aerocar (pg. 222)
https://en.m.wikipedia.org/wiki/DeLorean_time_machine (pg. 222)
https://en.m.wikipedia.org/wiki/Bumblebee_(Transformers) (pg. 222)
https://www.sae.org/standards/content/j3016_202104/ (pg. 229)
https://www.houstonchronicle.com/news/houston-texas/transportation/article/aurora-trucks-night-dallas-houston-20794377.php (pg. 230)
https://www.wsj.com/business/logistics/texas-autonomous-trucks-dallas-houston-56b76993 (pg. 230)
https://en.wikipedia.org/wiki/Aurora_Innovation (pg. 230)
https://www.automotivedive.com/news/gm-sterling-anderson-aurora-innovation-chief-product-officer/747795 (pg. 230)
https://www.navya.tech/en/experimentations-with-autonomous-shuttles (pg. 230)
https://roboticsandautomationnews.com/2025/04/12/top-25-autonomous-shuttle-manufactureres-in-2025/89686 (pg. 231)
https://en.m.wikipedia.org/wiki/EssyMile_EZ10 (pg. 231)
https://easymile.com/customers (pg. 231)
https://en.m.wikipedia.org/wiki/May_Mobility (pg. 231)
https://maymobility.com/meet-may (pg. 231)
https://www.theverge.com/2025/1/7/24336904/may-mobility-tecnobus-autonomous-minibus (pg. 232)
https://waymo.com (pg. 233)
https://en.m.wikipedia.org/wiki/Cruise_(autonomous_vehicle) (pg. 232)
https://en.m.wikipedia.org/wiki/Apple_car_project (pg. 232)

https://www.businessinsider.com/waymo (pg. 234)

https://abc7news.com/post/driverless-cars-waymo-history-secret-google-self-driving-car-project-robotaxi-company-darpa/16775642 (pg. 233)

https://www.reuters.com/business/autos-transportation/waymo-partners-with-magna-new-vehicle-factory-arizona-2025-05-06 (pg. 234)

https://www.theverge.com/2024/12/19/24324492/waymo-injury-property-damage-insurance-data-swiss-re (pg. 234)

https://tangramvision.com/blog/sensing-breakdown-waymo-jaguar-i-pace-robotaxi (pg. 235)

https://www.reddit.com/r/TeslaFSD/comments/1kzq4za/is-fsd-ready-for-robotaxi (pg. 236)

https://apnews.com/article/musk-austin-robotaxis-incidents-tesla-autonomous-selfdriving-0e32a7613a6c41c20ce258dbc5ec2cba (pg. 237)

https://www.businessinsider.com/tesla-first-fully-autonomous-car-delivered-texas-owner-2025-6 (pg. 237)

https://www.reuters.com/markets/europe/aptiv-lower-equity-interest-joint-venture-with-hyundai-cuts-fy-sales-view-2024-05-02 (pg. 239)

https://reuters.com/business/autos-transportation/alphabets-waymo-expand-robotaxi-fleet-with-hyundai-evs-2024-10-04 (pg. 239)

https://www.wardsauto.com/software-defined-vehicles/hyundai-s-pleos-a-platform-for-future-mobility (pg. 240)

https://www.hyundai.com/worldwide/en/brand-journal/mobility-solution/sdv (pg. 240)

https://m.arenaev.com/byd_reveals_the_latest_version_of_its_gods_eye_adas-news-4407.php (pg. 242)

https://en.m.wikipedia.org/wiki/Baidu_robotaxi (pg. 243)

https://cnevpost.com/2025/05/22/baidu-apollo-go-robotaxi-1000-milestone (pg. 243)

https://www.prnewswire.com/news-releases/baidus-apollo-go-enters-strategic-partnership-with-dubai-rta-to-deploy-robotaxis-in-dubai-302414511 (pg. 243) https://en.m.wikipedia.org/wiki/Self-driving_car (pg. 244)

https://group.mercedes-benz.com/innovation/product-innovation/autonomous-driving/system-approval-for-conditionally-automated-driving.html (pg. 245)

https://www.autoelectronics.co.kr/article/articleView.asp?idx=5976 (pg. 245)

https://www.press.bmwgroup.com/global/article/detail/T0443285EN/road-to-autonomous-driving%3A-bmw-is-the-first-car-manufacturer-to-receive-approcval-for-the-combination-of-level-2-and-level-3?language=en (pg. 245)

https://volkswagen-group.com/en/press-releases/automated-driving-volkswagen-group-intensifies-collaboration-with-mobileye-18290 (pg. 245)

https://www.volvogroup.com/en/news-and-media/news/2024/may/the-volvo-vnl-autonomous-proving-the-way-forward.html (pg. 245)

https://www.houstonchronicle.com/news/houston-texas/trending/article/volve-driveless-vehicles-dallas-houston-19973446.php (pg. 245)

https://www.ft.com/content/184af307-a389-446a-9243-906be1572cb1 (pg. 245)

https://daimlertruck.com/en/newsroom/pressrelease/autonomous-driving-daimler-truck-delivers-latest-iteration-of-autonomous-ready-truck-platform-to-torc-53051127 (pg. 245)

https://www.ctol-kr.com/news/daimler-truck-unveils-first-autonomous-freight-hauling-demonstrator (pg. 246)

https://waymo.com/blog/2025/04/waymo-and-toyota-outline-strategic-partnership (pg. 246)

https://www.autodaily.co.kr/news/articleView.html?idxno=530675 (pg. 246)

https://autoelectronics.co.kr/article/articleView.asp?idx=6211 (pg. 246)

https://hondanews.com/en-US/releases/release-e86048ba0d6e80b260e72d443f0e4d47-honda-launches-next-generation-honda-sensing-elite-safety-system-with-level-3-automated-driving-features-in-japan (pg. 246)

https://www.jdpower.com/automotive-news/next-gen-technologies-set-to-debut-in-honda-sensing-360-and-honda-sensing-elite-safety-and-driverassistive-systems (pg. 247)

https://helm.ai/post/helm-ai-and-honda-motor-co-agree-to-multi-year-adas-joint-development-for-mass-production-consumer-vehicles (pg. 247)

https://www.electrive.com/2025/06/20/honda-partner-helm-ai-unveils-system-for-automated-driving (pg. 247)

https://motortrend.com/reviews/propilot-assist-21-nissan-infiniti-tech-quick-review (pg. 247)

https://en.m.wikipedia.org/wiki/Sony_Vision-S (pg. 247)

https://theweeklydriver.com/2025/04/sony-honda-mobility-afeela-1-ev-behind-the-wheel (pg. 247)

https://www.poelidar.com/lidar-pricing-across-different-applications-in-2025-key-trends-and-insights (pg. 250)

https://reuters.com/technology/chinas-hesai-halve-lidar-prices-next-year-sees-wide-adoption-electric-cars-2024-11-27 (pg. 250)

https://www.volkswagen-group.com/en/brands-and-brand-groups-15811 (pg. 251)

https://en.m.wikipedia.org/wiki/volkswagen (pg. 251)

https://en.m.wikipedia.org/wiki/stellantis (pg. 251)

https://dealer.porsche.com/ca/quebec/en-CA/nouvelles-et-articles/2021/porche-diesel (pg. 251)

https://en.m.wikipedia.org/wiki/Porsche-Diesel_218 (pg. 251)

https://en.m.wikipedia.org/wiki/Lamborghini_Trattori (pg. 251)

https://en.m.wikipedia.org/wiki/Ferruccio_Lamborghini (pg. 251)

https://skinnonews.com/archives/121694 (pg. 256)

https://www.hyundai.news/eu/articles/stories/hyundai-hydrogen-fuel-cell-cars.html (pg. 260)

https://en.m.wikipedia.org/wiki/Hyundai_ix35_FCEV (pg. 260)

https://en.m.wikipedia.org/wiki/Toyota_Mirai (pg. 262)

https://www.edmunds.com/toyota/mirai (pg. 263)

https://www.toyota.com/mirai (pg. 263)

https://www.the-sun.com/motors/14218305/toyota-ceo-warns-drivers-changesaction-billion-bill (pg. 264)

https://zagdaily.com/sag-air/report-shows-1504-vertiports-planned-globally (pg. 265)

https://www.press.bmwgroup.com/usa/article/detail/T0304927EN_US/bmw-530e-inductive-charging-pilot-program-named-green-car-journal%E2%80%99s-2020-green-car-technology-of-the-year?language=en_US (pg. 272)

https://en.wikipedia.org/wiki/Volkswagen_Beetle (pg. 276)

https://en.m.wikipedia.org/wiki/Nils_Bohlin (pg. 276)

https://www.volvogroup.com/en/about-us/heritage/three-point-safety-belt.html (pg. 276)

https://ko.wikipedia.org/wiki/르노코리아자동차 (pg. 283)

https://ko.wikipedia.org/wiki/삼성상용차 (pg. 284)

https://www.emobility-engineering.com/ev-skateboard-platforms (pg. 285)

https://www.wired.com/2002/09/gms-hy-wire-brakes-driving-mold (pg. 286)

https://www.hyundai.com/worldwide/en/newsroom/detail/hyundai-and-gm-sign-memorandum-of-understnding-to-explore-collaboration-on-vehicles%252C-supply-chain-and-clean-energy-technologies-0000000826 (pg. 296)

https://news.gm.com/home.detail.html/Pages/news/us/en/2025/aug/0806-GM-Hyundai-announce-plans-first-five-co-developed-vehicles.html (pg. 298)

https://www.reuters.com/business/autos-transportation/general-motors-hyundai-ink-first-joint-deal-develop-five-vehicles-amid-rising-2025-08-06 (pg. 298)

https://www.automotivedive.com/news/gm-hyundai-codevelop-five-vehicles/757059 (pg. 298)

https://en.m.wikipedia.org/wiki/Toyota_bZ4X (pg. 298)

https://en.m.wikipedia.org/wiki/Renault%E2%80%93Nissan_Common_Module_Family (pg. 298)